ルイス・カーン建築論集

ルイス・カーン 著
前田忠直 編訳

本書は、一九九二年十月ＳＤライブラリーシリーズ⑭「ルイス・カーン建築論集」の体裁を変え、ＳＤ選書として再刊するものです。

ルイス・カーン建築論集　目次

ルイス・カーン建築論集

あらたに読解の光があてられる

磯崎新

ルイス・カーンの仕事と建築家＝教師としてなした役割が、アメリカの建築界や大学の現場で、あれほど急速に忘却されつつあったとは、ひとつの驚きであった。これは、彼のペンシルヴァニア・ステーションでの悲劇的な死の直後、すなわち一九七〇年代中期に、展覧会や講演などでその地を訪れるようになった私が受けた印象だった。いわゆるポスト・モダニズムへの急激なファッションの移行が、ルイス・カーンを遠くへ追いやってしまったのだという説がある。それは一九九一年の秋に彼の大回顧展がフィラデルフィア美術館で始まったときにささやかれていた感想のひとつで、この裏には、そろそろポスト・モダニズムも息切れしたので、真正モダニストであったルイス・カーンを復活させるべきだという期待をこめたいい方がひそんでいる。だが、これは単なる裏がえしで、私はこの手の気楽でジャーナリスティックな見解が広がると、あらたな誤解がひろがって、ルイス・カーンをあらためて誤解と忘却の霧のかなたに追いこむことになろうと危惧もしている。私は、ルイス・カーンは、世にいわれ分類されているモダニストでもポスト・モダニストでもないが、そのいずれにもくくりこむことのできる、いたって反時代的な思考をしていた人だと考える。時代区分、それもスタイルの変遷だけで建築を考えてきているアメリカ的流儀からは、彼の仕事ははみでているのだ。

ルイス・カーンは、ここに訳出されている『建築論集』のなかで、建築家の先達として、ポール・クレとル・コルビュジエを挙げている。クレは、アメリカにおいてボザールを継承しながら、それとモダニズムとの接点を造りあげた建築家である。だから多くの論攷はルイス・カーンの仕事の血脈をこの直接の師との関連において語ろうとしているが、むしろ、ボザールに学びはしたが、いちはやくここから離脱してモダニズムの確立に大きい役割をはたしたジョージ・ハウエとの関係の方がはるかに強いといえよう。そして、ル・コルビュジエは勿論、ボザールと敵対しながら、モダニズムの中核に居つづけた人である。ボザールがシステム化し通俗化してしまった初源としての古典主義を、その精神において継承していた。若年の時期にモダニズムの典型のような公共住宅を大量に設計したあげくに、ルイス・カーンは自らの五〇歳代の初めに、地中海域への再度のツアーを介して、古典主義のなかにひそむ《建築》の真髄を感知したのだろうと思われる。それ以後の二十余年にわたる思索と設計の作業は、あのときに得た確信を言語化し、建築作品化する過程であったと私は考えている。

約二〇年間にわたって、ルイス・カーンの仕事が忘却されていたとみえるのは、本人とは関係なく、ひたすらアメリカの建築界の事情とそこでの独特の世論形成方式にむしろ責任がある。この相互関係には二つの面がみられる。まずは、二百年にわたってアメリカの建築は、そのカノンをヨーロッパに求めつづけた。いわば常にヨーロッパ文化の輸入につとめた歴史があるが、それが今日までも流行の型を決めてしまった。すなわち輸入される過程で、実用的なカノンに要約整理される。ジェファーソンによるパラッディオの翻案、マッキム／ミード&ホワイトによるボザールの華麗な整頓、MOMAの〝国際様式〟展と例を挙げるだけで、アメリカの建築がその歴史のなかで、節目ごとに、ヨーロッパで生成した新しい建築の動向を、いかに巧妙に再編成し、ただちに利用できるようなカノンとして組み立てたかを理解できよう。このとき必要だったのは、教科書のように整理された様式であった。

ルイス・カーンその人は、自分の作品の模倣を禁じた。その作品の生みだされていく際の背後にある理念について語りはしたが、結果としての作品の表相的な模倣は何も生まないことを繰返し強調している。いいかえると、自らの作品が単なるカノンとして縛られてしまうことを常に回避しようとする意志を持ちつづけたともいえる。これはシステムとして、またはカノンとして教科書にされることを不可能にしたし、彼自身も、不完結性をこそ望みつづけたところがあり、後続者達を戸惑わせつづけた。そのために、フィラデルフィア・スクールと呼ばれていた一群の才能ある建築家達がいたにもかかわらず、彼らはいずれも独自の道を歩んでお互いに孤立している。それと同時に、カノンを輸入する伝統的システムは、情報化時代になって、その転換のスピード・アップが要請され、六〇年代以降は、五年区切りぐらいに独自のスタイルをもつスーパー・スターが交代で出現するという、急激な消費時代へと移行してしまった。不幸にもルイス・カーンはそんなうちの一人のデザイン・アーキテクトの位置に押し込まれてしまったために、忘却も加速した面がある。

だが、ルイス・カーンを独自の立場に置いているのは、《建築》にたいする思惟とその言語化である。殆んどプラグマティズムが支配していたアメリカの建築界においては、そこで発せられる彼の言葉は、秘教的で難解だと思われていた。それ故に忌避されもした。速効性のある教科書的なカノンだけが通用する建築界の大勢においては、エリートだけが関心をもつ、極く限定された理論とみられていた。いま、あらためてルイス・カーンに関心が集まろうとしている理由に、私は彼が組みたててきたこの「建築論」の読解が進行したためのように思う。それはおそらく地中海の旅の果てに得た啓示と洞察を言語化しようとしたものだが、特異な点は、それまで大部分の近代建築論あるいは近代建築史論において用いられていた用語や記述法や、勿論その背後を支えている発想が、ちがう系譜のものによって語られようとしたことである。ここに訳出されているルイス・カーンの文章や講義録はその独自性に焦点があたるように巧みに編集されている。同時により喜ばしいことは、秘教的ともみえるルイス・カーンの思惟に注釈が加えられ、たとえば彼は直接参照してもいなかったと思われるハイデガーの思想との関連性・平行性が細かく記述されている。そのうえ存在論に関する用語のうち、独語から和訳された用語と、英訳された用語との関係がここであらためて注釈されており、これまでのルイス・カーンの言葉の和訳のあいまいさ故に誤解をまねいた部分を大きく矯正することになろう。そして、ルイス・カーンが超越論的な視線を《建築》に注ぎ、かつ、存在論的建築を構想していた、その全貌が明らかにみえてくる。そのような読解が可能になった背景に、実証主義とプラグマティズムが支配していたアメリカの思想界が、デコンストラクションの波に襲われ、それが手がかりにしていた、ハイデガーの思想があらためて注目されていることも関連していよう。

この一連の「建築論集」が私自身のルイス・カーン読解を力づけてくれたひとつの点は、ルイス・カーン自身がしばしばウォレス・スティーヴンズに言及し、引用し、彼の用いた言葉を鍵のように使用している点である。エマーソン・ホイットマンとアメリカの大地に根ざした超絶性を志向するひとつの伝統が、あのプラグマティズムとは異なった地平を開拓しており、フランク・ロイド・ライトは、その伝統を非古典主義的な土着性として掘り下げた。ウォレス・スティーヴンズはその伝統を崇高性としてとらえた点でユニークであるが、同時に真にアメリカ的なるものを表現できた詩人・詩論家であった。ルイス・カーンの建築作品の根底に、私は崇高性の希求を常に感じていたのだが、それがこの論集から、あらためてウォレス・スティーヴンズとかかわっていることを知って、私は非古典主義者ライトとちがって、古典主義を介して崇高性をうみだす根源への遡及を意図しつづけたことを逆に理解できたようにも思う。地中海に啓示を受けながら、それを真にアメリカ的伝統のなかに位置づけようとしたともいえる。

このように、ルイス・カーンの「建築論集」はあらためて多層の読解を誘う。それは、単に過ぎ去った歴史の一コマではなく、いまだに生成されつづけている《建築》的な宝庫でもある。

それだけにこのすぐれた注釈の加えられた翻訳を手にするのはまことに喜ばしいことである。

（いそざき・あらた／建築家）

photo : Beverly Pabst

第一章　一九七三年、ブルックリン、ニューヨーク

ある日私は何かを見いだしました。別の名誉学位を得るためにメリーランドにいたときのことです。私はスピーチを準備していましたが、もちろんそれを読む気はありませんでした。自分が言おうとしていることは分かっていたのです。学位授与式が挙行されたのは建築家が設計した新しい建物の中心にあると思われる部屋でした。およそ一二〇フィートの長さと五〇フィートの幅の部屋にはバルコニーが設けられ、そのバルコニーの両端には吹奏楽隊がいて、ヴェニスに起源をもつバロック音楽が演奏されました。それは実に素晴らしいものでした。特別に上手な演奏者もいなかったし、実のところあまりよくないその演奏はほとんど聴きとれなかったのですが、しかしホールを満たしたこの音楽は、私にかねて話そうとしていたこととは別のことを思いつかせました。こうしてみなさんにお会いしたことが、私をこのときと同じ気分にさせるようです。[*1]

スライドをお見せするつもりでしたが、私自身、それらのスライドに退屈しているので、それはとりやめましょう。私がどのような方法で設計するかを話すことは、たいしたことではないでしょうから。

ひとりの人間のもっとも優れた価値は、その人が所有権を要求できない領域にあると思います。私の方法はまさしく私個人のものであって、あなたがそれをコピーするとき、あなたはま

*1　この講演は、一九七三年にニューヨーク、ブルックリンのプラット大学、建築学科にて行われた。カーンの死去する数カ月前のことであり、最晩年のかれの内面が色濃く表明されている。

さに死んだも同然です。なぜなら、人のすることはまったく不完全だから、人のコピーは自分自身のものをコピーすることにも及ばないからです。これに対して、あなたがすることであなたに属さない部分は、もっとも貴いものであって、あなたが真に捧げることのできるものです。というのも、それはまさにあなたのよりよきものだからです。それは誰もが使うことを許された土地のようなものです。それを考えるのはたしかにあなたかもしれません。しかしそれがまさにすべての人に属する一般的な共同性[*2]であるからこそ、あなたはそれについて考えるのです。

その偉大な音楽が終わったとき、話をはじめるにあたってこう言わねばなりませんでした。この素晴らしい音楽は私におそろしく重大なものを教えてくれたのだと。まず私はたいへん喜ばしい気分になりました。私はジョイ[*3]を形成するものを感じ取ったのです。そして、ジョイそのものが、われわれがそのそこに存在する以前に、すでにそこに存在した推し進める力だったにちがいないと自覚しはじめました。そのようなジョイがわれわれの自己形成のあらゆる成分のうちにすでに存在していました。それはいかなる形態も方向もない湧出そのものでした。ジョイの力はコンテクストの至るところに流布し、表現しようと手をさしのべていたのにちがいありません。そのジョイという言葉がもっとも測り得ない言葉になりました。それは創造の本質であり、創造の力でした。私はこう自覚します。もし私が画家であって、偉大なカタストロフィーをキャンバスに描くとしたら、最初のジョイを思わずして、最初の筆を投げ下ろすことはできないだろうと。喜びに満ちて取り組むのでなければ、人は絵を描くことはできません。芸術がある種の神託、ある種の霊気であり、そして芸術家によって満たされねばならないものであると考えるとき、また芸術家は何かをつくり、あたかも芸術が作品に先立つものであるか

＊2　共同性（commonality）。人が所有権を要求できない、あらゆる人に属するもの。commonness ともいう。共同性は沈黙（silence）の本質である。人間の根本特性をいうかけがえのなさ（singularity）と両義的に対になる根本語のひとつ。commonality は本来、共有物、共有地もしくはその使用権を意味する。これはここでのカーンの発言「誰もが使うことが許された土地」（The premises anyone can use）に符合する。

＊3　ジョイ（joy）。本テクストの主題の基底にある根本情緒をいう。カーンの思惟の通奏低音でもある。「創造の本質」（essence of creativity）「創造の力」（force of creativity）「湧出するもの」（ooze）と言いかえられている。テクストの冒頭と末尾に発言されているのが注目される。

のように、芸術への捧げものを捧げるのだと考えるとき、私はつぎのことを自覚しはじめました。芸術はひとつの作品とならなければ芸術ではありえず[*4]、したがって芸術とはけっしてどこか彼方にあるものではないのだと。

つづいて私はこう考えました。最初の感覚は触覚であったに違いないと。おそらくそれが最初の感覚です。われわれの生殖の全感覚は触覚と関係しています。よりよく触れようと触覚が望んだとき、触覚から視覚が生まれました。見ることは、より正確に触れようとすることにほかならないのです。そしてこう考えました。われわれのなかのこのような力は美しいものであって、それはもっとも始源的で、形式のない存在[*5]から生じるにもかかわらず、なおも感覚できるものだと。それはあなたのなかにいまもなお保持されています。

私はニューヨークのルーズベルト記念公園（図1）の仕事で、私を助けてくれる人に感謝の文章を書こうとしました。その仕事はいま取り組んでいるものですが、私は記念公園がルームと庭であるべきだという考えを抱きました。これが考えたことのすべてです。なぜルームと庭を望んだのでしょうか。私は出発点を選んだにすぎません。庭はいわば個人的な自然であり、それは個人が自然をコントロールし、自然を集めたものです。一方、ルームは建築の元初でした[*6]。私はそう感覚しました。つまりルームは直ちに建築ではなく、自己の延長であるということです。この点について説明しましょう。ルームは私だけに属するものではない特性をそなえていると考えますから。ルームはあなたに建築をもたらす特性をもっています。それは建築の実践とは関わりません。まったく異なるものです。建築は本来実践とは関わらないのです。実践は建築の操作的なアスペクトです。しかし人間の表現としての建築の出現には途方もなく

＊4　芸術はひとつの作品とならなければ芸術ではありえず（art cannot be art unless it is a work）。「ある作品」（a work）の「芸術そのもの」からの優先は、最後期の思惟のあり方を示す。「芸術とは、絶対にどこか彼方にあるものではない」と発言されるように、建築（スピリット）とプレゼンスを区別し、同時に両者をつなぐ作品なるものの意味を主題化する、「建築－建築作品－プレゼンス」の三項構造の思惟は、いわゆる大文字の建築といわれる観念としての建築を問い直す思惟といえる。カーンの思惟は形而上学的思惟ではなく、形而上学の根底としての存在の起源を問う存在論的思惟といえる。実存の事実性としての作品への発言は、テクストでつづいて言及される触覚への問いにつながる。これは本テクストの主題「建築の元初としてのルーム」の序論をなすものである。

＊5　もっとも始源的で、形式のない存在（the most primordial, unformed kind of existence）。視覚（eyesight）が出現するところ、すなわち触覚（touch）のこと。

図1　フランクリン・デラノ・ルーズヴェルト記念公園　模型

記念公園はルーズヴェルト島の最南端に配され、長さ二四〇メートルの三角形状の庭と先端のルームからなる。一八・三メートル四方のルームの三方は花崗石の壁で囲われ、ルームの庭側の端に彫像が置かれる。庭は三つのゾーンに区分される。大階段をのぼり、下り勾配にルームへと向かう中央ゾーン。逆に緩やかにのぼりつつルームに向かう両側の遊歩道。さらに庭とルームとの間には、両者をつなぐ小さな庭がはめ込まれる。接合部の自律はカーンのデザインの特性を示す。

重要な何かがあります。なぜなら人間は表現するために生きているからです。表現することは生きるための理由です。

さて、触覚から「触覚」へともいうべき努力があります。それはたんに触れることではありません。この感覚のなかに、視覚といえるものの発現があります。視覚が生じたとき、視覚の最初の瞬間は美の自覚でした。それは美しいとか、たいへん美しいとか、あるいは非常に美しいなどではなく、端的に美それ自体です。それはどのような形容詞よりも力強いものです。それは知ることや選択することなしに感覚するトータル・ハーモニー（完全な調和）であり、まさしく純粋な美それ自体であり、トータル・ハーモニーの感情です。それはある意味で、あなたの形成者に出会うようなものです。なぜなら形成者である自然は、つくられているもの一切の形成者であるからです。あなたは自然の助けなしに何もデザインできません。デザインとフォームとシェイプとの間には大きな違いがあります。それはわれわれがこれから話そうとしている問題です。

さて、見ることが生起し、ただちにトータル・ハーモニー――美――を疑いなしに、批判なしに、選択なしに感じ取りました。芸術は直接に感覚されるものであって、それが最初の語でした。最初の一行という人もいますが、私は最初の語だったと思います。最初の発声は「あっ」という語だけだったかもしれません。それは何と力にあふれた言葉でしょうか。わずかの文字で、実に多くのことを表現します。さて、美から驚異が生起しました。驚異は知識に関わりません。それは直観への最初の応答であり、直観とはオデュッセイア[*7]です。それは数えきれない歳月を経た自己形成のオデュッセイアの記録です。私はあることがあるときに始まり、別

＊6　ルームは建築の元初でした (the room was the beginning of architecture)。ルームについての発言は最晩年（一九七〇年以後）に集中する。カーンの思惟における最晩年の新しい主題である。ルームは直ちに建築ではなく、自己の延長でした (the room wasn't just architecture, but was an extension of self) と規定されているように、ルームとは端的に言って「建築以前」である。

＊7　オデュッセイア (odyssey)。その名のごとくオデュッセウスのトロイアからの帰郷物語を歌った叙事詩。ホメーロスの作と称せられる。転じて、長期の放浪、冒険の旅をいう。人間形成の偉大な歩み、つまりオデュッセイアが直観のなかに記録されている、とカーンは考える。

のことが別のときに始まったとは信じません。あらゆるものは同時に、ひとつの仕方で始められたのです。いまだ時間さえないときに、ただあるがままにそこにあったのです。そのとき驚異が生起しました。これは宇宙飛行士[*8]たちが地球から遠く隔たったところから地球を見たときに感じ取ったにちがいない感情と同じ感情です。もちろん私も宇宙飛行士の姿をじっと見守ったものでした。そしてかれらが感じ取ったものを感じ取りました。すなわち宇宙空間のなかのこの偉大な球体、ピンク色もしくはバラ色と青色と白色の球体を。するとどうしたことかすべてのものは、たとえばパリやロンドンのような人間のつくった偉大なものでさえも、すべて消え去って偶然の産物に思えました。しかし『トッカータとフーガ』はなぜか消え去ることはありませんでした。なぜならそれはもっとも測り得ないものであって、消え去ることのないものにもっとも近いものだからです。

　あるものが測り得ないものにより深く束縛されればされるほど、その価値は深く存続しつづけます。それゆえ人は『トッカータとフーガ』を否定できないでしょう。いくつかの優れた芸術作品は否定できません。なぜならそれらは真に測り得ないものから生まれたのだから。繰り返せば、あなたが感じ取ったものはまさに驚異であって、知識でも知ることでもありません。知識は驚異の感覚ほどには重要ではないとあなたは感じ取ったのです。驚異は偉大な感情です。それは保留なしに、義務なしに、また自分自身への説明なしに、まさに直観的驚異に近接することです。驚異からリアライゼイションが訪れるにちがいありません。なぜならあなたは自己形成の記録において自然のすべての法則を通過したのだから。それはあなたのものです。形成の偉大な歩みと重要な決定とはすべてあなたの直観のなかに記録されています。直観はもっとも厳密な感覚で、もっとも確かな感覚です。それは各自が持っているもっとも個人的

＊8　宇宙飛行士（astronauts）。人類初の宇宙飛行士、ソ連のユーリー・ガガーリンが宇宙から見た地球の光景を報告したのは、一九六一年四月のこと。アメリカの宇宙飛行士が月に降り立ったのは、一九六九年のこと。

な感覚です。知識ではなく、直観こそがもっとも偉大な贈りものだと見なされねばなりません。驚異をともなわないような直観はとるにたらないものです。

こうしたことは知識があなたに訪れるときに、ぜひ考慮されるべきことです。知識は途方もなく価値あるものですが、知識が価値あるというのは、知識から知ることを得ているからにほかなりません。知ることはあなた自身に属することがらです。知ることのみがあなたにとって価値あるものです。知ることは分かち与えることのできないものです。というのも知ることは各自に属するものであり、すでに純粋なものとはいえないからです。つまり知ることはあなたにかかわるものだからです。しかし知ることによってあなたは直観に近-接することができます。それゆえ知ることの活力は素晴らしいものですが、きわめて個人的なものです。たとえばいろいろな学派の学者が実に多くのことを学んだあとで、やっとある個人の心を名誉あるものとして認めるようになるということを考えてみてください。精神は心のなかに宿るのであって、頭脳のなかには宿りません。頭脳は機械的なものにすぎません。それゆえ心は頭脳とは異なります。心は直観の所在地であって、頭脳は道具です[*9]。すなわち人間は、自然がありあわせのものであつらえた心と頭脳を授かります。それがめいめいがかけがえのない人であることの理由なのです。

頭脳という道具は、もしそれがよい道具であれば、人間の内なる精神を引き出し、それに触れさせてくれます。頭脳は心を心にします。しかしながら人のかけがえのなさは心にあるのであって頭脳にあるのではありません。さて驚異の感覚とともにリアライゼイションが生じます[*10]。それはともかくも直観から生まれ、あるものがそうであらねばならないというリアライ

＊9　心は直観の所在地であって、頭脳は道具です（the mind is the seat of the intuitive and brain is an instrument）。心と頭脳の関わり合いの事態は単純ではない。これはカーンの思惟の根本問題に属する。心（mind）は頭脳（brain）の魂（soul）であり、精神（spirit）ともいう。

＊10　驚異の感覚とともにリアライゼイションが生じます（with the sense of wonder comes realization）。発言されている意識の深層への遡行を図式化して示せばこうなる。touch － eyesight（beauty）－ the intuitive（wonder）－ realization。触覚からリアライゼイションへの移行が超越であり、その逆行が還元である。カーンのこの言明は、現象学者フッサールの弟子オイゲン・フィンクが「還元」について与えた定式に符合する。フィンクは還元を、世界をまえにしての驚異だと称したのである（M.Merleau Ponty, *Phénomenologie de la perception*, 1945' 竹内芳郎他訳『知覚の現象学 I』みすず書房、12ページ）。

ゼイションなのです。人はそれを見ることはできないが、リアライゼイションは確かな存在[*11]を保持しています。誰も人の心を見ることはできませんが、しかし心のなかには存在があります。存在はあなたにあなたが表現したいと望むものを考えさせるので、あなたは努力するのです。なぜなら、表現は駆り立てであるからです。つまり表現することは駆り立てることです[*12]。そのとき、あなたは存在とプレゼンスを区別し、そしてあるものにプレゼンスを与えようとするとき、自然の助けを求めねばならないのです。

ここがデザインの現れるところです。リアライゼイションとはフォームのリアライゼイションであって、フォームとは本性を意味します[*13]。あなたはものにはある本性があると自覚します。学校の形成について考えるとき、学校はある本性をもっています。学校をつくるとき、あなたは自然の法則に助けを求めねばなりません。自然への参照とその承認は絶対に必要なものです。あなたは水のオーダー、風のオーダー、光のオーダー、ある素材のオーダーを発見するでしょう。たとえばもし煉瓦について考えるならば、そのオーダーを考慮し、煉瓦の本性について考えます。これは当然なことです。あなたは煉瓦にこう問いかけます。「あなたは何になりたいんだ」と。煉瓦は答えます。「私はアーチが好きだ」。そしてあなたは言います。「私もアーチが好きだ。しかしアーチは高価なものなんだよ。だからコンクリートのまぐさを開口部の上に置くことにしよう」「これでどうかね」と。煉瓦は言います。「それでも私はアーチが好きなんだ」と。（図2）

使用する素材に敬意を払うことは重要です。素材を、まるで「素材なんてたっぷりあるのだから、こうでもああでもできる」というように取り扱ってはいけません。それは正しくない。

＊11　存在（existence）。スピリットとして心（mind）のなかにあるもの。「触れ得るもの」（the tangible）としてのプレゼンスと区別される。

＊12　表現することは駆り立てることです（to express is to drive）。＊30を見よ。

＊13　リアライゼイションとはフォームのリアライゼイションであって、フォームとは本性を意味します（the realization is realization in form, which means nature）。フォーム、つまり本性がリアライゼイション（思惟作用）の志向的相関者（思惟対象）であることの表明。

図2　バングラデシュ国会議場大統領のプラザ構造　アーチ
　議場北のプラザを支える構造。骨太いアーチの連なりは、ジョイフルな響きと強力な生命を感じさせる。構造そのものを主題化する方法は、ローマン・グレイトネスを愛するカーンのデザインの基本である。

あなたが煉瓦をあざむくことなく、またそれに二次的な仕事を与えることによってその特性を失うことなしに、それに敬意を払い、称賛するときにのみ、あなたは煉瓦を用いたことになります。たとえばわれわれがよくするように煉瓦を充填材として用いれば、煉瓦は召使いになったように感じます。煉瓦は美しい材料であって、多くの場所で美しい仕事をしてきました。つまり煉瓦は生きている素材だからいまでもなお用いられます。世界の四分の三の地域では、煉瓦だけが唯一の実用的な素材です。というのもコンクリートは高度に洗練された素材であって、考えられているほど容易に使えるものではないからです。多くの他の素材の本性についても同じように語ることができます。

私が学生と語るときにつねに抱いている感情は、誰しも私の仕事を越えて行く可能性があるということです。学生たちは実際には越えて行きませんが、しかしこれが私の態度です。学校にいるのはチャペルにいることのようだと私は感じ取っています。私の務めは讃美歌を書くことです。*14 私は授業で生き生きと元気づけられ、挑戦を受けて仕事へ戻ります。おそらく私は教えることよりももっと多くのものを学生たちから学びます。これはなにも授業で手を抜いているわけではありません。それはただ学ぶというよりも、私が私自身の方法で学ぶのです。学生が私に教えることではなく、かけがえのない人を前にして、私が私自身に教えることなのです。だから教えることはかけがえのない人によるかけがえのない人に対する技術*15です。それはグループへ話すことではありません。つまりグループはたくさんのかけがえのない人という事態にすぎません。かけがえのない人だけがかけがえのない人に教えることができるのであって、かけがえのない人たちがあなたにあなた自身のかけがえのなさを教えます。

＊14　学校にいるのはチャペルにいることのようだと私は感じ取っています。私の務めは讃美歌を書くことです。カーンはこの発言と同じ内容の言葉を志水英樹氏に寄せた即興詩（一九行）の始めの三行でつぎのように書いている。

I have taught self rewarded
School is my chapel.
I write Psalms.
（私は自分のために教えてきた／学校とは私のチャペル／私は聖歌を書く［志水英樹訳］a and u, 1974.5)

＊15　技術（art）。教えることはひとつの作品である（teaching is a work）という言明もある。art は人間の唯一の言葉であり、また神（God）の言葉とも言われる。art と work は shadow や expression とともに沈黙と光の思惟に従えば、閾に属する根本語である。

フォームからのデザイン[*16]とは、心のなかにある、ものの本性を現実化することです。フォームはまったく聴こえないもの、見えないものです。それゆえ、それを心のなかの存在から実際に現前するものにするために自然に立ち戻ります[*17]。先に話したルームの問題に戻りましょう。私は感じ取られねばならないジョイの奔流を忘れてしまったとは思いたくありません。私の話を聞いているあなた方も同じ思いでしょう。ジョイを感じ取らないならば、実際、何も感じ取らないのです。もし私の話があなたのジョイをいくらかでも活性化できれば非常に嬉しいし、名誉なことです。さて、建築の元初としてのルームへ戻りましょう。

ルームについて考えるとき、あなたはつぎのことを自覚します。つまり小さなルームでは、大きなルームにいるときと同じことを話さないと。もし私がシェラトン・ホテルでスピーチをするとしたら、誰か私に微笑んでくれる人をみつけて話しかけるようにしなければならないでしょう。特にいきなりノートなしで話す場合はなおさらです。ひとりの人に向かって話すのであれば、そこにはきっと何かが生じるはずです。ひとつのイヴェントと見なしてよいものが生まれてくるはずです。その結果、同じルームが違ったものになります。人が三人寄れば、使い古しの決まり文句で話すようになります。というのは、あなたは決まり文句で考えているばかりか、演じてさえいるからです。

さらに、ルームの何が素晴らしいかといえば、ルームの窓を通して入ってくる光がそのルームに属しているということです。そして太陽はルームがつくられたとき初めて太陽自身の素晴らしさを知ります。それゆえ、ルームをつくるという人間の創造はほとんど奇跡というほかありません。人間が太陽のかけらを要求できるとは……。さて、あなたが教育委員会からつぎの

*16　フォームからのデザイン (design from form)。カーンの思惟における中心主題である。「フォームはデザインを触発する」(form inspires design)「フォームはデザインに先駆する」(form precedes design) に同じ。

*17　それを心のなかの存在から実際に現前するものにするために自然に立ち戻ります (you turn to nature to make it actually present from existence in the mind)。これはデザインの働きをいう。存在とプレゼンスとの区別 (distinction between existence and presence) はカーンの思惟の根本問題である。芸術 (art) は両者を具現すると言われる。

ように命令されたとします。つまり「素晴らしい考えがあります。子供たちには絵を掲示するための壁が必要だから、学校には窓をつくるべきではありません。それに窓というものは子供たちの教師への注意をそらす恐れがありますから」と。しかしどんな教師がそこまで注視するに値するのでしょうか。そんな教師がいるとしたら知りたいものです。室外の鳥、雨やどりのために急ぐ人たち、雨と室内の子供たち、落葉、雲の移行、陽射し、それらはすべて素晴らしいものだからです。それら自体がレッスンです。窓は学校にとって本質的なものです。人は光からつくられています。[18]それゆえ光の大切さを意識しつつ生きねばなりません。そもそも人生の何たるかを教えるのは、教育委員会やいわゆる教育の専門家からの指針などではありません。そのような命令には抵抗しなければなりません。光なしには建築は存在しません。[19]

ですからルームは非常に大切なものです。そこで、もし平面図がルームの共同体であると[20]自覚するならば、そのとき大きなルームや小さなルームはあなたが使用できる優れたものとなります。天井の高いルーム、低いルーム、暖炉のあるルーム、そして暖炉のないルーム、そうしたひとつひとつのルームが、あなたの心にかけがえのないものとして生じてきます。あなたは諸々の要求について考えるのではなく、諸々の建築的要素の本性について考えるようになります。その本性と取り組むことによって、あなたは環境を、学び、生き、働くのによき場所にすることができます。そのときあなたは専門家の操作的世界ではなく、まさに建築のどまんなかにいることになります。

あなたは専門家として高度に保護されています。自分が他の仲間ほどいい専門家ではないと言うことさえ誰もできません。言えないのです。あなたがＡＩＡ[21]に所属しているならなおさら

＊18　人は光からつくられています（you were made from light）。山も大地も川も大気も、そしてわれわれ自身も燃え尽きた光（spent light）であるという。この洞察は最後期の沈黙と光の思惟を統べる言葉である。

＊19　光なしには建築は存在しません（without light there is no architecture）。ここでの光を自然光と解すれば、この表明はデザインの方法的格率となる。光を、存在としての存在（to be/to be）と解すれば、建築存在の根拠をいう発言となる。

＊20　平面図がルームの共同体である（a plan ia a society of rooms）。これはフォームの意味、あるものの不可分な諸要素のリアライゼイション（realization of inseparable parts of something）をデザインの問題として示したもの。

＊21　ＡＩＡ（アメリカ建築家協会 The American Institute of Architects の略称）。同協会は一九七一年、カーンにゴールド・メダルを授与している。

そうです。すべての人はまったく同等と見なされます。しかしそうではありません。すべての人は同等ではありません。かれらは素晴らしいが、しかし同等ではありません。すべての人が同等に才能があるのではありません。才能は確かに至るところに流布しています。才能のない人はいません。才能がないなどということはありえないことです。かれらはみな才能をもっています。問題はどうすればあなた方のかけがえのなさが開花できるかということです。なぜなら自分自身のものでないものを学ぶことはできないからです。そんなことは不可能なことです。

おそらくあなた方のうちの多くの人が物理学を学んだことがあるでしょう。そして試験には通ったものの、物理学についてほとんど何も知りません。私の場合もそうです。私は隣の学生のノートを写しました。かれは聴きながら書き取ることができました。私の方といえば、聴けば書き取ることはできなかったし、書き取れば聴くことができませんでした。そこで私はかれのノートを写さねばなりませんでした。かれは二つのことを同時にできたからです。かれには先生が話す前に話されることがわかっていました。私はすべての言葉を聴かねばなりませんでした。もしも先生が「ルイ・カーン、あなたは建築家になろうとしているのだから物理学を学ぶことは大切です」ぐらいのことをせめて言ってくれたのであれば私も以前からそう考えていましたから、正しい言い方だったといえます。しかし先生がこう言えばどうでしょうか。「あなたがどんな人物かは知っていますよ。あなたは試験されるでしょうが、しかし私のために物理学を絵で〈描いて〉もらいたい。それで充分です。私の言ったことをそのまま書いたりしないように」と。この場合こそ私は先生を驚かすことができます。絵を描くことは私の得意とする私自身のやり方だから、誰にも妨げられようはずがないのです。人は自分にまったく属さないものに自分自身をゆだねたり押し込んだりすることによって、自分自身の価値を失います。そういうものはすぐに忘れてしまい、あなたのもとに保持されないでしょう。私は物理学の一、二の原理しか知りません。

平面図はルームの共同体です。大きなルームに居るとき、人は小さなルームに居るときと同じことを話さないと自覚したとき、あなたはつぎのことを自覚します。つまりある学校は学校そのもの[*22]を準備し、学校そのものへの捧げものである、諸々のルームからなる環境であるべきだと。そのように自覚するとき、あなたは学校そのものにふさわしい仕方で創意に富むようになります。あなたは廊下をすべて取り除き、それらをホールへと変換するでしょう。ホールは学生たちの教室のように、生徒たちに属する空間になるでしょう。少年はそこで他の少年たちに「先生は何て言ったの」と話しかけることができます。話しかけられる少年は、先生の話を聴きながらノートをとれる少年です。つまり少年が同じ年の少年からレッスンを受けるとき、どういうわけかそのレッスンは理解できるものになります。

どれほど多くのことが起きねばならないのでしょう。そして建築家はどこに位置を占めるのでしょうか。まちがいなくつぎのように位置づけられます。つまり建築家は空間の美を伝える人です。空間の美とは空間の意味であって空間が意味に満ちているということです。空間はまったく意味に満ちています。建築家であるあなたは環境を考案します。その環境はあなた自身の考案によって可能なのであって、資料集成の標準案であってはなりません。つまり学ぶための環境についてあなたがどのように考えているかが示されねばならないのであって、資料集成の指針から得られるものであってはなりません。建築家はそのように位置づけられます。仕事

＊22　学校そのもの（school）。学校のフォームを意味し、ある学校（a school）は学校のデザインを意味する。

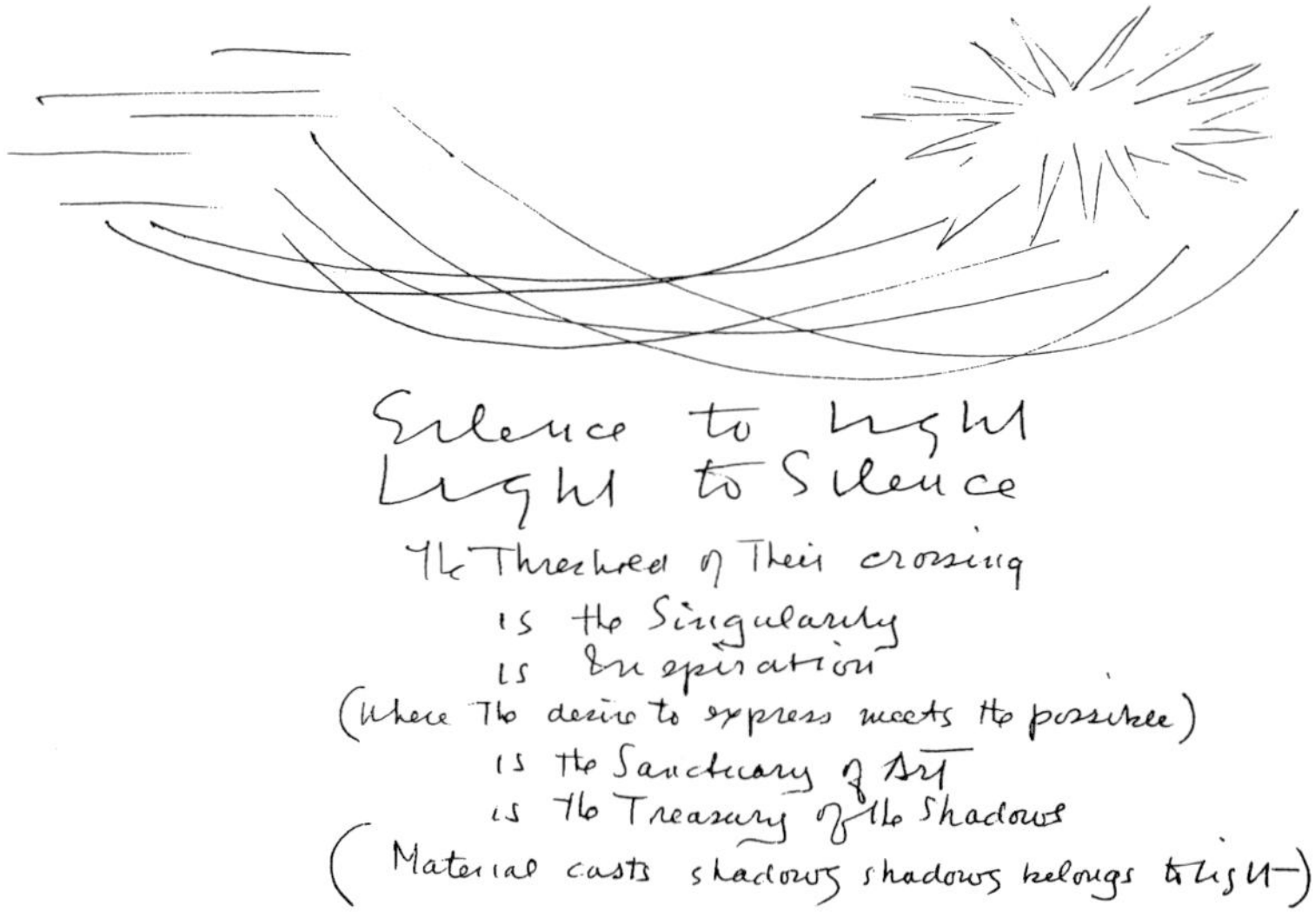
Silence to Light
Light to Silence
The Threshold of Their crossing
is the Singularity
is Inspiration
(Where The desire to express meets the possible)
is the Sanctuary of Art
is The Treasury of the Shadows
(Material casts shadows shadows belongs to light)

沈 黙 は 光 へ
光 は 沈 黙 へ
それらが交叉する閾
は　かけがえのないもの
は　インスピレーション
（そこで表現せんとする願望が可能性に出会う）
は　芸術の聖域
は　影の宝庫
（物質は影を投げかけ　影は光に属する）

図3　沈黙と光の素描
左の水平線の重なりが沈黙の素描、右の輝きは光の素描である。両者を結ぶ線は silence to light, light to silence の移行を示す。線の交叉するところが閾である。四、五、七、八行目の頭文字「イズ」(is) にはカーンの究極の主題、存在 (to be) が隠されている。

をするのに必要な情報を集める能力によって建築家は専門家として規定されるのではありません。このような言い方は厳しすぎるかもしれないし、それはすべての人にふさわしいことではないかもしれませんが、しかし私には正しく、適切なことだと思われます。それは自ら問題を掘り起こし、そして自分自身で解くということです。そうではないでしょうか。

さて、平面図はルームの共同体です。平面図は光のなかの諸空間の構造であるといえます。この問題は私が自分自身に与えた課題に関係づけることができます。その課題とは光を表示する絵を描くことでした。さて、もしあなた自身がこのような課題に立ち向かうとすれば、まず最初にできることはどこかへ逃げ出すことでしょう。なぜならそんなことは不可能だからです。白い紙が光のイラストレーションなのです。光を描くとき、白い紙を前にすれば、その白い紙が光です。他に何ができるでしょうか。これがなしうることのすべてでしょう。しかし私はこの考えがまったく正しくないと自覚しました。紙の上に一本の線を引き、そして一組のインクの線（図3）を引いたとき、その黒いところが光のないところだと自覚しました。そのとき私は絵を描けるようになったのです。私は、黒く塗られたところ、つまり光がないところの意味に気づいたにすぎません。そしてこうすることによってその絵は出現しました。（図4）

私は何枚かの絵とスライドを持っていますが、それは別の機会にお見せするとして、そのなかにこの問題を明確に指し示す絵があります。その絵は、英国の著名なイラストレーターであるクルックシャンク[*23]によって描かれたものです（図5）。かれは、暖炉のそばにひとりの男が座り、その近くで婦人がのけぞっている絵を描いています。扉の向こうの夜の暗がりのなかには馬がいました。壁は暖炉の光を受けていました。暖炉――それは絵のなかには描かれていま

*23　クルックシャンク（George Cruikshank, 1792-1878）。イギリスの風刺画家、挿絵画家。

図4　ユダヤ六〇〇万犠牲者追悼碑スケッチ
光を描く素描。ストローク（筆触）は光のないところを意味する。中央の白紙が光を描き出している。

図5　クルックシャンクの絵
この絵はカーンが記述しているものではないが、同じ光の描出のファクトが描かれている。つまり白く残されたところが光を出現させるのである。

せんが——は光を放射していました。その光は波うつ婦人の着物の襞を、また椅子に座る男を照らしていました。背後の馬はその光を受けず、ほんの少し光っているだけでした。すべての筆跡は、筆触のあるところには光がないという感覚に支配されていました。そしてその絵はまったく光に満ちたものでした。暖炉のそばは、実際には、白紙のままでした。そしてそこから遠くへと陰影づけがなされていました。それは光を描くという事実を明示する手段を発見した表現者の自覚を示す美しいイラストレーションでした。

さて、私が光について抱いている自覚からつぎのような考えが生じました。以前にも言ったことですが、自然のなかの一切の物質、つまり山、川、空気、そしてわれわれ人間も燃え尽きた光からできているということです。そしてすべての物質は使い尽くされた光です。物質というこのへたばってしまった塊は影を投げかけます。そして影は光に属します。光はまさに全存在の源泉です。そしてこのいわば光からの湧出[*24]が、まさにジョイに完全に浸透されるというべきものであったからこそ、存在は表現するためにこの湧出のなかに身を置こうとするのだと私は考えました。触覚から視覚、聴覚へというように存在は出現するのであり、この経験は存在するもののなかに深く刻印されたのです。そして意志、願望は、言うなれば見ることを可能にさせる確固たる最前線だったのです。[*25]

さて、こうしたすべての事柄の意義はどこにあるのでしょうか。それは沈黙からの移行にあります。沈黙はいわば測り得るものの座であり、表現せんとする意志であり、それは表現手段へ、つまり光からつくられた物質へと移行します。そして光はあなたのもとへやってきます。なぜなら実際には分けられないからです。それは、端的に言って、出現したものと出現せんと

＊24　湧出（ooze）。osmosis（浸透するもの）、absorb（吸収する）、distill（不純物を取り除く）などとともにカーンの好む言葉である。

＊25　意志、願望は、言うなれば見ることを可能にさせる確固たる最前線だったのです。(the will, the desire, was somehow a solid front to make sight possible)。リアライゼイションの構想における存在－意志（existence-will）、あるいは最後期の思惟における沈黙を規定する、表現することとして在らんとする願望（desire to be/to express）にみられるように、意志、願望は人間存在を規定する第一のもの、超越論的主観と解される。

望むものとが一緒にやってくることです。[*26] そして光への移行と、光から表現することとして在らんとする願望への移行は、あなたのかけがえのなさとよばれる場所で出会います。人の数だけの出会いがあります。樹木に多くの葉があるように多くの出会いがあるにちがいありません。なぜなら感覚はあらゆる生きもののなかに存在するように、樹木のなかにも微生物のなかにも存在するにちがいないと私は信じているからです。そしてこの出会いがあなたのかけがえのなさをもたらします。

それでは科学者はどこに、詩人はどこにいるのでしょうか。詩人は測り得ないものの座から旅立ち、測り得るものへと旅する人であって、しかしいつも測り得ないものの力を保持している人です。かれはかれの手段である言葉を書くことすら潔しとしません。芸術、それは最初の言葉です。詩人は測り得るものへと向かうが、しかし測り得ないものを保持しながら、終局において言葉を書かねばなりません。なぜなら、かれは何も言わないことを望んでいるが、言葉がかれの詩を駆り立てるからです。かれはついには言葉に屈服しなければなりません。しかし詩人は言葉を用いる以前からずっと長い道のりを旅しています。ほんのわずかの言葉しか詩人は求めません。それで充分だったからです。科学者も測り得ない特性をもっていて、かれの人間としてのすべての価値はつまるところそこにあるのですが、かれは科学者の立場を守り、測り得ないものとともに旅することはありません。なぜならかれは知ることに関心があるからです。かれは自然の法則に関心があります。かれは自然がかれのもとにやって来るにまかせます。ご存じのように科学者が実に多くの学位をもつのはこのためです。自然はかれのもとにやってきます。そのときかれは自然を捉えざるをえません。なぜならそれ以上に自分を引き留める困難さに耐えることができないからです。このようにして科学者は知識を充分に受け取ります。

*26 それは、端的に言って、出現したものと出現せんと望むものとが一緒にやってくることです (it is simply something that's become manifest and that which desires to be manifest coming together)。出現したものとは光を意味し、出現せんと望むものとは沈黙を意味する。沈黙は光 (表現手段、物質) へ、光は沈黙 (あなた) へと発言されている。第五章*4を見よ。

そして科学者はこの知識をつかって仕事をします。それゆえに客観的であると言われるのです。しかしアインシュタインは詩人とともに旅しました。かれはヴァイオリンを演奏する人でしたから測り得ないものを保持します。かれは長きにわたり測り得ないものを保持します。そしてかれもまたまさに戸口で自然、つまり光に到達します。というのは、かれが必要とするのはごくわずかな知識だけであって、そのわずかな知識から宇宙を再構成することができるからです。つまりかれは知ることではなく、オーダーに関わっているからです。

どのような知識のかけらもつねに断片的なものですから、アインシュタインのような真の洞察者にとっては充分ではありません。かれは知識が全知識に属さないかぎり、それを受け入れようとはしませんでした。それゆえにかれは相対性についての美しい公式を容易に書き上げることができます。かれの公式は、すべての知識が真に応答するオーダーについての一層大きな畏敬の感覚へとわれわれを導くものを端的に示す方法でした。人は知識が人間的なものに属するものとは見なしません。知識は自然に関わるものだけに属するということです。だとすれば知識は宇宙に属しますが、しかしそれは永遠なるものには属さないのではないでしょうか。宇宙と永遠なるもの、そこには大きな相違があります。

あなたは何かをつくるとき、自然の助けを求めねばなりません。煉瓦との対話はそれを示しています。そしてコンクリートとも同じ対話ができます。さらに紙、張り子材、プラスチック、大理石、あるいはそれ自身の特性をもつどんな素材とでもあなたは同じ対話ができます。素材そのものに敬意を払うことによって、あなたの創造するものは美しくなります。けっして素材をけっして従属的な仕方で用いてはなりません。そんなことをすれば、素材は自分自身の特性を活かしてくれる人はいつになったらやってくるのだろうかと思い悩むでしょうから。

どれほど多くのことが学ばれうるかということは、どれだけ多くのことを学ぶかではなく、自分の行為に関連して、学ぶ態度にどれだけの敬意を払うかによって決まります。なぜなら人は直観を養うために知らねばならないのですが、それを他の人に分け与えうるものとして信頼してはならないからです。知ることを、あなた自身の作品のなかに変換してごらんなさい。そしてそれがあなたの最高の特性なのです。というのも、もし知ることそれ自体に信頼を寄せるなら、あなたのかけがえのなさはあなた自身の見知らぬものをつくるからです。それはあなた自身の仕方で見知らぬものをつくるということです。そしてさまざまな表現芸術は、いわばあなたがそのどまんなかにいる芸術への捧げものとして、あなたを含んだものを提示しようとします。

さて、これまで建築についてまったく話していませんが、ここで平面図について、ルームとは何かについて、そして平面図がルームの共同体であるということについて話しましょう。都市計画に関わるときもあなたは同じ問題に関わります。本性に照らして平面図を見る人にとって、区別はありません。人が行う事柄の本性について考えるとき、都市全体の大きな計画も、ひとつの住宅が複雑でないのと同じように複雑ではありません。まったくそうです。つまり都市計画は交通システムやそれに類するいろいろなものに関して、あれこれと術策を弄するようなことはないと自覚することです。なぜなら交通システムやその他のあらゆる都市のオペレーショナル・システムはたんに操作的な問題にすぎないからです。こうした問題については別の個性を持った専門家たちに助けてもらうことができます。

都市を形成するすべての力からなる偉大なシンフォニーは、建築家の心に属すると考えます。建築家とは都市全体をひとつのシンフォニックな特性のなかへと統合する、最高に鍛えられた人です。それはいわば美しく見えるだけのある種の平面図をつくることではありません。絶対にそうではありません。都市計画はその本性に真実でなければなりません。それゆえあなたが交通の問題に関わるとき、ヘリコプターのことを忘れたり、飛行機のことを忘れたり、パーキングのことを忘れたり、このようなものすべてを忘れていては、ただ小さな問題のみに関わっているにすぎないことになります。ちなみに道路のもつ力とは、どこかへ到達することを目的とする力です。そしてこの到達することはきわめて有益な出来事と見なされねばなりません。もしも目的地でパーキングスペースを見つけるのに数時間も費やすとしたら、それは計画とはいえません。それゆえパーキング問題が解決されるように、街路に面した高い建物は街路の目的のために、街路に近い六層分を提供すべきだと考え、そして六階へ達するエレベーターを設けます。エレベーターは高い建物に住んでいる人にとって必要なものです。かれは一階に住みたいとは思わないのです。すべての事柄について、それがそれ自身の本性を持っているかのように考えてみましょう。

都市のなかで街路は最高のものであることをまず第一に忘れてはなりません。街路は都市の最初のインスティテューション[*27]です。人びとが定住することができる場所を建設するために、多くの場所からひとつの場所を選ぶことは、共同性による決定です。それは非常に重要な決定です。場所のこの選定は、ギリシャ時代に丘々のなかにギリシャ神殿を位置づけたのと同じ重要性をもちます。すべての丘々のなかからひとつのこの丘が神殿のために選ばれます。そのと

*27 インスティチューション(institution)。最後期の主導語。これは中期の主導語フォームに、その現れとしての元初的意味が賦与されたものと見なせる。中期の主導語フォームから生活世界的意味を担うインスティチューションへの変転は、カーンの思惟の成熟を示すものであり、注目される。インスティチューションはインスピレーションの家である、と言われるように、インスティチューションは受肉化された制度、施設と解される。

き他の選ばれなかったすべての丘々は、この決定に服従するかのようにその丘へ合図をおくります。なぜなら、選ばれなかった丘々には誰も注目しなくなるからです。いや注目しなくなるというより、見てはいるが、ただこの称賛すべき建物の位置づけの決定に敬意を払うものとして見ているということです。そして、いままでにその神殿がそこになかったことが驚くべきことであるかのようにさえ思われてくるのです。（図6）

私は元初[*28]を称えます。一切のもののなかで元初を第一に称えます。既在するものは現存であり、現在するものは現存であり、到来するものは現存であると[*29]私は考えます。年から年へ、そして時代から時代へと移ろう情況的活動が何ごとかを意味するとは思いませんが、しかし表現的本能[*30]として時とともに有効になったものには意味があります。昔の人は、今日のわれわれだけがもっていると見なしている心の輝きと同じものをもっていたのです。あるものを最初に出現させたのは、創造的な出来事の偉大な瞬間です。私は多くの書物をもっています。私は英国史が好きです。なぜか流血の英国史が好きです。ご存じのようにそれは恐ろしいほどの流血の歴史です。しかしそこから何かが生じました。流血の歴史も実はものごとのなされるきっかけをたんに捉えそこねたものにすぎませんが、それにしてももし恐怖の歴史といったものを誰れかが著したとすれば、もっとも真実に近い歴史書になるでしょう。さて、私は八巻からなる英国史の全集をもっていますが、読むのは第一巻の第一章だけです。というのはそこを読むたびに、いつもそこに別のものを読み込んでいくからです。その理由は、私がまさしく第零巻に関心があるからです。そして第零巻を読み終えたとしてもさらにマイナス第一巻へと向かうでしょう。しかしどのように遡ったとしても、歴史のはじまりを見つけることはできません。はかりしれないものが歴史に先立ってあったはずです。ただ記録に残されていないだけなのです。

＊28　元初（beginnings）。カーンのいう元初は、たんなる端緒、発端、出発（start）ではなく、ある事柄の初めであるとともに、それに後続するものを初めから支配しているものである。ハイデッガーの元初についての以下の限定において解されるものであろう。カーンは一九五九年のオッテルロー講演でこれとほぼ同内容の発言をしている。「始め（Beginn）は始まるや否やただちに置き去りにされ、出来事が進行するうちに消え去ってしまう。それに対して元初（Anfang）、根源（Ursprung）は出来事が終わるときによううやくその全き姿を現すのである。多くのことを始める者は殆ど元初に至ることがない。ところで言うまでもなく我々人間には元初から元初する［元初的に行なう］ことは決してない。——それは神の如き者のみ為しうるところである。——それゆえ我々は始めるほかない」（M. Heidegger, *Gesamtausgabe Band 39*, 1980、木下康光他訳『ハイデッガー全集第三九巻　ヘルダーリンの讃歌』創文社、六ページ）。

＊29　既在するものは現存であり、現在するものは現存であり、到来するものは現存である（what was has always been, and what is has

図6　ルイス・カーン　オリンピッスの神殿からアクロポリスを望む、一九五一年。

元初はわれわれの作品の美であり、その作品のなかで、元初はいまだ言われざるもの、いまだつくられざるものが生じる心の奥底に関わります。それはすべての人にとって重要です。なぜなら、願望というものは必要よりもあきらかに重要だからです。そもそも人が必要を満たさないでいることは恥ずべきことです。国家が必要を満たしたとしても、それを功績とみなしてはなりません。国家が必要を満たすことは、あなたがこの国に生まれた以上、大前提となるものでなければなりません。しかし願望こそ妨害されてはならないものです。いまだ言われざるもの、いまだつくられざるものの特性は妨害されてはなりません。願望は生きるための理由です。願望は発揮されねばならない表現的本能の核です。

諸々の都市において、おそらく都市の尺度はアヴェイラビリティ[*31]の度合い、あるいはアヴェイラビリティの特性にあります。もし公言するならば、われわれはアヴェイラビリティのもっとも豊かな国に住んでいると思いますが、しかし公言しないほうがよいでしょう。なぜなら、それについて意識するやいなやマッカーシー[*32]のように破滅を招くからです。かれは民主主義の正しい意識、民主主義の感覚を駄目にしました。かれは民主主義を限定しようとして、所有されうる側面、計量されうる側面ばかりを民主主義に求め、それゆえに民主主義のあるべき美しさを破壊してしまいました。そして民主主義の特性を小さく孤立させようとするかれの企てのために、今日に至るまでわれわれは苦しんでいます。確かにわが国にはアヴェイラビリティが存在すると思います。しかしアヴェイラビリティは目の前にあって手に入れることができるだけでは、ほんとうに評価するには充分ではありません。われわれはより多くのアヴェイラビリティを求めます。それがわれわれの本性だからです。何でも利用することが可能です。それゆ

always been, and what will be has always been)。既在、現在、到来、これら三つのものを統べる本来的な時間、つまり現存（what has always been）が言われている。この第四のものが第一のもの、つまり元初であり、三つのものにそれ固有の現存をもたらす。

＊30　表現的本能（expressive instinct）。表現的衝動（expressive urges）ともいう。instinct urge drive は始源的、根底的な意識の働きを示す語。

＊31　アヴェイラビリティ（availability）。都市はアヴェイラビリティの性格によって量られる、と発言されるように、これは都市、地域、国家において人びとの表現衝動（expressive urges）の達成を可能にさせる、本来の適用性、有効性をいう。

＊32　マッカーシー（Eugene Joseph MacCarthy, 1908-57）。アメリカ共和党上院議員。冷戦体制下においてリベラル派の官吏、外交官、軍人を共産主義者と決めつけ、追放するいわゆる赤狩りを行ったことで知られる。

え、アヴェイラビリティはアメリカという国の優良さを保証するものです。それは、ぞんざいに扱われたり、ある人びとに対して遠ざけられてきたこともありますが、しかしアヴェイラビリティはたしかにそこにあるといえます。あなたが自分自身を主張するやいなや、アヴェイラビリティはすぐに手に入れることができるのです。そして私が都市のアヴェイラビリティについて考え、もし都市計画について何か言うとしたら、あるいは都市を計画するとしたら、つぎのように言いたいのです。つまり「アヴェイラビリティを現在よりも豊かなものにするために、心を活性化させるコネクションの建築[*33]をどのような方法でつくることができるのか」と。アヴェイラビリティを計画の目標としよう。アヴェイラビリティは操作的に扱われる過程で、その特性を失います。その本来のインスピレーションが消滅するからです。それは他の人びとの手にゆだねられてしまい、アヴェイラビリティについての直観を可能にしたインスピレーションの瞬間はもはや感覚されることがありません。そして多くのアヴェイラビリティが未決定の状態で、可能性のまま残されています。

＊33　コネクションの建築（architecture of connection）。ユニヴァーシティの事例を通して示される存在論的建築をいう。カーンの追求したインスティチューションのこと。第六章＊15を見よ。

建築家の仕事――私はこの話で終わらねばなりません――は、つぎのような空間、つぎのような研究課題を見いだすことだと思います。つまりアヴェイラビリティ――それはいまだここにはないものも、すでにあるものも含みます――が、あなたに語りかける空間へと成熟するためのよりよき環境を保持することができ、そしてあなたのつくる空間がやがて来る人への捧げものの所在地であることを真にあきらかにすることができる、そのような空間を見いだすことです。それは操作的な事柄ではありません。操作的なことは建設業者とオペレーターにまかせておけばよいのです。かれらはすでに建築の八五パーセントを建設し、かれらがけちで、たいへんわがままであるならば、さらに五パーセントをかれらに与えることになります。その結果、建築家はわずか一〇パーセントか五パーセントを受け取ることになるのですが、たんなる専門家ではなく、真の建築家であるべきです。専門家であることは、あなたを覆い隠してしまいます。あなたは居ごこちがよくなり、みんなと同じように大いに称えられるので、いつのまにか自分を忘れてしまいます。仕事の評判はよく、そして終日ゴルフへでかけても、建物はどっちみち建てられるでしょう。しかしそれが何になるのでしょうか。ジョイが覆われているところに、どんなジョイがあるというのでしょうか。ジョイこそがわれわれの仕事におけるキー・ワードだと思います。ジョイを感覚すべきです。もしあなたが行っているもののなかにジョイがなければ、真に働いているとは言えないのです。生き抜かねばならない貧しい時代はあるものです。しかしながら、きっとジョイはうち勝つでしょう。

第二章　私は元初を愛する

1

私は元初を愛します。私は元初に驚嘆します。存続を確証するのは元初であると思います。もし元初が確証しなければ、何ものも存在しえないし、また存在しないでしょう。学ぶことが根底的なインスピレーション[*1]だから私はそれに敬意をはらいます。学ぶことはたんに義務に関わる事柄ではなく、生まれながらにわれわれの内にあるものです。学ぶ意志、学ぶ願望、それはもっとも優れたインスピレーションのひとつです。私は教育によってそれほど心を動かされるような人間ではありませんが、学ぶことは大切だと思います。教育はつねに審査されています[*2]。というのは、どのようなシステムも学ぶことの真の意味を捉えることはできないからです。

元初についての私自身の探究のなかで、ある思惟が浮かび上がってきました。それは多くのことに影響されて生まれたもので、物質は燃え尽きた光だという自覚から生じた思惟[*3]です。私は光の出現を二人の兄弟の現れに喩えました[*4]。もちろん二人の兄弟は実在しません。いや、そのうちの**一人**すらも実在しないということをよく承知してのことですが。一者は〈表現することとして在らんとする〉願望の具現であり、一者（「他者」ではありません）は〈在ることとして在ること〉の具現だと考えました。後者は輝かない光であり、「**一者**」は光り輝きます。

*1　根底的なインスピレーション（fundamental inspiration）。インスピレーションとは、沈黙と光が出会う閾における元初の感情である。根底的なインスピレーションとして、表現するインスピレーション、問うインスピレーション、学ぶインスピレーション、生きるインスピレーション、出会うインスピレーション、幸福のインスピレーションが示される。ここでは、学ぶインスピレーションをいう。学ぶインスピレーションはこう規定される。それはわれわれがいかにつくられたかの感覚である（inspiration to learn is a sense of how we were made）。学ぶことの一切は、われわれがいかにつくられたかを想起せんとする願望から生じる（all of learning stems from a desire to recall how we were made）と。われわれがいかにつくられているか（how we were made）、とは人間の本性（nature of man）であって、学ぶインスピレーションとは、自己の内なる自然の光を遡行的に問う追想的思惟である。学ぶインスピレーションのこの優先は、フォームの事例として、学ぶことのインスティチューション（institution of learning）、つまり学校の元初が繰り返し発言されることに符合している。

また、この広く流布する輝く源泉は、荒々しい炎の舞踏になることとして見えるものになり、やがて燃え尽き、自らを費やし尽くして物質になります。物質は燃え尽きた光です。山も大地も川も大気も、そしてわれわれ自身も燃え尽きた光です。以上のことがわれわれの願望の中枢です。〈表現することとして在らんとする〉願望は、生きることの真の動機です。その他に動機はないと思います。

私は〈表現することとして在らんとする〉願望を沈黙と名づけ、他方を光と名づけた図式を描くことから始めました。沈黙の光への移行と、光の沈黙への移行には多くの閾があります。かぎりなく多くの閾があります。そしてそれぞれの閾が実はわれわれめいめいのかけがえのなさなのです。われわれめいめいは沈黙と光の出会いが宿る閾をもっています。この閾、この出会いの点がインスピレーションの場所（あるいは霊気）です。インスピレーションは〈表現することとして在らんとする〉願望が可能性に出会うところです。それはプレゼンスの形成者です。ここはまた芸術の聖域であり、表現衝動と表現手段の中枢です。

最初に図式を描いたとき、私は左から右へ読まれるように描きました。しかしここでは裏返しに描かれています（図7）。（図式を神秘化し、それ自身がもっている以上の深遠な源泉を喚起するためにそうするのです）。そしてまったく読めないようにしました。このようにすることで、これを見る人はこのリアライゼイションを越えてさらに何かを発見しようと努めることができます。

先にも言いましたが、私はつねに始源、[*5]元初を探し求めます。元初を見いだそうと求めるの

＊2　審査されて（on trial）。カーンが好んだ言葉。事柄を、問いのなかにあるもの（that which is in question）として捉えること。under scrutiny ともいう。

＊3　燃え尽きた光（spent light）。物質（material）のこと。闇（dark）とも言われる。存在として の存在（to be／to be）と規定された光とともに光の二義。

＊4　私は光の出現を二人の兄弟の現れに喩えました（I likened the emergence of light to a manifestation of two brothers）。一者は存在としての存在、一者は表現することとして在らんとする願望（desire to be／to express）。後者が沈黙である。カーンの言うところを、別のテクストを参照しつつ図解すればこうなる。

L_1——L_2〈；〉L_3——L_4

L_1：light(to be/to be)
L_2：lightless(desire *to be*/to express)
L_3：darkless(desire to be/*to express*)
L_4：dark(spent light)

は私の性格だと思います。私は英国史が好きでその全集をもっています。しかし第一巻しか読まないし、それも最初の三章か四章を読むだけです。もちろん私のただひとつの真の目的は**第零巻**を読むことにあります。つまりいまだ書かれざるものを読むことにあります。人にこのようなものを探させる心とは何と不思議なものでしょうか。このような（元初の）イメージが心というものの出現を示唆しているのではないでしょうか。人間の最初の感情は美の感情です（それは美しいということでも、きわめて美しいということでもありません）。まさに美それ自体です。それはパーフェクト・ハーモニーの瞬間、あるいはパーフェクト・ハーモニーの霊気ともいえるかもしれません。そしてこの美の霊気から——それにつづいて——驚異が生じます。驚異の感覚は、それが知ることに先駆するので、われわれにとって非常に重要です。それは知識に先駆します。宇宙飛行士が宇宙空間に出かけて行き、地球が青色やバラ色のマーブルに見えたとき、私は知るということほど取るに足らないものはないと感じ取りました。知識はなお重要であったかもしれないが、しかし知ることはあきらかに重要ではなくなりました。さらに不思議なことには、パリやローマ——それらは人間の素晴らしい作品ですが、時々の状況から生まれたものです——は、そのとき心を満たしていたと思われる驚異の感覚に比べると、いささか重要性を失ったかのようでした。ところが『トッカータとフーガ』は重要性を失いませんでした。尺度を越えたものを保持していたからです。測り得ないものが心を魅了するのであって、測り得るものはほとんど重要ではありません。われわれが環境汚染の問題について話すとき、もっとも恐ろしいことは、汚染されたせせらぎを見て、せせらぎについての驚異の感覚が消え去ってしまうことです。まだ水のきれいなせせらぎを訪れても、そのせせらぎがやがて驚くに値するものでなくなってしまうのであれば、そこにいることが、何か不吉なことのように感じるでしょう。われわれの心からそのような驚異の感覚を消し去ってはなりません。そ

L_1とL_4が光の二義であり、L_2とL_3が沈黙の二義である。沈黙の二義 lightless, darkless はカーンの造語であり、光の二義 light, dark に対応する。テクストでは、光り輝く源泉（L_1）が荒々しい炎の舞踊（L_2 L_3）を経て物質（L_4）へと至る移行（超越）が言われている。

沈黙と光の思惟はこれら光の四義の相互包摂をいう存在論的思惟である。中央のセミコロンは、存在論的区別の場所を示す。カーンのいう閾（threshold）である。光（自然の事象）と沈黙（人間の事象）が光の兄弟と言われる事態は、われわれ人間存在が世界内存在であるということ、世界に属しているということを言うひとつの方法と解される。第五章＊4、第六章＊2を見よ。

＊5　始源（source）。カーンの思惟における徹底主義（radicalism）はかれの問い求めているものが元初、根源であることに基づいている。ラディカリズムは、かれの建築的思惟の主題を規定するばかりではなく、思惟の方法の本質特性である。

図7　沈黙と光の素描（裏返し文字）

裏返しにされた文字は light to silence（光は沈黙へ）、The means to express（表現手段）である。それぞれ silence to light（沈黙は光へ）、The desire to express（表現願望）に対応する。つまり沈黙（人間の事象）に対応する光（自然の事象）が裏返しにされている。光（存在）はカーンの思惟において「見知らぬもの」である。図の左右の絵はともに沈黙を意味する。左の絵は、源泉としての光により近い沈黙。右の光の舞踏の絵は、燃え尽きた光（物質）により近い沈黙。中央のピラミッドは具体化された「ある作品」（a work）を意味する。

してどのような代用品も、どのような操作的なものも認めるべきではありません。ただわれわれにふたたび驚異を取り戻させるもののみが存在すべきです。驚異へのこのような関係が、まず第一に、保持されねばならないのであって、あれこれと知ることを積み重ねるだけであってはならないのです。

学ぶインスピレーションについて考えてみましょう。他のインスピレーションについて考えてもよいのですが、どれとは決め難いものです。たとえば、私はかつてすべての都市計画家は出会いのインスピレーションに属すべきだと言ったことがあります。ところが学校について考えてみれば、学校もまた出会いのインスピレーションに属します。さらにもうひとつのいわば審査されている——私はこの言い方を好みます——インスピレーションがあります。すなわち福祉のインスピレーションです。福祉という言葉はエコロジー*6のようなものまで含んでいますが、しかしエコロジーなどに類する課題だと考えてはなりません。エコロジーはわれわれの驚異の感覚を汚し、出会うことや学ぶことの本能を破滅させるようなものだと自覚すべきです。建築をめぐる根源的なインスピレーションは、建築が初めて現れたときには、ただ触発された瞬間としか限定できないものであって、その名称は後になって獲得されたものだということは理解できると思います。つまり建築の元初には名称がなかったのです。建築は、存在へともたらされんとする否定できない衝動のみをもっていました。つまり存在へともたらされるまで、そこには**建築**というようなものはありませんでした。建築はつねにそのようなあり方で存在すると私は考えています。つまり、そこには建築のスピリットはあったが、どのようなプレゼンスもなかったのです。プレゼンスをもつのは建築〈作品〉です。それは最高にうまくいって、つまり建築の元初の驚異をそなえている限りにおいて、**建築**への捧げものであると見なされる

*6　エコロジー（ecology）。別の対話のなかで、カーンは社会学（sociology）についてつぎのように発言している。ここでのエコロジーについての表明に符合するものである。「私は判断としての社会学を信じません。どのようなものであれ同意できません。ソーシャル・パターンに期待するのは好みません。個人が個人に出会うということは計画できないのです。それはまったく予測できないことです。社会学者が都市を計画するとき、自発性（spontaneity）をまったく否定しています。誰もパターンというものをつくることはできないのです。……空中を直進するような歩行を考える都市計画家の考えはまったく人間的ではありません。人は列車に乗るとき以外にまっすぐには歩かないのです」(John W.Cook & Heinrich Klotz, *Conversations with Architects*, Praeger Publishers, 1973,p.187)

にちがいありません。それゆえ、建築はこちらに、アーバン・プランニングはそちらに、「シティ」プランニングは三つ目に、そしてエンバイロメント・デザインはさらにそちらにというふうに話されるとき、私にとってそれはマーケットプレイス[*7]における区別にすぎません。そしてもしある人が肩書きにこれらのすべてを実行できると書くならば、それは破滅です。それはマーケットプレイスにおいては大いに利益になりますが。しかし建築をスピリットとして感じ取る人は自分自身にこのような名称を与えません。なぜなら、かれはそのような区分を根源的なインスピレーションの完全な消失と考えるからです。建築家は、住宅と都市を同じ息吹のなかで建築することができます。それらがともに驚異と表現、そしてインスピレーションの圏域に属すると考えるからです。最初の美の感情、あるいは最初の美の感覚から、そしてそれにつづく驚異からリアライゼイションが生じます。リアライゼイションは、われわれがつくられたその方法に由来します。なぜなら、われわれが存在するためには宇宙の法則をのこらず用いなければならなかったからです。われわれは自分自身のなかに、われわれを他ならぬ人間たらしめる諸々の決定の記録を保持しています。サイキの記録[*8]があります。一方、この在らんとする願望を満たすためにわれわれがなした選択にともなう物理的な記録があります。そして、その在らんとする願望がその選択に応じて自分自身をわれわれがいま在るところのものへとさし向けたのです。私はこのような核が葉のなかにも微生物のなかにも存在すると思います。それはあらゆる生物のなかに存在します。全生物のなかに意識があると私は感じ取ります。もしわれわれがバラの意識が何であるかを捉えることができたら、われわれ自身を真に理解するために、何と素晴らしいことでしょうか。バラの意識は美しい単純性を備えているにちがいありません。それを知ることができれば、私たちが抱えている多くの問題を、いまの私たちにはできないような仕方で、つまり捧げものをするような輝きに満ちた仕方で、解くことができるよう

*7 マーケットプレイス（market-place）市場から転じて日常の生活世界をいう。「建築」（architecture）ならびに「ユニヴァーシティ」（university）に対応して用いられる。その場合、「建築」「ユニヴァーシティ」は「聖域」（中心）を意味し、マーケットプレイスはそれを支える「周縁」（地平）を意味する。

*8 サイキの記録（psychic record）。すぐあとの物理的な記録（physical record）と対をなす。サイキ（霊魂、心）、オーラ（霊気）、インスピレーション（霊感）、スピリット（精、精神）、ソウル（魂）、これらはみな同族語であり、カーンの思惟の基層である。サイキとはリアライゼイションの理論に即して言えば、リアライゼイションを構成する二要素（思惟と感情）の一者、感情（feeling）の内に存在する。さらにサイキは二成素、存在意志（existence will）とイナ（ina）から構成されている。イナは意志の成立する地盤であり、純粋意識と規定される。

になるでしょう。

リアライゼイションの過程を理解することから〈フォーム〉が生じます。フォームはシェイプではありません。シェイプはデザインの事柄であって、一方、フォームは不可分な構成要素のリアライゼイションです。[*9] デザインは、リアライゼイション——つまりフォーム——がわれわれに告げるものを存在することへとよび入れます。[*10] これはつぎのようにもいえるでしょう。フォームとはあるものの本性として見なされ、またデザインとはフォームを存在することへもたらすときに、光を活動させることによって、自然の法則を用いるまさにそのときの努力であると。物質の源、つまり〈形成する〉こと、存在することへよび入れること。言いかえれば、プレゼンスのこの形成者は、人がつくるものに測り得るものをもたらすエレメントです。あらゆるものは活動へともたらされるまで、根底的に、また一貫して測り得ないものです。人間が遺したものはすべて、そのなかに測り得るものと測り得ないものを保持します。絵画は描かれたときにはじめて、「私は赤が嫌いだ」とか「私は小さなキャンバスが好きだ」とか言うことができます。そのときにのみ、存在[*11]は思惟が〈ありうる〉ものとして、あるいは思惟があなたに与えることができるものとして露呈されます。言いかえれば、思惟はプレゼンスをもつものではなく、存在をもつものとして露呈されます。

2

デザインは〈オーダー〉が理解されることを求めます。煉瓦を扱ったり、煉瓦でデザインするとき、あなたは煉瓦に対して、それが何を望んでいるのか、あるいは何ができるのかと問わ

*9　フォームは不可分な構成要素のリアライゼイションです（form is a realization of inseparable components）。単純なこの言明はフォームを問うカーンの思惟の根幹を要約するものである。

*10　デザインは、リアライゼイション——つまりフォーム——がわれわれに告げるものを存在することへとよび入れます（design calls into being what realization – form – tells us）。フォームと峻別されるデザインの限定。

*11　存在（existence）。存在と訳されている大半の原語はexistenceである。

ねばなりません。もしあなたが煉瓦に何を望んでいるかと問うなら、煉瓦はこう言うでしょう。「そうね。私はアーチが好きなんだ」と。そこであなたは言います。「だけど、アーチはつくるのが難しいし、それに金もかかるんだよ。開口の上にコンクリートのまぐさをかけてもうまくいくと思うんだが」と。が、煉瓦は言います。「ああ、知っているさ。きみの言うことは正しいよ。でも、何が好きかときかれたなら、私はアーチが好きなんだ」と。あなたは言います。「なるほど、しかしどうしてきみはそんなに頑固なんだい」。煉瓦は応じます。「ちょっと言わせてもらうよ。あなたは梁[*12]について話しているのであって、煉瓦の梁はアーチだと思いませんか」と。これがオーダーを知るということです。あるものの本性を知ることです。あるものがなしうることを知ることなのです。そのことを大いに尊重しましょう。もし煉瓦を扱うなら、ただ二次的な選択として用いたり、それが安いからという理由で用いたりしてはいけません。そうではなく、煉瓦に絶対的な栄光をもたらすように用いなければなりません。そしてそれは煉瓦が受けるに値するただひとつの方法です。もしコンクリートを扱うなら、自然のオーダーを知らねばならないし、コンクリートの本性、つまりコンクリートは何であろうとしているかを知らねばなりません。コンクリートは本当は花崗岩になりたいのだが、その思いをとげられずにいます。補強鉄筋は不思議な神秘的役割を演じ、このいわば人造石を有能なものとして出現させます。つまり心の産物にするのです。スティールは力強さにおいて昆虫のようになることを告げんとし、石の橋は象のように建造されることを告げんとします。

そしてあなたはそれらの美、つまりその素材の能力が充分に発揮されたことによるハーモニーを知ります。もし壁を石で被うだけなら、あなたは何か劣ったものをつくった気持ちになるでしょう。われわれの時代のもっとも優れた建築家でさえそうしているのですが。ものごとをあなたの心で正しく把握し、そしてもっとも純粋な仕方で行えば、あなたは大いに孤立すること

*12　梁(**beam**)。原文では**being**とあるが、**beam**の誤記である(ビデオ『ルイス・カーン』、米国メディア・アート・サービス社制作、デルファイ研究所発売、一九九二年、による。

になるかもしれません。しかしながら、その活動を深く掘り下げることは、それが注意深くなされ、かつ自らの行っていることを充分にわきまえている限り、途方もなく重要なことなのです。

3

さて、フィラデルフィア建国二〇〇年記念博覧会の計画を共同で進めるために、建築家のグループが選ばれたことがありました。その計画はいまでは実現の見込みのないものですが、そのことについて話してみましょう。いわゆる〈プリマ・ドンナ〉を集めて、合同で仕事をすることはかなり難しいことでした。しかし最後に全員の代表案として選ばれた計画を私が提案できたのは、沈黙と光という言葉で自分自身を鍛えてきたその方法のおかげでした。計画の根本概念はわれわれが着手するまえに決められていて、それは街路をつくるということでした（私はそれに無条件に同意し、まず最初にそれを称賛しました）。街路はまさに共同体のルームです。街路はもとより強力に結び合わす性格を備えていて、そもそも博覧会が何であるべきかなどというお題目を要求するのではなく、ただちに出発点を提供します。われわれはひとつの建物を描きました（図8）。かなり荒っぽいものでしたが、ともかくそれはひとつの建物です。それは連続した三つの建物の配列がU字形に並べられたものでした。建物の形態はここでは重要ではありません。この建物は表現のコートであって、優れた表現者たち（映画、版画、絵画、彫刻、建築などすべての表現衝動に関心のある人びと）によってプログラムがつくられることを求めます。もうひとつのコートは光、空気、水、大地についての表明を伝えることができる優れた科学者たちによってプログラムがつくられることになっていました。それゆえ、わ

自然の資源
の
コート
全プレゼンスの源泉

アヴェイラビリティのフォーラム
（ストリート）
人間と自然の資源との出会い
閾
そこで表現せんとする衝動が
可能性に出会う

表現
の
コート

図8　フィラデルフィア建国二〇〇年記念博覧会　平面のスケッチ
三つのゾーンからなる。二つのコートを街路が結ぶ。そこは人間と自然とが出会うところ、閾と見なされている。街路の両側面にはアルコーブが設けられ、各国のパヴィリオンに捧げられる。

れわれはこれを「自然の資源」あるいは「自然の資源のコート」と名づけました。そこは大きな街路によって結ばれた「アヴェイラビリティのフォーラム」であって、街路の中央には、運河が他の交通機関とともに設けられていました。街路に隣接して多くのアルコーブがありました。それらのアルコーブは諸々のアヴェイラビリティ――それらは沈黙と光の出会いの結果もたされたオーディトリアムやさまざまの場所なのですが――をともなって街路の側面を構成していました。アルコーブの機能自体はそれほど重要な役割を担うものではありませんでした。というのは真の参加はこれらのアヴェイラビリティの街路につくられた捧げもの（つまりアルコーブのなかのパヴィリオン）にあったからです。その考えは、学ぼうとするすべての人びとを招き入れることでした（学ぶことは大学の勉強で終わるのではありません）。それは関心のあるすべての人に提供され、そしてとりわけアヴェイラビリティとは何であるかについての考えをもたない人びとに向けられます。インド、パキスタン、そして中国の人びと、また多くのアフリカの国々の人びとなど、実に世界のほとんどの地域の人びとはアヴェイラビリティを身近なものとして共有していないと思います。表現衝動、あるいは表現本能の達成を可能にさせるために、諸々のアヴェイラビリティがこの計画で示されました。

4

このことはわれわれを都市計画の問題へと導きます。都市はアヴェイラビリティの性格によって量られるでしょう。学校はアヴェイラビリティのひとつのフォームを与えます。私は天賦の才能を発展させる才能教育の学校の価値を信じています。たとえばもしある少年がダンスの素質を示したならば、かれがどんなに小さくても、なにはさておき舞踏学校に送られるべきです。少年はあとから他の教科を熱心に学びます。しかしかれの関心の中心は、自分が生まれながらにもっているものに集中されるべきです。人は自分自身に属さないものをけっして学びません。つまりその「人」のものでないものを学ばないのです。もしそれがあなたのなかに真の実体をもっていなければ、あなたが学ぶすべてのものはたんに付加されたり、貼り付けられたものにすぎません。もし人がその人の本来の好みに従うならば、最高に難解な課題であってもいつかは学び取るでしょう。というのは、かれは必然的な自由をすでにもっていて、それを直接に与えられているからです。そして学校は他のさまざまな場所のなかでとりわけ自由の中心であるべきです。学校では判定や他の人との比較はあってはなりません。もし自由の支配する三〇人の学生からなるクラスがあるとすれば、そこでは三〇人の教師が教えることになるでしょう。廊下のない学校について考えてみましょう。廊下という通路のかわりに、庭に開かれたホールがあります。そのホールは図書館と対等の重要性を得ようと競い合うほどのものです。二つの暖炉がホールの端部を飾り、そして窓ぎわにはニッチがあります。授業から解放された学生の教室といえる集会場のどまんなかで、ニッチはそっと溜まれる場所を提供します。通常のプログラムのなかにそのようなものは見いだされないでしょう。建築家が学ぶのによき空間圏域を表現する機会を与えられたときに、まず最初に捉え直さねばならないものなのです。建築家は与えられたプログラムにとらわれずに、学ぶのによきルームの本性を再発見しなければなりません。かれはセミナールーム1、2、3、4、5、6などとよばれる連続したルームをけっして提示しないでしょう。そうではなく、セミナールーム[*13]というものを新たに発見するつもりで考えていくでしょう。そのようなルームは平面図に現れたとしてもおそらく名称をもたないでしょうが、しかしそれらのルームは可能性に満ちた方向づけを与えることができ、人はその方向づけによって、人数と、話すテーマにふさわしい環境を選ぶことができます。クラス

＊13　セミナールーム（seminar room）。セミナーは、研究グループ、ゼミナール、演習を意味するが、語源として、苗床（seed plot）があり、産出、栽培、教育の場所を意味する。これはカーンのここでの発言に符合する。

ルームについていえるこのようなことは、今日「インフォメーション・センター」という蔑まれた名称をもつライブラリーについてもいえます。それはその根源的なインスピレーションからは信じられないほどかけ離れています。そこはオペレーションの場所になっています。あたかも情報こそが重要であるかのようです。一冊の書物は途方もなく重要です。一冊の書物の真価にふさわしい代金を誰も払うことはできません。人は印刷代を払っているに過ぎません。一冊の書物はまさに捧げものであって、そのようなものとして見なされねばなりません。あなたが書物を書く人に敬意を払うことによって、書物のもつ表現力はさらに一層ひき起こされてくるものです。

5

これまで「本性」の問題について話してきました。ところで私はいまインディアナ州フォートウエインの劇場を設計しています。そのために多くの劇場を訪れたあとで、つぎのような結論を得ました。つまりオーディトリアムと舞台はヴァイオリンと見なされねばならない。そしてささやき声でさえ増幅なしに聴き取ることのできる敏感な楽器と見なされねばならない、と。ロビーと他のすべての付属空間はヴァイオリン・ケースに喩えられます。ヴァイオリンとそのケースはまったく異なるものです。さて、舞台裏へ行けば、多くの劇場では、そこは屑籠以外の何ものでもありません。俳優はこの屑籠から現れ、まるでなにごともなかったような顔をしています。ところが舞台裏では、かれの横にモップが置かれています。それはひどいものです。そこで私は舞台裏全体を俳優の家として考えようと決め、そしてその家を劇場から半マイル離れてあるものとして設計することにしました。そして**「グリーン・ルーム」**を暖炉のある居間として、また練習場、楽屋をあたかもそれらすべてが俳優の家の機能であるかのように考えました。私は俳優が背中をつつかれずにひとりで自分のせりふを考えることができるような小さなチャペルまでも設けました。さらに街路に面してポーチを設け、そうしておいてからその家を舞台裏まで運んできて、幕が開いたときにポーチを観客に対峙するようにしました。

私はデザインがそれをめぐって可能となる「本性」を見いだそうと努めていたのです。これはまたつぎのような状況で家を建てることのなかで見いだすものとして考えることができます。寝室が野原にあると考えます。屋根がなければ星が見えます。頭上すべてが窓ですから、窓はわずかでよいでしょう。ところが、そのルームが寝室であるだけでなく、ときには病室になることに気づきます。また紅茶を飲みたいときにはキッチンがそばに欲しくなります。おそらく許されることを願いつつ、ゆるやかに、ひそやかに寝室はキッチンに近づいていきます。もともと自由が支配する居間にも、同じことが起き、そしてキッチンもまた然り。しかし、その家は心をこめた分別のある仕方で再結合する[*14]のです。つまりそれはこういうことです。ものがいかにつくられるかではなく、いかにそれがつくられうるかという省察によって、それは強力なものになります。都市もまたすでにそこにあるものをいかに修正するかではなく、それがいかにつくられうるかという立場で考えられねばなりません。

われわれが建築を理解しようと試みるときのもっともインスピレーションに満ちた観点は、ルーム、つまりシンプル・ルームを建築の元初と見なすことだと思います。あなたは自分のルームに入るとき、他の誰でもない仕方でそのルームを知っているのに気づきます。おそらくもっとも素晴らしいものは、ルームの窓でしょう。アメリカの詩人、ウォレス・スティーヴンズ[*15]

＊14　再結合する（recombine）。三つの事柄が言われている。第一に、純粋な寝室そのもの。第二に、日常的な使用の問題。第三はそれらの再結合。すぐあとの、ものがいかにつくられる（how things are made）ではなく、いかにそれらがつくられうるか（how they could be made）という言い方に再結合の可能的意味が含まれている。

＊15　スティーヴンズ（Wallace Stevens, 1879-1955）。アメリカの現代詩人。ペンシルヴェニア州出身。ロマン主義の系譜に属する思索的詩人。精神の「荒地」という信仰なき時代において、想像力による秩序の確立を求めた倫理的詩人として注目を集めている。一九五五年の死の数年前から評価がたかまり、イエーツやリルケとならぶ重要な詩人であると評価される。詩集『ハーモニウム』『オーダーの理念』『全詩集』。詩論の詩人とよばれるスティーヴンズの方法論的態度は、カーンの建築におけるそれと通ずるものがある。『アデージア』（格言集）にはカーンのアフォリズムを想起させるものが多い。また、オーダー、マインド、デザイアーなど、二人の共通のキー・ワードも多い。カーンが触れて

は、建築家（かれは建築家になることを熱望していました）にとって重要なことを言っています。つまりこう問いかけたのです。「あなたのルームに訪れるのは、太陽のいかなるかけらでしょうか」と。この文節はあたかもこう言っているかのようです。太陽は、建物の側面に射すときはじめて自らの素晴らしさに気づくのだと。このようなことをコンピューターに入力できるでしょうか。

平面図は諸々のルームの共同体であると思います。真の平面図は、そのなかで諸々のルームが互いに語り合うものです。言いかえれば、平面図は「光のなかの諸々の空間の構造である」といえるかもしれません。構造は光の形成者であると見なせます。なぜなら構造は、構造と構造の間の空間を解放し、光を与えるからです。それはエントランスや窓の問題になりうるでしょう。あるいは柱と柱の間を窓にしているような小さな建物の問題でもありうるでしょう。というのは柱と柱の間は非常に豊かな源であるからです。それゆえに人びとはわずかの材料で途方もない力を発揮するコンクリート構築物の豊かさに抗しきれないでいます。この柱の扱い方は終わりのない研究課題を与えてくれます。先に述べたように、諸々のエレメントは建物がもっているフォームの感覚のなかにあります。学校のフォームはさまざまなルームの対話に関わり、ルームの本性に関わり、そしてそれらのルームがいかに相互に補完し合っているか[*16]に関わり、そしてまた「学ぶためによい場所」の感情でいかにその環境を豊かにするかに関わるでしょう。

ある家のエレメントについて考えてみましょう。たとえば居間にベイ・ウインドゥが設けられたとしましょう。しかられた少年はそこに座り、ひとり離れたところにいると感じ取った

いるスティーヴンズの建築家への言及とは、晩年の詩『ローマにある老哲学者に』の最終連のことであろう。この詩は、ローマの修道院で死に瀕した恩師サンタヤナの姿を描くもの。

Total grandeur of a total edifice,/ Chosen by an inqui si-tor of structures / For himself. He stops upon this threshold,/ As if the design of all his words takes form / And frame from thinking and is realized.

（ひとりの構築の調査官が自分のために選んだ／絶対の建物の絶対の威容だ／彼のすべての言葉の意匠が形をとり／また思索から枠をえて、ここにみごとに／結実したかのように、彼はいまその戸口にたたずむ　新倉俊一訳）

スティーヴンズについては、新倉俊一編著『ウォレス・スティーヴンズ』現代英米文学セミナー双書七、山口書店、また尾形敏彦編『アメリカ文学の自己発展』アメリカ文学双書3、山口書店、を見よ。

*16　いかに相互に補完し合っているか（how they complement each other）。不可分な諸要素の関わり合いの仕方をいう。自己補完性（self-complement）はフォームの本質特性である。

り、あるいは自分のルームにいると感じ取ることができます。あるいは階から階を結ぶ階段が、一気に四階分を駆け上がってしまうような敏捷な少年に「合わせて」設けられているような場合を考えてみてください。そのような場合に、階段を含んだ平面図を描く建築家は充分に正確さを発揮できないものです。建築家は壁については気ままに描ける場合でも、階段については定規やものさしをつくっているようなつもりで正確に描かねばなりません。このようなことは感じ取られねばならない重要な感覚です。階段は多くの踊り場をもたねばなりません。そして踊り場はまさにルームにならんとするにちがいありません。踊り場はまったく素晴らしいものです。というのは同じ階段が子供にも若者にも老人にも使われるからです。そして老人は少年とともに階段を上がって行き、踊り場に達したとき、そこには窓が設けられ、できるなら窓ぎわのベンチ、そしておそらく本棚があることでしょう。老人は階段を上がりつつ少年にこう語りかけます。「いつもこの本を読みたいと思っていたんだよ」と。

屋根、床、天井といったエレメントはたしかにあるし、それぞれのエレメントとして扱うに値するものだと思います。しかし〈資料集成〉にたよるという一般的な傾向があります。あなたは知らねばならないあらゆることを資料集成によって見いだします。それはすべてを教えてくれます。それはどんな階段がいいかを教えてくれます。しかし建築家が感じ取らねばならないことをけっして教えてはくれません。

この感受性はガートルード・ジーキル[*17]によって美しく示されています。彼女は高名な造園家であり、イギリスでラッチェンズのために多くの庭をつくっています。彼女は庭をつくるときの感受性についてこう説明しています。ある朝、彼女が自分の庭の階段を昇っていたとき、仲

＊17　ラッチェンズ（Sir Edwin Lutyens, 1869–1944）。イギリスの建築家。アーツ・アンド・クラフツ・スタイルのカントリー・ハウスを多くてがけた。ニュー・デリーの総督邸の設計者として知られる。一八八九年には庭園設計家であり、生涯にわたり助力をえたガードルード・ジーキルのためにマンステッド・ウッドを設計した。

よしの少年が駆け降りてきました。そこで彼女は声をかけました。「まぁ、ジョニー。ずいぶん早起きね」と。が、少年はこう応じました。「でも、ジーキルさん。ぼくは眼に見えないつもりなんだよ」と。

6

「オーダー」について話すならば、交通のオーダー、光のオーダー、風のオーダー、水のオーダー、そしてわれわれの周りのあらゆるものにオーダーがあります。実施されなかった仕事ですが、ガンディ・ナガール（ガンディの都市）としてよく知られるインドのグジャラート州の首都で、最終的には人口が五〇万人になる都市の課題に取り組んだことがあります。セバルマルティ川はいつも乾ききっていますが、モンスーンの季節には激流となって川床を海へ流してしまいます。私は川床を渡る橋を思いつきました。その橋の唯一の役目は川を横切ることです。しかしその橋は同時にモンスーンのときの流れ、つまり捨て去られているきれいな雨水をせき止め、貯えるでしょう。そこから水路が未来の都市の諸々の場所へと引かれるでしょう。たとえば消防署、警察署、メインテナンス・センター、空調センター、そしてもちろん給水センターへ。マンゴーの樹林、それは聖域であって、そのまま残され、居住地はそこを起点としています。街路は風向きに従って方位づけられます。他の諸施設は水路に従います。それゆえ、「自然の」諸々の特性、とりわけ水のステーション（水はインドの街では非常に貴重なものです）は計画の基礎となりました。計画の背後には諸々の「オーダー」以外の物理的な計画理論はありませんでした。それが出発点でした。しかし私はさらに重要な出発点と思われるものを導入する方法を探しました。そしてその方法は諸々のアヴェイラビリティを含むはずでした。測り得ないアヴェイラビリティ、それはわれわれのなかにある〈表現することとして在らんとする〉衝動に応ずるものとして保持されねばなりません。

第三章　私の仕事ぶりはいかがでしょうか、コルビュジエさん

――はじめに、建築をどのように考えているかについて話すことから始めていただけないでしょうか。

それは難しい問いですね。あなたのそのような問い方が。というのは、それは歯科医にむかって歯科医術をどのように考えているかと問うようなものだからです。私が建築をどのように〈考えているか〉――それに答えるのが難しい理由は、私が建築を毎日ちがったふうに考えているからです。

――しかし興味深いのは、歯科医ならあなたの口についておそらくあなたと違った見方をするということです。

（笑いながら）そうですね。かれは私の口に関心があるようです。

ご存じのように、私はかつて画家になるつもりでした。八歳の頃からしばしば絵画の賞を得たものです。ハイスクールの最終学年のときには私が画家になるだろうと誰もが思いました。しかし私は三歳の頃からたくさんの絵を描き、それらの絵は素晴らしいと言われたものです。しかしとりたてて大げさにそう言われたのではありません。なぜなら三歳のときの絵というものは、才能の真の証拠にはならないからです。[*1]（図9）

ハイスクールのとき、ウイリアム・グレイ[*2]という美術の先生がいました。背の高い、ブロンド・グレイのあご髭をたくわえた素敵な顔の先生でした。――あなたがこのようなことを聞きたがっているのかどうかはわかりませんが。――ただかれがつねに私を支えてくれたのだと言いたいのです。……かれはつねに私を支えてくれたし、私の才能に気づいていました。

＊1　カーンの素描についてはつぎのスケッチ展のカタログを見よ。スカリーはこのなかでカーンの素描を三期に区分し、それぞれの特質をあきらかにしている。
The Travel Sketches of Louis I. Kahn, Pennsylvania Academy of Fine Arts 1978-79

＊2　グレイ（William F.Gray）。グレイはカーンが学んだ中央高等学校の教鞭を執るようになるまで、フィラデルフィアの建築批評家であった、とティンは記している。
(Alexandra Tyng, *Beginnings: Louis I.Kahn's Philosophy of Architecture*, 1986　香山壽夫・小林克弘訳『ビギニングス――ルイス・カーンの人と建築』丸善、八ページ)。

図9　ルイス・カーン　アクロポリス　アテネ
一九五一年の素描。近景が明瞭に描かれ、影が執拗に描かれる。この時期のスケッチの特性である。

いや、そのように書き留めないで、こう書いてください。かれが建築のコースを与えてくれたのだ、と。つまりゴシックやルネッサンスやギリシャやローマやエジプトの建築について教えてくれました。

　われわれに課せられたのは、半年のあいだはかれのスライド講義を聴くことでしたが、その後五枚の図面を描く課題が与えられました。それは、あらかじめ準備された五枚の図版を模写するという課題でした。ほとんどの学生は図面を描くのに当惑しました。その課題は必須科目でしたが、学生たちは当惑し、図面を作成できませんでした。そこで私はかれらを助ける方法を見いだし、私のものだと見抜かれないようにごまかしてかれらの図面を描いてあげました。これは人格を疑われるようなことですが、ほんとうにあったことです。私はインクのしみをかけたり、見抜かれるのを妨ぐさまざまな仕方で仕上げました。——「まともでなくする」ってことはどう言えばいいのでしょうか——ともかく私はその図面をまともでなくしようとしたわけです。誰が描いたのかわからないようにするためにです。たいへん難しい仕事でした。これは記憶にのこる小さなことにすぎませんが……。

——描くのが難しかったのでしょうか。それともごまかすのが難しかったのでしょうか。

　あの図面は誰にとっても難しいものでした。私自身の図面にもたくさんの誤りがあったはずですよ。

　しかし画家になりたいという強い願望を消し去ったのは、この講義でした。建築が私を心の底から感動させたのです。そのように書いてください。それはまず間違いないことです。

　それは生まれながらの向きの発見でした。いいですね。可能性のある生まれながらの向きです。いや「可能性のある」とはいえません。私はその当時できなかったのだから。私はこの芸術の〈捧げもの〉*3というアスペクトに心を打たれました……つまり……〈さしのべる〉芸術

*3　捧げもの (the offering)。カーンが建築に向かう動機となった建築のアスペクト。すぐあとに、さしのべる芸術 (an art that reaches) と言いかえられている。人が歩き回り、そのなかにいることのできる芸術 (an art you can walk around and be in) を意味する。この特性は、等身大 (life-size) とも言われる。この建築の特性から、芸術への捧げものとしての作品、という芸術一般における作品なるものの特性が引き出される。

……人が〈歩き廻る〉ことができて、その〈なかにいる〉ことができる芸術。そして等身大ということ。

――捧げものというのは、そういう意味で使っているのでしょうか。つまりそれ自体を人びとに捧げるということですね。

そうです。その意味での捧げものです。つまり……

〈あらゆる〉芸術作品は捧げものです。私は〈それゆえ〉つぎのように理解しているといえます。つまり芸術家の最高に優れた作品は〈共同性との近-接〉[*4]です――その永遠性の感覚は……いまだ-語られて-いない-もの、いまだ-つくられて-いない-ものへ〈応答する〉〈人びと〉のなかにあります。いいですね。前例なしに、たとえすぐでなくとも、徐々に……露呈される永遠性に応答するニュー・アヴェニュー（新しい道）を〈感覚する〉人びとのなかにある永遠性。まともな文章になっていませんが、私の考えはこのなかにあります。

最高に優れた捧げもの、最高に優れた作品、芸術作品の最高に優れた〈部分〉、ある芸術家のもっとも〈素晴らしい〉部分、それらはその芸術家には属しません。芸術家はこの永遠性の触媒[*5]であって、その永遠性をどのように解釈したかというその方法だけが芸術家に属します。

ピカソはニュー・アヴェニューを拓きました。かれの絵画はかれに属しますが、ニュー・アヴェニューはかれに属しません。〈もの〉はかれに属しますが、ニュー・アヴェニューはそうではありません。触媒をこのように説明できます。ピカソはまさにニュー・アヴェニューにいたのであって、かれはニュー・アヴェニューを感覚します。それは他の画家――ピカソに続く画家としましょう――が、自分〈自身〉の才能にとっての入口として認識する特性です。ピカソが多くの追随者をもつのはこのためです。しかしかれらがピカソを模倣するならば、かれらは何者でもありません。おわかりですね。モーツァルトに似せて作曲することには意味があり

＊4　共同性との近-接（in-touchness with commonalty）。近接という言い方には、スピリットとしての芸術への接近の可能性とその不可能性が含意されている。

＊5　触媒（catalyst）。芸術とプレゼンスとの媒介者である芸術家の限定。媒介者（vehicle）、レーダー（radar）ともいう。

ません。モーツァルトの永遠性によって影響されることです。――〈永遠性〉――それが真の芸術家を刺激する種子なのです。

建築が、偉大な作品の事例を通して私にやってきたということは真実です。いまもそれを覚えています。というのも年月が経過した後でも、これらの事例が最高にこだまする影響を与えていると見なしうるからです。――つまり最高にこだまする〈反響〉――〈力強い共同性〉……真性[*6]――おわかりですね。――それについて少し考えてみましょう。〈真性（trueneses)〉、これは誤った語ではありません。ご心配なく。私が考案した言葉です。それは人間の事象に関わるものです――自然の法則からなる事象、つまり自然の〈オーダー〉からなる事象ではなくて、それは〈人間の〉事象に関わるものです。

このように記録してください。真性とは、人が好もうと好むまいと生起するものだと私は考えます。それは測り得ない特性です。一方、自然現象に関わる事象は測り得るものです[*7]。

われわれは真性を探し求めることはできません。真性はただ露呈されるだけです。われわれのコース（行路）……われわれの人生のコースを通して露呈されるのです。――ただ人がそれを真実として受けとめるかどうかはわかりません。人は真性を探し求めることはできません。――それはつねに新しく露呈されてゆく、生きているものです。人は生きることを通してはじめて真性を知ります。真性を記録にとどめることはできないのです。なぜなら同じ出来事でさえも異なって記録され、異なって応答し、あらゆるかけがえのない人のなかに異なって〈それ自身を記録する〉からです。真性はまさしく〈あなた〉の真性であって、あなたのパーソナルな真性です。

私は知識と知ることについても同じ仕方で感じ取ります。

＊6　真性（truenesses)。最後期の思惟の根本語。カーンはしばしば根本語をつぎのように複数形で用いる。beginnings inspirations thresholds など。これはそれらの本質が数かぎりないかけがえのなさの集合として思惟されていることを示す。真性は truth としても発言される。真性については以下の言葉を遺している。真性とは生じるものである（truth is anything that happens)。真性はただ露現される（truth is just revealed)。芸術家はただ真性を探し求める（the artist only seeks truth)。リアライゼイションの源泉は真性であり、それは人間の事象である（that source of realization is a truth which is man's fact）と。真性は人間の事象（man's fact）に属し、自然の事象と峻別される。カーンの言う真性は、芸術作品の根源について思惟するハイデッガーの、芸術と作品についてのつぎの限定において理解されうるものである。「芸術の本質は真性を作品において創作しつつ見守ることである」（M.Heidegger, *Gesamtausgabe, Band 5, Holzwege*, 1977, 茅野良男訳『杣径』創文社、七六ページ）。

——真性と同じようにですね。

そうです。あなたはものごとを関連づけて考える心をおもちですね。つまりあなたは先に言われたことと、そのあとで言われることを結び合わすことができます。が、私にはそれができません。私はむしろ神秘的に考えます。あなたのそういう質問は私を大いに助けてくれます。私は直接にはつながらないこと、つまりずっと前に言ったことを関連づけようとしがちです(それらは実は続いています)。私の話についてくるのが難しいのはそのためです。

知識と知ることとの間の差異について話してみましょう。——知識がある人のもとにやってくるとき、知識は個人的なものになります。人は知識を受け取りはするが、他人に伝えることはできません。あるいはむしろこう言えます。知識が個人のものになるとき、その最高の価値というのは、個人の霊気がどのような仕方で他人に伝え〈られうる〉かということのなかにあります——いいですね。あなたが知識の道においてみるもの……知識が〈あなたの〉知識になり、そしてあなたが自らの知識を解き明かすその仕方……あなたのかけがえのなさが他人に伝えられ〈うる〉その仕方のなかに最高の価値があります。

知識は態度を通してやってきます。……あるいはそれは態度ではないかもしれません。そういったものではないかもしれません。しかし態度はまさにひとつのかけがえのなさでもあります。——人は自らのかけがえのなさのゆえにある態度をとり、ある態度に引きつけられます。そしてこれが教師です。かけがえのなさが教師です。教師は〈そこ〉(かけがえのなさ)にいるのであって、知識を分け与えることのなかにはいません。——すでに印刷され、利用できるものは他人の助けなしに手に入れることができます。それは有用です。しかし限りなく価値あるものは〈いかにかけがえのなさが露呈されるか〉であり——いかにかけがえのなさがわれわれの前に現れるかです。いいですね。なぜならその現れ方がまったくユニークだからです。と

＊7　それは測り得ない特性です。一方、自然現象に関わる事象は測り得るものです。(it is an unmeasurable quality : facts dealing with natural phenomena lend themselves to measurement)。二つの事象がセミコロンで結ばれている。前者が人間の事象(真性)、後者が自然の事象を意味する。

いうのも、あらゆるかけがえのなさはユニークだからです。そう思いませんか。あらゆる人は異なります。そして、知るようになったことをそのまま人に伝えることができれば……その霊気を……かけがえのなさの霊気を伝えることができれば――こう書いてください――そこには他のかけがえのなさに〈刺激を与える〉ユニークさがあります。なぜならそれはかけがえのなさを〈信頼させ〉、人にその人〈自身の〉かけがえのなさを意識させるからです。〈それ〉がユニークさの価値なのです。

教師はある意味で専門的知識と〈戦っています〉。専門的知識が自分自身のなかでどのように変えられ、どのように変ってゆくかを知っているからです。ある科学者にとって酸素は他の科学者のそれとは違ったものです――〈酸素〉でさえもある人と他の人のなかでは同じ酸素ではありません。

知識は不完全な書物に留まっています。知識はつねに不完全な書物の〈なかに〉あって、さらに多くのページを集めつつ、オーダー自体の全体性を求めてさらにページを増やしつづけます。自然の法則はオーダーの断片として抽出されます。よき心はこの断片を、オーダーについての自分の思索とつねに関連づけて位置づけます。

このような話はパーソナル・インタヴューにふさわしくないかもしれませんが、これは、あなたが私に建築についてどのように考えるかと問いかけたからです。その答えはあなたがこれまでに書き留めた思惟のなかにあります。いいですね。私はたんにプロフェッショナルな問いであるかのように答えるわけにはいきません。もし私が自分のプロフェッションをつねに意識して働いていたならば、何かを失っていたでしょう。もし私が建築のプロフェッションのなかにいるという感覚に心を奪われるとしたら、プロフェッションが私を支えているという考えに〈あまんじる〉ことになるでしょうし、そのプロフェッションに寄りかかることになるでしょう。しかし私はそのように考えません。私に元初を与えてくれたものについてのみ、つまりグレイ先生の授業で本来的だと感じたものについてのみ考えます。いいですね。グレイ先生の話が私のなかに元初を与えてくれたのです。

私は〈元初〉の力を確信します。私は英国史が好きで、その全集をもっています。すべての書物にざっと目を通したりしますが、実のところあまり夢中になれないと言わざるをえません。〈しかし〉第一章については注意深く読みます。本を開くときはいつも第一章に戻り、注意深く読みます。そして私はとても記憶力が悪いので、いつも新しい事柄を発見します。

それが何かを私は〈知っています〉。それは**第零巻**を感覚しようとする私の願望です。あるいは**マイナス第一巻**かもしれません。それは元初の〈感覚〉の探究です。なぜなら、元初とは、永遠なるものの確証であると私は気づいているからです。永遠なるものという言い方をするのは、永遠なるものを普遍なるものから区別するためです。〈普遍なるもの〉は自然の法則に関わり、〈永遠なるもの〉は人間の本性に関わります。[*8] もし人間の本性が承認しなければ、元初はありえません。したがって元初は人間にとって何が本来的なことかを露呈する啓示なのです。そうでなければ元初はけっして起こりえなかったでしょうから。人間（human）――種を意味する man でなく、より広い意味をもつ human という語を用います――が承認するものはすべての人間にとって本来的なものです。私はこう言いたい。元初はすべての人間にとって本来的なものであると。元初は人間の〈本性〉を露呈します。そうではないでしょうか。

最初の学校は、われわれの内なる願望のなかにあるものを承認することでした。それは状況によって露呈されたのだといえます。状況は人が承認を与えることを〈準備します〉。これは

＊8　〈普遍なるもの〉は自然の法則に関わり、〈永遠なるもの〉は人間の本性に関わります（universal deals with the laws of nature and eternal deals with the nature of man）。二様の意味で用いられている nature が注目される。

つぎのようにいえるでしょう。一本の木の下のひとりの男[*9]――その男は自分が教師であることを知りません――は、自分たちが生徒であることを知らないわずかの子供たちと話していました。かれらは互いに認め合い、そして最初のクラスルームが建てられました。それが「学校」の元初でした。

私はこの事例を繰り返し用いてきましたが、それについて書かれたものを聞くのは好みません。あなたならそれをもっとうまく書けるでしょう。なぜなら、私の言い方はたいへん引用めいて聞こえるし、本当は引用めいて聞こえるべきではないからです。私の話を理解して、理解するままに書いてください。引用するよりはいいものになるでしょうから。私の話は理解しにくいことがよくあります。というのは、私が心のなかにイメージをもっているからです。それは実際の事例でも、私の経験の一部でもありません。まさしくある感覚です。

――あなたはいつもこのように考えることを意識してこられたのですか。

そうです。

――それはたとえばスペースについての思惟を通して展開されたものでしょうか。

そうではありません。スペースはむしろこのように考えることからやってきました。このような仕方で考えること、それへの好みがスペースの生じてくるところです。スペースが先にあるのではありません。なぜならスペースは存在しないからです。それはたんに言葉にすぎないし、そして言葉として繰り返されているにすぎません。実際、スペースとして話されていると き、私がスペースとしてけっして用いたことがないような仕方で、その語がよく用いられます。私はこれまで人びとがスペースについて話しているのを聞いたことがありますが、かれらはみんなまったく誤っているようです。われわれはスペースが何であるかも、スペースとして話している事柄についてもけっして知りはしないのです。

＊9　一本の木の下のひとりの男(a man was under a tree)。フォームの事例として繰り返し発言される最初の学校（the first school）についての表明。ラディカルな方法的反省によって、学校、つまり学ぶことのインスティチューションの元初的意味が記述される。一本の木の下のひとりの男の言において、一本の木は、光の事象としての自然を、ひとりの男は、沈黙の事象としての根源的人を、その本質であるかけがえのなさ（singularity）として示している。さらにひとりの男と生徒たちとの関わり合いは、共同性のオーラ(aura of commonness）としての間主観性を示す。この事例はたんに学校の始まりのみを言うのではない。なぜなら、学ぶこと（to learn）は元初を遡行的に問うカーンの建築的思惟の本質特性であるからである。

考えることへの好み[10]は、ある準備、つまり永遠なる準備にちがいないと思います。あるいは態度とか向きとか才能とか天賦の才能などとよんでもいいかもしれません。――しかし自分でそれを天賦の才能とよんでみたり、逆に天賦の才能をもつことについて自らを責めたりするのは非常におそれ多いことです。私がそのように考えていると思われては困りますから、言い方を変えてみましょう。あなたの向きが天賦の才能を存在させます。あなたのかけがえのなさが天賦の才能をもたらすものであって、まさにあなたがどれほどかけがえがないかということです。誰もがかけがえがないのです[11]。そのように言えます。

これが天賦の才能の学校の存在を私が信じる理由です。――誰にとってもよいことだと考えられていることを、ただ教えるべきではありません。それは誰にとってもよいものでは〈ありません〉。なぜなら、あなたは自分自身のものではないものを学ぶことはない[12]からです。あなたはそれを用いないし、それはただちにあなたの道具になりはしません。というのも、それは他の人に属する道具だからです。

私のような男は、物理学を試験によってではなく、講義を聴くことを通して教えられるべきです。試験は未来の物理学者にまかせるべきでしょう。しかし私は物理学の講義を聴かねばなりません。聴く必要があります。というのもこの素晴らしい学科のなかには、聴くに値するだけの種子が含まれているからです。物理学の講義を聴くことが重要なのは、多くの準備する力を人間にもたらす種子が物理学には含まれているからです。しかし素晴らしい学科であっても、物理学の基礎やさまざまな意味やメッセージを聴く人がかならず理解するようになるというわけではありません。そのようなものは生まれながらに物理学の向きをもっている人に属します。というのは、生まれながらの物理学者は最初の一、二の話を聞くだけで、すでにして先

*10 考えることへの好み (predilection to think)。思惟の方法的態度がさまざまに言いかえられている。永遠の準備 (eternal preparation)、向き (tendency)、態度 (attitude)、天賦の才能 (natural talent)。

*11 誰もがかけがえがないのです (anyone is singular)。かけがえのなさ (singularity) は、沈黙と光の交叉する閾の本質特性である。

*12 あなたは自分自身のものではないものを学ぶことはない (you don't really learn what's not part of yourself)。学ぶことは、われわれがいかにつくられたかを想起せんとする願望 (desire to recall how we were made) から生じる、という発言に同じ。追想的思惟を示す。

生の競争者だからです。義務づけられて、そのコースを選ぶような人は、聴きもらす人です。かれは自分に属するものを得るだけで、そうでないものは完全に聴きもらしてしまいます。

ところで、ユニヴァーシティ[*13]は、それぞれの人が何を学ぶべきかについてもつ自由という見地から考えることによって、多くを学びうるのだと私は考えます。――つまり自由が与えられていて、それぞれの人は審査されることなく、知りたいと望んでいるどんな分野へも入ることが許されて〈いるべきだ〉と考えます。これこそがユニヴァーシティとよばれる優れて自由な心の場所にふさわしい雰囲気といえるでしょう。私の言いたいことがおわかりでしょうか。これは他の誰にとっても大切なことだと思います。

学生のときに物理学の講義を聴いて以来のことですが、教師になってからもノートをとることを私はしません。というのは、ノートをとることは、その対象に向いた耳をもたない者にとって、つまりその対象への〈好み〉をもたない者にとっては気をそらせることだからです。

――そのとおりですね。私自身もノートをとるとき、書き終えてからでないと、それを理解しているかどうかを考えることができないものです。

それは大きな啓示です。私は物理学が好きです。が、試験に合格するためにノートをとるという意図で聴かねばならなかったときには何が言われているのか聴きとれなかったし、自分がノートに何を書いているのかわかりませんでした。そして質問されたとき、その質問を理解することもできませんでした。私は隣にいる友人のノートをコピーしなければなりませんでした。その友人は話された〈すべてのこと〉を理解しているようでした。かれは話されたものを記憶するためにノートをとることができたし、すべての試験を優秀な成績で合格しました。そして今日にいたるまで、その友人はそのような心をもちつづけています。かれはいまも同じ心をもっています。

＊13 ユニヴァーシティ (universities)。ユニヴァーシティのフォームを問うことを通して存在論的建築のあり方が示される。ユニヴァーシティは、存在しうるもっとも美しい場所、人生において第一に必要なもの (a prime necessity in life) と規定される。ユニヴァーシティにはマーケットプレイスが対応する。

頭脳と心の間にはある区別があります。[14] 頭脳は道具ですが、しかし心は頭脳の魂です。そしてまさに心がかけがえのなさの生じるところです。

――あなたは幼い子供のときに、自分に属さないものを学ぶように期待されたことはありませんでしたか。

いつもそうでした。しかしかつて苦手としたすべての科目がいまでは好きです。私は数学を好み、物理学を好み、一切の学ぶことのアヴェニューに魅せられています。

しかし特にある学科の〈あるもの〉を記憶しているとは言えませんし、〈いかなる〉仕方であってもそのような学科を教えることを任されるわけにはいかないでしょう。しかし私はただひとつのことに、いわばその学科の霊気にのみ心を奪われ、その学科について何事かを〈明確に〉知るという感覚をもつことはありませんでした。ある学科が真に何であるかと問われるのであれば、その学科の全体について考えさえすれば答えられるでしょう。しかし、私にはその学科の何か特別な事柄については考えることはできません。それは私が自分には属さないものを学ぶことができないからです。最終的にはそうしたものはすべて失われてしまいます。なぜなら、そうしたものに対する受容性が自分に属さないからです。別の言い方を考えてみましょう。

言葉をかえればつぎのように言えます。たとえば私が物理学の先生にこう問いかけられたとしましょう。「さてルイス・カーン、あなたは物理学を知るべきだし、物理学に向かうべきだと思う。しかしただ聴くだけで、ノートをとる必要はありません。あなたは物理学の試験を課せられるが、私のために物理学の〈ドローイング〉によって答えてくれればよろしい」と。

――ドローイングを通して物理学を理解するというその仕方は、私にとってたいへん自然なことでした。子供のときからほとんど毎年のようにドローイングの賞を手にしていたので、ドローイングを描くことは私には自然な表現方法でした。私は自分の解釈で先生を驚かせることが

*14 頭脳と心との間にはある区別があります (there's a distinction between a brain and a mind)。頭脳と心の関わり合いは単純なものではない。かけがえのなさは心にある、とも、頭脳が心を心にする (the brain makes the mind the mind) とも発言される。

できたと思います――たしかにその解釈は物理学に特別に関わるものではありませんでしたが。私の心は自由になり、〈ある〉がままのその心には敬意が払われるでしょう。私は、心から現れ出てくるものによって、私自身のみならず先生をも驚かすことでしょう。

私が話しているのはこのような自由です。この自由は喜びに満ちています。美しく踊ることへの好みをもっている人には、この天賦の才能を訓練する機会が与えられるべきだと思います。かれは束縛されないゆえに驚くべき成長をとげることでしょう。そしてついには自らの才能をさらに表現力に富んだものにするために、独力でラテン語を学ぶようになるでしょう。

おわかりですね。たとえば現在の私が物理学を読むとしましょう。私はこれまでよりもはるかに多くのことを理解します。なぜなら私は物理的現象に従事しているからです。

――ダンサーはひとたび踊る機会が与えられたとすれば、他の多くのアスペクトを発達させようとするとおっしゃるのですね。

かれは表現を豊かにするためにそのようにします。きっとそうします。私はいつでもそのようにしています。私は詩を読んだり、かつて難しいと思ったあらゆるものをいま読んでいます。ハイスクールやカレッジで通り過ぎたものをいま読み返しています。私はあらゆる試験に合格しましたが、それらは吸収できるような仕方では与えられませんでした。もし私にもっと多くのドローイングや哲学、そして私が生まれつきの好みをもつさまざまな学科が与えられていたならば……。

――あなたは哲学へ向かう「態度」をおもちでしたか。

いいえ、そうは言えないでしょう。なぜなら私は哲学が何であるかを知らなかったし、そしていまも知らないからです。いずれにしても、哲学がひとつの学科であるとは思いません。

――哲学とは、書物で読んだままを吐き出せばいいというものではない何かです。つまり哲学がどのように〈あなたを構成する〉かということによってあなたは影響されうるのです。

あなたは哲学書を読んだからといって哲学者では絶対にありません。あなたが哲学者であるとすれば、それはあなたが〈生まれつきの〉哲学者だからです。自分は哲学専攻であると言ったところで、自分自身についてほとんど何も言ったことになりません。――それはまさに多数の博士論文と同じぐらいの価値しかありません。苦労したからといって、ある課題に博士号が与えられるのならば、それは誤った肩書きだと思います。仕事を与える人たちに認められたいために肩書きを探すような人は実はマーケットプレイスにいるのだと思います。したがって、就職を有利にするために、あるいは教職につくために博士号をとるのであれば、それはマーケットプレイスの考えであって、ユニヴァーシティによって促されるべきものでありません。

ペンシルヴェニア大学の音楽学科が博士号の学位論文を取り止めたことに対して、私は大いに敬意を払っています。――ユニヴァーシティの競い合う側面について考え、〈見抜いた〉心は何と正しいことでしょうか。芸術における博士号がまっかな嘘であると感覚する心は、何と正しいことでしょうか。芸術に博士号を置くことはできません。あるいは「まっかな嘘」とは言わないまでも、それは虚飾だと思います。そのように書いてください。それは虚飾だと。

ところで、すべての人はなんらかの仕方で嘘をつきます。嘘という言葉はよくありませんが、嘘はしばしばわれわれを守ってくれます。それはむしろ神秘的なものです。嘘というものは、ものごとの生じたままのものではなく、あなたの願望が託されたものだと考えられます。そうしたアスペクトは何か素晴らしいものです。〈嘘〉という言葉はいい言葉ではありませんが。

ところで、なぜこんなことをあなたは記録するのですか。これは私の個人的な意見にすぎません。

――でも素敵な考えです。

先に述べた意味で私は何度も嘘をつきます。心のなかに多くのお伽話をもっているからです。私はけっしてお伽話を忘れることがありません。願望とお伽話は科学の元初です。もし建築の仕事を、私のなかにある建築と同じように強い何かに置き替えるとすれば、それはものを書くことでしょう――強い(strong)というよりもむしろつき動かすもの(impelling)としてですが。(strongは自己評価を意味するので、ふさわしくありません。それはまったくよくない考えです。書き留めないでほしい――私が自分自身をあたかも台座の上にのせているかのように書かれるのは好みません。それは読みたくないものです。――しかしimpellingは自己評価ではない何かです。人をつき動かす何かです)。――つまり新しいお伽話の作家になることです。おそらくお伽話を描くために私はドローイングの全才能を用いることでしょう。

最近、ノンサッチ・プレス社から出版された一冊の書物〈神曲〉[*15]を手に入れました。英語とイタリア語で書かれたものですが、〈しかし〉大切なことは、ボッティチェルリ[*16]によって挿し絵が描かれていることです(図10)。何と素晴らしい書物でしょう。非常に上品なものです。その挿し絵は……簡素な線――線描――であり、この上なくかろやかで魅力にあふれたアクセントをもつ線です。それらは線でありながら、しかしこの上なく魅力にあふれた軽やかさと――何と言いましょうか――線の〈濃密さ〉をそなえています。その線描画はアレゴリーのように〈見えます〉。すべての絵は、平板なページの上でありながら、内的生命をもっています。私は二、三の絵を見ただけで、絶対にこの書物を自分のものにしようと思いました。一年前からその書物をもっていながら、まだすべての絵を見ていません。そこには四〇枚の絵というよ

*15 神曲(the Divine Comedy)。ダンテの最高傑作とみなされる叙事詩。『地獄篇』『浄罪篇』『天国篇』の三部に分かれ、各部は三三章、序章を加え一〇〇章からなる。

*16 ボッティチェルリ(Sandro Botticelli, 1445-1510)。一五世紀末フィレンツェの画家。ダンテの作品への挿絵は、かれのもっとも鋭敏な時期のもので、輪郭線に対する感受性ゆたかな感覚が表示されている。

図10 ボッティチェルリ素描 ダンテ『神曲』天国篇第二一曲挿絵
ダンテとベアトリーチェは天に通ずる高い金の梯子をのぼろうとしている。飛びまわる天使たちの姿は光を象徴する。ボッティチェルリは梯子の途中までのぼりかけた二人の姿を描き、これを消している。

りも〈四〇〇〇万〉枚の絵があると信じられるほどです。

　この絵はブレーク[*17]やフラックスマン[*18]に深い影響を与えたに〈ちがいありません〉。ブレークをお見せしましょう。――ブレークの作品をご存じですね。――これをごらんなさい。ずっと堅いものですが、たしかに影響がみられます。最高に美しいのはかれの用いている形式です。――この陰影をごらんなさい。こちらが前景で、こちらが背景です。――これはお決まりの手法ですが、美しいものです。そこには甘美さがあります。もちろんダンテ自身も――何と美しい心なのでしょうか。〈天国編〉の最終曲において、かれは前書にこう言っています。「おお、聖女なる母、わが子の娘……[*19]」――その簡素な語句は新約聖書に代わりうるものです。――まさに甘美さそのもの、通常のなり行きではないもののなかでの信念、つまり完全な信仰。言葉自身を顕わにする詩の力とボッティチェルリの純粋な甘美さ、つまり〈プリマヴェラ（春）〉の感覚との無比の結合。……私がそのように言うのは、それが美しい言葉であって、そしてそれが元初の感覚をもっているからです。


　これまでに話したすべての事柄は、あなたの問い、つまり「建築をどのように考えているか」への答え――とりとめのない答え[*20]です。私は建築をセンスとして、永遠性の表現として考えます。詩人や画家についてもそのように考えるし、さらに弁護士や医者やエンジニアについてもそのように考えるにちがいありません。

　そこでこれまで述べたことを考慮して言えば……人間の価値ある作品は、つねに芸術家による、芸術の精神への捧げものと見なされるものです。たとえば建築について言えば、建築はプレゼンスをもたず、それはまさにスピリットです。それは最初の、いわば建築の明示あるいは建築のプレゼンスに応答する人間から生じます[*21]。存在は心のなかに在ることができますが、プ

＊17　ブレーク（William Blake, 1767-1827）。イギリスの詩人、画家。理性の時代に鋭敏に反発し、ロマン主義の先駆者とされる。『ヨブ』に付した水彩画とダンテの作品の挿絵がよく知られている。
＊18　フラックスマン（John Flaxmann, 1755-1826）。イギリスの新古典主義の彫刻家。『オデュッセウス』『イリアス』などの連作、ダンテ、ミルトンなど文学作品のための素描がある。
＊19　おお、聖女なる母、わが子の娘……（Oh, Virgin Mother, sister of thy Son）。『神曲』天国編、三十三歌のはじめの句。聖女なる母とは聖母マリア、わが子とはキリスト。三一神の第二位格としてのキリストは、母マリアの父であり、人としてはマリアの子である。
＊20　とりとめのない答え（rambling answer）。迂路や岐路をめぐるその答えのあり方は、かれの探し求めているものが「言い得ぬもの」であることに基づいている。

レゼンスをもちません。[*22] プレゼンスは存在を明示するために自然の法則を用いなければなりません。というのは、つくられたものはすべて自然によってつくられており、あなたの身体でさえも自然の産物であるからです。しかしながら、モティヴェーションはそうではありません。モティヴェーションは自然がつくるもののなかに宿る場所をもっています。モティヴェーションはあなたのなかに宿り、自然が表現の道具としてあなたに与えるものを通して、自らを感覚させうるのです。——そうではないでしょうか。

——ええ。

建築は表現本能から〈出現します〉。なぜなら、われわれはまさにただひとつの目的のために、つまり表現するために生きているからです。われわれは表現するために生きています。

——存在するものを現前させるためにでしょうか。

存在するものを現前させることは芸術家、つまり制作者の衝動です。それはあらゆる人にとっての真実です。話すこと、踊ること、あるいは美しく歩くことにおいてさえもそうです——そこにはあらゆる人の表現意志の明示がつねにあります……暴力で表現する人たちでさえも、そういえるのです。

それゆえに建築はプレゼンスをもちませんが、イグジステンスをもちます。——おわかりですね。なぜなら建築は絵画のようにスピリットであるからです。

——それは抽象的な意味としての「建築」ということでしょうか。

そうです。私のいう建築はスピリットの感覚として、その出現として、その〈明示〉として[*23]存在します。そして建築〈作品〉がプレゼンスをもつものです。そしてこのプレゼンスの最高のものが〈捧げもの〉として、つまり建築への捧げものとして〈つくられます〉。——私はこうつけ加えたい。ジョイと侮辱——いや、「侮辱」(humiliation)ではなく「つつましさ」

＊21　建築はプレゼンスをもたず、それはまさにスピリットです。それは最初の、いわば建築の明示、あるいは建築のプレゼンスに応答する人間から生じます(architecture really has no presence : it really is a spirit. It comes from the human who responds to the first, let's say, evidence of it, or presence of it)。スピリットとしての建築とプレゼンスが区別され、両者をつなぐものとして、作品を産出する人間(建築家)が示されている。

＊22　存在は心のなかに在ることができますが、プレゼンスをもちません(existence can be in the mind, and have no presence)。スピリットとしての存在と、触れ得るもの(the tangible)としてのプレゼンスとの差異の表明。

＊23　スピリットの感覚として、その出現として、その〈明示〉として存在します(as a sense, as an emergence, as an *evidence* of spirit)。sense, emergence, spirit, これらはカーンに頻用される語。

(humility) です。——ジョイとつつましさです。[*24] 私はよく喋るが、ときどき間違った言葉をいうことがあります。

以前にも述べたことがありますが、人間の作品のもっとも〈顕著な〉特性は、かれがなしたものに対して自らの所有権を主張しえないのはどこまでかということにあります。つまり自分に真に所属しないものをどこまで放棄することができるかということです。このような人間の〈受容性〉の特性、つまり人間の〈応答〉と受容性のこのような特性をもつ当のものについては以前に述べたことがありますが、それを完成するのに数百年を必要とするかもしれません——いや、完成するというよりも〈感じ取られる〉のですが。

芸術家は自分自身の共同性の力をどのようにして表現するのかという点においてのみ耐える (suffer) のです。〈耐える〉というのは「自ら受け入れねばならない」という意味です。〈耐える〉というのは suffer の古い意味ですが……。

——suffer という語の古い意味で、芸術家はかれのもとにやってくるものに対して受動的である、ということでしょうか。

そうではありません。芸術家はやってくるものに対して受動的ではありません。suffer という語がもしあなたにとって受動的なものを意味するのでしたら、その語を用いるのは適当ではないかもしれません。——私は「芸術家は満足しなければならない」ということを言いたいのです——芸術家は表現の創意、つまり作品という表現の創意についてのみ、また自らの作品と関わり合うその方法についてのみその権利を〈要求〉できるにすぎません。そのように書いてください。モーツァルトを真似て作曲することには意味がなく、重要なのはモーツァルトの作品を通して他の人が形成されていくことだと先ほど述べたときに私が言おうとしたのはまさに

*24 ジョイとつつましさ (joy and humility)。ジョイについては第一章*3を見よ。ともに建築（芸術）について思惟する建築家（芸術家）の方法的態度をいう。

このことなのです。作品のなかの共同性の特性が他の人に働きかけるのです。先ほど述べたことをまたここで繰り返すのは、私が考案したモーツァルトについての物語と関わりがあるからです。

その物語はつぎのようなものです。「モーツァルトの台所で一枚の皿が石の床に落ち、召使いたちはその音に驚いて叫び声をあげました。が、モーツァルトはこう言いました。『おお、ディゾナンスだ』と」。かれは音楽のなかに永遠性を発見しました。それは破壊できないものであり、人間に属するものであり、そしてまたすべての音楽家に属するものです。すなわち〈音楽〉に属するものです。かれは音楽家にではなく、「音楽に」属するものを発見したのです。私はこう言いたい。それはより強いもの、より明確なものであって、それは「音楽に属する」と。そしてかれが不協和音を用いて作曲したとき、〈その作品〉はかれに属します。

そのように、エンジニアであれば誰しも心のなかに偉大なエンジニア、フレシネ[*25]を抱いているはずです。フレシネという名前をどのように綴るのか、ご存じですか。

——F·R·A·I·S·S·O·N·N·E でしょうか。

たいへん美しく綴りますね。私も知らないのですが、ここにある本に出ているでしょう。Freyssinet ですね。——多くのエンジニアは、かれの設計した橋や建物、また風変わりな構造を強調して理解していますが、すべてが自然に対してまったく真実です。それは自然の力の発見にすぎません。それは〈真の〉エンジニアの仕事です。

あるいは画家であれば——レオナルドでしょうか。あるいは医者であれば、偉大な医者として誰をあげることができますか。

——オスラーでしょうか。

そうです。それはペンシルヴェニア大学のよい事例です。——おそらくひとつの道を成し遂

*25 フレシネ（Eugène Freyssinet, 1879-1962）。フランスの構造エンジニア。鉄筋コンクリート造による橋梁などの構築物、とりわけオルリー飛行場の格納庫がよく知られる。

げた人物です。——何と多くの小オスラーがかれを通して生まれたことでしょうか。

だれもがみな自らにふさわしく思う誰かの面影を抱いて仕事をしているものです。私はしばしば自分自身にこう問いかけます。「私の仕事ぶりはいかがでしょうか、コルビュジエさん」と。コルビュジエは私の先生でした。私が師事したのはポール・クレ[*26]でしたが、コルビュジエも私の先生だったといえます。

しかし、私はかれらがなしたようには〈しない〉ということを学びました。〈模倣する〉のではなく、かれらのスピリットから引き出します。かれらのスピリットから引き出すことです。〈何が〉引き出されたかは、さしさわりがあるので言いたくありません。〈引き出す(derive)〉という語はちょっと強すぎるようですね。別の言い方をしないと、この語では強すぎます。

見いだす(invent)という言い方はどうでしょうか。derive は動詞ですね——そして derived もまた動詞です——英語が私の主題ではありませんね。

しかしここで話したことはどこにも書かれていません——あるものは私の個人的な事柄で、これまで誰にも話さなかったことです……私はクレとコルビュジエについて少し話したところです。

——**あなたはクレとコルビュジエについて、かれらの行った〈もの〉をいかに行うかではなく、かれらを模倣するのではなく、かれらの作品〈から〉引き出すことを学んだのだと話されました。**

引き出す……〈引き出す〉という語は本当はふさわしい語とは言えません。——むしろかれらの〈スピリットを感覚する〉のです。

——**かれらが自らのスピリットをあなたに感覚させる特別の技術をもっていたとお考えですか。**

そのとおりです。

*26 クレ(Paul Philippe Cret, 1876-1945)。フランス生まれの建築家。新古典主義者。カーンのペンシルヴェニア大学における教授。エコール・ド・ボザールの理論を教える。

——……そして〈あなたの〉学生にも、あなたのスピリットを同じように感覚させうるような方法はあるでしょうか。

ありますよ。——学生の作品において、それはつねに——いや、つねにというのは断定的で恐れ多い言葉です——私は何度も言い誤りますね。つねにとは言えないでしょう。

学生の作品は問題の解答を目指すものではありません。まず第一に本性を感覚することです……〈ある〉学校ではなく、〈学校そのもの〉〈学校の本性〉、その場所の本性を感覚することです……。

しかしあなたが自分自身のなかから引き出すのでなければ、それが真に何で〈ある〉かはわかりません——それが何であるかを〈感覚する〉まで、あなたはそれが何であるかはわかりません。そして〈そのあとで〉あなたは他の人がそれについて〈考えている〉ことを調べます。

しかしあなたはまず最初にこの力強くて美しい道具である〈直観〉を通して、あるものが何であるかを感覚しなければなりません。この真性の感覚は、受け継がれたものの感覚、つまりあなたの自己形成のなかの共鳴的経験として、あなたに生まれつき組み込まれ、受け継がれたものの感覚です。[*27] その自己形成のなかに宇宙の全法則が含まれ、また〈表現することとして生きんとする意志〉の全感覚、つまりスピリット・センスが含まれています。真性の感覚は、あなたがいかに形成されたかの記録——それを「オデュッセイア」といえるのではないでしょうか——の核をなす源泉です。学ぶことの一切、つまり学ぶ〈意志〉の一切は、われわれがいかにして形成されたかを想起しようとする願望から生起するのだと思います。それが直観[*28]というものです。もしわれわれがこの直観を働かせるなら……。

このような言い方は学者ぶって聞こえるかもしれませんね。いかに学ぶべきかについて、〈ひとりの人〉の感覚をすべての人に押しつけているように聞こえるとしたら、それはよくあ

＊27　あなたの自己形成のなかの共鳴的経験として、あなたに生まれつき組み込まれ、受け継がれたものの感覚 (a sense of built-in inheritance of the sympathetic experiences in your own makings)。直観のこと。追想的思惟を示す。

＊28　直観 (intuitive sense)。学ぶこと、学ぶ意志と言いかえられる。つまり、それはわれわれがいかにつくられたかを想起しようとする願望から生じる、と。

りません。それが教育の難しいところです。教育は、学ぶことの〈自由〉な社会であるべきところにシステムを設けようとします。その自由な社会は、ある仕方で、そこにいる人びとの個性やかけがえのなさの相互刺激によって毎日変わるべきものです。もちろん心を鍛える教育課程による学習を除外しようとしているのではありませんが……少し横道にそれてしまったようですね。

私はいつもこの自由な社会について考えつづけています。……この**ユニヴァーシティ**（ペンシルヴェニア大学）の出身者であるあなた方について、そしてまたこの**ユニヴァーシティ**について考えてきました。私がユニヴァーシティについて多くを語るのも、ユニヴァーシティこそ、人のいることのできるもっとも美しい場所であると思うからです。疑いなくユニヴァーシティは人生において〈第一に〉必要なものです。

人間のなかのもっとも優れた三つのインスピレーション[*29]は〈学ぶ〉インスピレーション、〈出会う〉インスピレーション、そして福祉のインスピレーションだといえるでしょう。それらは〈表現することとして在らんとする意志〉に仕えます。これが生きることの理由だといえます。

（カーンは「**沈黙と光**」のエッセイに言及する。）

学ぶこととして在らんとする意志、表現することとして在らんとする意志は沈黙によって表現されます。沈黙という語は静かであることを意味しているのではありません。――私は、マルロー[*30]が『沈黙の館』という書物において「**沈黙**」とよんだ意味で用います。つまり、ピラミッドを通過するときに人が得る感情を意味しています。人は、ピラミッドがいかにつくられたかを自ら告げんとしているのを感じ取ります。ピラミッドが〈いかに〉つくられたかではな

＊29　もっとも優れた三つのインスピレーション（the three greatest inspirations）。学ぶインスピレーション（inspiration to learn）、出会うインスピレーション（inspiration to meet）、福祉のインスピレーション（inspirations of well-being）をいう。

＊30　マルロー（André Malraux, 1901-76）。フランスの作家、美術評論家、政治家。代表作に『王道』『人間の条件』、また美術研究書『沈黙の声』『神々の変貌』がある。

く、何がそれを〈あら〉しめたかということです。つまりピラミッドの形成を〈引き起こした〉力が何であったかということです。これが沈黙の声です。

全物質は燃え尽きた光だと思います。「**光**は**沈黙**へ、**沈黙**は**光**へ」と私は言います。それは、表現せんとする願望が表現手段——全自然、つまり物質に出会うことです。

この出会いの場所（それはあらゆる人にとって異なる閾です。つまりある人にとって沈黙はたいへん大きく、沈黙が表現手段に出会うのに長い道のりで行かねばならず、またある人は表現手段に出会うのにわずかの道のりで行きます。このようにそれぞれの形式には違いがあります。これについてはどこにも説明していませんが）すなわちこのインスピレーションの場所で、……その閾で、表現せんとする衝動が可能性に出会います。

この出版されたエッセイは、私がこれまで書いたものを説明しようとしたものです。そのエッセイを「**沈黙と光**」と名づけてはいるものの、実はそれについてほとんど話していません。というのも、私はその事柄をどのように展開すべきかを知らないからです。私はまったく歴史的な知識をもたないし、研究する能力ももちあわせていません。他の文献を調べたり、発見することもまったくできません。そこで未発達の状態でおかれたままにされ、それはあたかも誰かに展開してもらうための捧げものであるかのようです。実際のところ、私の考えを完全に理解してもらうほどには何も話していないので、誰かが私の考えを展開するということはありません。だから私はそれについて話そうと思うのです。話すのであれば、書くことよりもずっと自由にできますから。もちろん書いたものも多少はありますが、書くことはとても難しいことです。

これはフォートワースの美術館です（図11・12）。これが自然光のための装置です——ここ

図11　キンベル美術館　内部
　公園に向かって開かれたエントランス・ギャラリーはプランの中心軸上に位置し、両翼のギャラリーを統一し、美しい公園の緑へとみちびく場所である。頂部からの光は採光装置に反射し、ヴォールト天井を銀色に輝かしつつすべりおりる。
図12　キンベル美術館　断面の初期スケッチ
　展示物に対面する親密なルームの実現、そして自然光の導入の仕方が主題である。

ではすべての光が自然光です。庭から光を取り入れ、それを美術館全体に拡散させる採光装置です——光はすべてここでは自然光です。これはまだ完成されてないときに撮影された採光装置の写真で、樹木が少し植えられています。そしてこのルーネット[*31]（三日月形あかり採り）が設置されて全体が完成します。光の源はここにあり、採光装置はここにあり、それが光をサイクロイドの面に拡散します。有害な光はこのポイントで濾過されます。内部で得られる光の量は、いかなる展示物に対しても電灯の光と同様に有害ではありません。それゆえ、自然光が有害であるという理由で、通常の美術館のように閉じてしまう必要はありません。自然光は除外される必要はありません。

この装置は、自然光を得たいという願望から考案されました。なぜなら、自然光は〈画家〉が絵を描くのに用いた光だからです。人工光線はスタティックな光です。自然光はムードのある光です。ときには部屋が暗くなることもあります。——当然のことですね——近寄らねば絵が見えないこともあるでしょう。そして別の日に、別のムードで、異なる時間に見るために訪れます。自然光がムードを与えてくれます。季節はさまざまな別のムードをもっています。

そして絵を眺めることのなかに、絵を〈見ること〉のなかに光のムードが含まれているならば、その絵は異なったアスペクトでそれ自身を顕わにするにちがいありません。この美術館の事例は、ものの〈本性〉として人が心のなかに抱いているものについての別の事例[*32]です。私はこれこそが絵を見る場所の本性であると思います。そしてリサーチは私に場所の本性をけっして与え〈なかった〉でしょう。なぜならリサーチで発見できるものすべては、私が考えている美術館のありうるべきあり方とはまったく対立するものだったからです。それゆえ場所の本性は、そのものの本性についてのあなた自身の感覚から、つまりそのサーヴィスの感覚、学校の

＊31　ルーネット（lunette）。ヴォールト頂部のスリットの上に置かれた採光装置。断面の形状が三日月の形をしている。

＊32　別の事例。美術館の事例の他に、フォームの事例として、このテクストの少し前で言及された学校の事例が考えられている。

〈本性〉の感覚、学校の〈ルーム〉の感覚あるいは美術館のルームの感覚から引き出されねばなりません。[*33]

場所の本性を感覚することから人は自分自身を見いだし、そしてまた人がなす最高の捧げものである自分自身の表現のアヴェニューを見いだします。なぜなら、自分自身の表現はその人のかけがえのなさから生まれるからです。自分自身の表現はその人のかけがえのなさに密接に結びついています。それは人びとが教えられる仕方です。つまり人びとは自らの本性から生まれる自分自身の表現の本性において自分自身を見いだすことを教えられるのです。このように経験を重ねつつものをつくっていくことによって、建築が捧げる諸々の場所——そこで人は学び、家族を育み、他の人に出会うことができるのですが——の本性についての解釈は豊かなものにされるでしょう。

もし私が都市計画を教えるとすれば、都市についてのすべての統計上の知識を捨てるでしょう。なぜなら、都市は毎日異なる場所だからです。都市は多様な関心からなる活動によってつくられています。人間のつくる規則は変えられることを前提としていますが、一方、自然の法則は変えられません。現在施行されている規則に取って代わる新しい規則や態度について考えることは、流布している規則であなたの頭を満たすよりも重要なことです。

新しい規則について考えることは、いま施行されている規則を憶えたり、その実施を考えたりするよりも重要です。規則は変えられることを前提としていると言いましたが、その理由は、規則が変え〈られる〉とき、人間の本性を〈通過する〉過程で、規則の欠点が露呈されるからです。新しい規則を発見することは、表現の新しいアヴェニューを発見することです。

自然の法則はわれわれにつぎのことを告げます。浜辺の小石はまったく正確な色であり、正確な重さであり、正確な位置です。——「正確な」というよりもそれは「否定できない」とい

*33 場所の本性は、そのものの本性についてのあなた自身の感覚から、つまりそのサーヴィスの感覚、学校の〈本性〉の感覚、学校の〈ルーム〉の感覚……から引き出されねばなりません (it must be derived out of your own sense of its nature, of its service, of the *nature* of a school, of the *rooms* of a school, ……)。学校の本性についての感覚が、つぎに三つの事象について思惟されている。つまり学校のサーヴィス、学校の本性、学校のルーム。サーヴィスと本性が対になり、ルームはそれらが現れる元初と解される。

えるでしょう。――なぜなら、それは自然の法則の相互作用によってそこに位置づけられているからです。つまり、いかなる意識によることもなくそこに置かれています。いや、無-意識にそこに置かれています。これに対して〈規則〉というものは、その妥当性を証明するために、あるいはその改変の必要性を証明するために、諸々の状況を必要としている意識的な法令です。

これは教育に関わります。つまり教育とは人がこのような事柄を〈知る〉ということです。教育においてとりわけ重要なことは、人は判定されるべきではなく、むしろ批判を強く必要としているという考えに心を寄せることです。真の批判はつねに建設的なものです。批評家とよばれる人はしばしば個人的な意見に基づいて判断を下します。批評家は自分だけの領域に止まっていてはいけません。かれは妥当性を感受する人でなければならないし、表現の領域の本性を感覚する人でなければならないのです。他の建築家を批判する建築家は、自分の作品と他の人の作品とを比較するとき、批評の立場から離れてしまいがちです。同様に、建築の教師は建築における共同性の特性のために自分自身の方法を排除しなければなりません。

――あなたから学んだ多くの人は、あなたのスピリットを感覚できたでしょうか。

(笑いながら) なによりもまず、かれらはまだ若すぎます。いや、多くの人は感じ取っているでしょう。しかしそれについて話すことは危険です。なぜなら、どういうふうに――〈いつ〉――ひとりの人が成長するかということはわからないからです。それを見抜くことは確かに難しいことでしょう。

私の方法を模倣する人は何も学んだことになりません。多くの人は私を模倣します。しかしまた多くの人は〈かれら〉の方法で自分自身を表現します。その方法は、私がよしとする教えを必ずしも明確に反映してはいないのですが。自分自身の作品を説明するために私の言葉——それは私が伝えることができたよりももっと明確でさえあるのですが——を用いるような人はたいした仕事はしていないようです。

できるだけ〈自分自身〉であり、できるだけ独自のものであらねばならないので、教える言葉は、どんな仕方であれ、はっきり見えてはなりません。まったく見えなくなるくらいに、それは学生たちのかけがえのなさのなかへと変換されていなければなりません。

それゆえ、それは相反することです。それは直接に答えることは難しい質問です。なぜなら、学生たちの作品はしばしばあなた（教師）のもののようでなく、しかもそれでいて最高のものです。あなた（教師）の言葉をただ繰り返している学生はいいとはいえません。

またつぎのことを考えねばなりません。人間、つまり建築家は〈容易には〉成長しないということです。なぜなら、そこには〈あまりにも〉多くの課題があって、才能ある人はそれらをこなさねばならないからです。たとえばクライアントを獲得する手腕、あるいは「手腕」ではなくクライアントを獲得する〈幸運〉——一連の仕事を通しての才能は、突然に成長するものではありません——さらに解釈や熟練についての個人の感覚などの課題があります。建築家になるには長い時間が必要だと思います。独自の熱望をもった建築家になるためには長い時間が必要でしょう。専門家としての建築家になるには、一晩あれば足ります。あなただって一晩で専門家としての建築家にはなれると思いますよ。しかし人がそこから捧げものをつくる建築のスピリットを感覚するのには〈さらに〉長い時間を必要とします。

私はこれまでに誰にも話したことのない多くのことを話したのでいささかいい気分です。

私は自分のテープを聞き返すとき、いつもオリンポス山からの神託のように聞こえることがないように手を入れます。そのように聞こえてはなりません。というのも、あまり多くの言葉を用いないで、簡潔な言葉で表現しようとする生まれながらの衝動が私のなかにあるからです。それは詩のような試みに思われるかもしれないが、そう思われることを私が意図しているわけではありません。

私の意図は私のより真実な本性において理解されることです。それは、私がなしたものであれば何でも好きになることではありません。私は現れえたもののみを信じます。先立つ仕事によって準備されていたもののみを信じます。それはこのように言えます。つまり、もしあなたが私の最高の作品は何かとおたずねになっても、私はそれを言うことができないということです。それは多くの人が発言するように、いまだつくられざるもの、いまだ表現されざるもので[*34]す。私はつぎのような感情を抱いています。つまり、最高に偉大な男たちでさえ死ぬときには——恐ろしい言葉だが——いまだ表現されざるものとしてかれらのなかに宿っているものから判断して、自分たちは何ほどのことも成し遂げていないのだと考えつつ死んでいったのだと。

——あなたが言いたいのは、ものを表現するときは一生懸命に努めるけれども、バランスはいつも不釣合いであって、表現されざるものの方がずっと重いということでしょうか。

完成された作品のなかには、その作品において表現され得なかった多くの特性が解き放たれるのを待ち望んでいるということもまた真実です。それゆえ、もしたったいま成し遂げたもの——いま実行したもの、いま満たされたものともいえますが、やはり「たったいま成し遂げたもの」という方がよいでしょう——と同じ委託を与えられたとしてもけっして退屈しないでしょうし、その表現の分野におけるスペシャリストになろうなどと思うこともありません。スペシャリストであることが何と貧しいことかということです。おわかりですね。

*34　いまだ表現されざるもの (what is yet not expressed)。これは、問いのなかにあるもの (that which is in question)、いまだ存在しないもの (that which is yet not) に同じ。これが問題とされるのは、カントの問いが、さまざまな超越者の源泉、つまりそれらが発現してくる超越論的領野（元初）に立ち帰り問う超越論的思惟であるからである。

——建築家であることにともなう最大の難事は、このいまだ表現されざるものの重さなのでしょうか。それともそれは必要なことであって、困難なこととはいえないのでしょうか。

いや、「重さ」(the heaviness)は「空虚」(the emptiness)ほど難しくはありません。そこには満たされざる空虚があります。それはけっして満たされません。言いかえれば、あなたの〈なした〉ものは満ちることがないのです。重さというあなたの言い方はスケールの問題です——空虚はスケールではありません。それが宿るところは沈黙の本質かもしれません。沈黙の本質は、まったく重さをもちません。——それはまったく物質性を欠いたものであって、測定されるものではありません。そして〈重さ〉は量の特質をもっています。——だから〈重さ〉という言い方では正しくないのです。沈黙の本質はまったく飽くことを知らぬ精神の不完結性[35]です。

表現せんとする人間の意志、表現することとして生きんとする人間の願望、そのそこはこの表現されざるものが触れるところです。つまり測り得るものと測り得ないものとの間の美しい結合です。……測り得ないものの〈特性〉はそこに置かれ得るのでしょうか。それは現実にはけっして測定できないし、満たされえないし、予言されえないのです。それは永遠なる特性、つまり永遠なるものという言葉の意味するものと結合します。なぜなら、それはそこから表現することとして在らんとする願望(つまり沈黙)がやってくる測り得ないものの場所であるからです。そしてその願望は自然の扉をたたき、つぎのように言います。「私を表現の道具にしてください」と。つまりわれわれは、プレゼンスにおいて見れば、表現の道具なのです。

美しい人の前にいるとき、われわれはこのようなことを感覚します。美しさとは、必ずしも身体的な美しさを意味しません。歳老いた人のなかにも美しさはあります。光のゆえに……表

＊35 不完結性(unfulfillment)。人間の実存に視座を据え、建築の元初を問うカーンの思惟の特性。

現の可能性のゆえに〈いつまでも〉生きんとする意志がその美しさに読みとれるはずです。その意志こそ私が美しい人のなかに見るものなのです。

第四章　ルーム、街路、そして人間の合意

建築のスピリットについて、考えていることが少しあります。ルーム、街路、そして人間の合意について話してみましょう。

ルームは建築の元初です。それは心の場所です。自らの広がりと構造と光をもつルームのなかで、人はそのルームの性格と精神的な霊気に応答し、そして人間が企て、つくるものはみなひとつの生命になることを認識します。

ルームの構造は、ルームそれ自体において明白であらねばなりません。構造は光の賦与者であると思います。正方形のルームは、それ自身の光のなかで正方形が読み取れることを求めます。つまり窓もしくは入口の光が、上方あるいは四方から入ることを求めるでしょう。

パンテオン[*1]の空間は繊細なものです。全宗教に捧げられた方向性のないこのルームは、上方のオクルス（円形天窓）[*2]からのみ光を得ます。この天窓は偏愛のない触発された儀式をそのルームに与えるように開けられたのです。入口の扉が、その純粋さを乱す唯一のものです。この特異な空間のリアライゼイションは非常に強力なもので、そのルームは今日でも根源的な自由への解放を求めているかのようです。（図13）

＊1　パンテオン（the Pantheon）。一二〇―一二四年にハドリアヌスによって再建されたローマの円形神殿。汎神殿（templum deorum omnium）の意。ローマ神話の天地を司るすべての神を一堂に祠る。下部は円筒型壁体、上部は半球体のドーム。堂の内径、高さともに四三メートル。ドーム頂部に直径九メートルの円形天窓を有し、唯一の入口は正確に北をさす。

＊2　オクルス（円形天窓）（oculus）。ドームの頂部にあけられた円形天窓は太陽の眼に喩えられる。

窓はルームを構成するエレメントのなかでもっとも素晴らしいものです。偉大なアメリカの詩人、ウォレス・スティーヴンズは建築家を励ましつつ、こう問いかけています。「あなたのルームには太陽のいかなるかけらがありますか」と。これはこう言いかえることができます。つまり、あなたのルームに入ってくるのは、太陽のどのようなかけらでしょうかと。朝から夜へ、日毎に、季節から季節へ、そして年々歳々、太陽の光は何とさまざまなムードを与えてくれるのでしょうか。

喜ばしく、そして予期できないもの、それは建築家がその優れた開口部に与える許しです。つまり陽光は開口部の抱き[*3]や敷居で戯れ、内部に入り、移行し、そして消えるのです。スティーヴンズはわれわれにつぎのように告げているようです。陽光が建物の側面に当るとき、太陽ははじめて自らの驚異に気づくのだと。

あなたのルームに入ってごらんなさい。ルームの親しみ深さとその生命感にあらためて気づくはずです。小さなルームで他のひとりといるとき、あなたはそれまでにけっして話さなかったことを話します。相手が二人以上いれば、それは異なるものになります。そのときこの小さなルームでは、それぞれのかけがえのなさがあまりにも繊細なために諸々のベクトルは融和しません。その出会いはもはやイヴェントではなく、めいめいが決まり文句で、以前から繰り返していることを話すだけのパフォーマンスになってしまいます。

一方、大きなルームではイヴェントは共同性をおびます。そこでは親密な関係をもつことが

図13　パンテオン　紀元前一一〇―二七ごろ。
ジョヴァンニ・パオロ・パニーニによるパンテオン内部、一七五〇年ごろのドローイング。

*3　抱き（jamb）。アーチ、戸口、窓の垂直な側面。

考えることに優先されます。いまわれわれのいるこのルームはとりとめもなく大きなもので、壁は遠く離れています。しかしもし私がある人を選んでその人に話しかけるようにするならば、遠くの壁は近づいてきて、そしてそのルームは親密なものになるでしょう。もし私がいま原稿を読みあげているのであれば、言いまわしばかりに気をとられてしまうことになるでしょう。

もしこのルームがフィレンツェの洗礼堂であれば、そのイメージは思惟を触発することでしょう。これは人が人を触発したり、建築家が建築家を触発することに似ています。ルームはそのように繊細なものです。

平面図は諸々のルームの共同体です。諸々のルームは、それら自身のユニークな本性を強めるために互いに関係します。オーディトリアムはヴァイオリンであらんとします。オーディトリアムを包むものはヴァイオリンのケースです。ルームの共同体は、学ぶによき、働くによき、生きるによき場所です。

建築家の平面図がわれわれの前に開かれています。その横に楽譜があります。建築家は瞬時にそのコンポジションを、光のなかでの諸要素と諸空間の構造として読み取ります。

音楽家はこれと同じ全体性によって楽譜を読み取ります。音楽家のコンポジションは音のなかでの不可分な諸要素と諸空間の構造です。偉大な音楽的コンポジションは、それが演奏されたとき、聴き取られたすべての音が頭上の雲のなかに集められているかのように感じられるような存在です。消え去るものは何もなく、時間と音がまるでひとつのイメージになったかのようです。

廊下は私的な通路以外の何ものでもない場所です。学校では少年が自分自身の教室のなかにいるかのようにホールを横切ります。そのホールでは、少年は自分自身の教師であり、他の少年たちがするように他の少年たちを観察します。ホールはライブラリーに匹敵する位置づけを求めます。

諸々のルームの共同体は、それ自身の特性をもつ諸結合要素で織り合わされています。

階段は、子供にも大人にも老人にも共通に用いられるものです。階段は寸法の正確さを要するものと考えられます。とりわけ一気に何階分もの階段を上がったり降りたりしたくてしかたのない少年にとってはそうです。階段の踊り場は、たとえば窓ぎわに小さな本棚のある座れる場所として考えるのもよいでしょう。少年とともに階段を昇る老人はそこで立ち止まることができ、一冊の本への関心を示すことによって足腰の弱さを説明しなくてすみます。踊り場はルームであらんとします。

ベイ・ウインドゥはルームのなかの私的なルームになることができます。クロゼット（小部屋）に窓があれば、いつでも再整備されてルームになります。光のない廊下はけっしてルームではありません。それは庭を見渡すホールになることを熱望します。

ライブラリー、ワーク・コート、教室、集会室、それらは建築をよび起こすひとつのコンポジションに集合しようとします。全ユニヴァーシティのライブラリーは、招き入れる場所として、すべての学生が利用できるエントランス・コートに置かれるのがふさわしいでしょう。エントランス・コートとライブラリーとそれらを織り合わす庭と径は、コネクションの建築を形成します。書物は心の捧げものです。

建築の学校のワーク・コートは、建設の実習のための工房によって囲まれた内部空間です。学習と批評のためのルームはさまざまな大きさからなり、自然光の入る諸々の空間からできています。つまり親密な会話と作業のための小さな空間と、全紙サイズのドローイングや共同作業のできる大きな空間からできています。

諸々のルームは名称がなくてもそれらの用途を指示しなければなりません。建築家にとって、建築の学校という課題はもっとも名誉ある委託だといえます。

街路は合意のルームです。街路は、それぞれの家の所有者によって公共のサーヴィスと引き換えに都市へ捧げられたものです。

都市の袋小路は、今日もなおルームの性格を保持しています。通り抜けのできる街路は、自動車の出現以来、ルームの特性をまったく失ってしまいました。人びとが住み、学び、買い物をし、そして働くための共同性のルームとして、車道を街路に復帰させる方向で、つまりルームの喪失を自覚することから都市計画は始めることができると確信します。

今日の都市計画は、既存の住宅地のすべての街路に木を植えたり、交通のオーダーを再整備することから始めることができます。そうしたことにより、街路の用途は再び親密なものになり、福祉の感情を刺激し、ユニークな街路の表現を触発してゆくものになるでしょう。

街路はコミュニティ・ルームです。

集会所は屋根の下のコミュニティ・ルームです。集会所はまるで街路から自然に生まれたかのようにみえます。

長い街路は、それに交差する街路との出会いによってそれぞれの特性を与えられた諸々のルームの連続体です。交差する街路は、遠方よりそれ自身が育んできた本性をもたらし、その本性はその街路が出会う開口部に浸透します。あるひとつのブロックがその独自の生命のゆえに、連続するブロックのなかでも特に好まれることもあります。人は好ましくない通過交通が致命的欠陥をもつことを自覚します。つまり通過交通は一切の細やかな性質を消し去り、街路に与えられた人間の合意の繊細な感覚を消失させるのです。

人間の合意は、共同性——一切の鐘がユニゾンのなかで鳴り響く親密な関係——の感覚です。それは事例によって理解されるべきではなく、プレゼンスに対する否定できない内的欲求として感じ取られるべきです。それは可能性を約束するインスピレーションです。

意見の不一致は必要から生じるのではなく、欲求不満の荒れ狂う爆発から生じます。あるいはその不一致は人間の合意から遠く離れているという希望のなさから生じます。願望は新しい必要の先ぶれであり、いまだ言われざるもの、いまだつくられざるものから生じるものです。必要ではなく、願望こそが意見の不一致のなかでの希望のルーツのように思われます。

人間の合意の感覚が新しいイメージをもたらす力として感じ取られるとき、それは何と人を鼓舞する瞬間でしょうか。インスピレーションを反映するそうしたイメージは、触発されたテクノロジーによって存在するものへと導かれます。われわれの挑戦を、今日のプログラムづくりと既存のテクノロジーに基づけたときはじめて、古い仕事に新しい切り口を開くことができます。

単一の居住地から始まった都市は諸々のインスティチューションの集合の場所になりました。その居住地は最初のインスティチューションでした。才能ある人びとが自分たちの場所を見いだしたのです。大工が建設を指図しました。思慮深い人が教師になり、強い人が指導者になりました。

現在のわれわれのインスティチューションを触発した単純な元初について考えるとき、〈都市〉というものの意味の再‐創造を触発する根本的な変革がなされねばならないことがあきらかになります。つまり都市の意味は、まず第一に、生き方の感覚を鼓舞するよう配慮された諸々の場所の集合として再創造されねばなりません。

人間の合意はつねに存在してきたし、これからもつねに存在しつづけるでしょう。それは測り得る特質に属さないものであって、それゆえに永遠なるものです。人間の合意の本性を示す機会は、人間の本性が自らを現実化する状況と出来事に基づいています。

都市は諸々のインスティチューションの性格によって量られます。[*4] 街路は都市の最初のインスティチューションのひとつです。今日、都市のインスティチューションは審査されています。なぜなら、これらのインスティチューションが元初のインスピレーションを失ってしまったからです。学ぶことのインスティチューションは、学ぶ願望という否定できない感情から生じるにちがいありません。この感情は、われわれがつくられた方法から生じるとこれまで繰返し考えてきました。自然は自然がつくるあらゆるもののなかに、そのものがいかにつくられたかを記録しています。宇宙の法則、全物質と手段の源泉、そして全表現──芸術──の源泉であるサイキ、これらのものを包含する物語を探すようにわれわれを駆り立てるのは、われわれのなかにあるこの記録なのです。

学ぶ願望が最初の学校のルームをつくりました。それは人間の合意から生まれたものでした。しかし学校というインスティチューションは操作的な手法になってしまいました。人間の合意は、親密な関係の直接性とインスピレーションに満ちた力を含んでいます。そしてその力は人間の合意の共同性、つまり人間の合意がすべての人びとに支持される人間の生き方に属するものでなければならないことを承認します。

インスティチューションはそのインスピレーションがもはや感じられなくなって、あたりま

*4　都市は諸々のインスティチューションの性格によって量られます (a city is measured by the character of its institutions)。インスティチューションがアヴェイラビリティと言いかえられる。第一章*31を見よ。

えのこととして操作されるとき、死んでしまうでしょう。しかしながら人間の合意は、それがひとたびリアライゼイションとしてそれ自身を示すならば、破壊されることはありえません。同じ理由で、人間はひとたび獲得した知的レベル以下の仕事をすることはありえません。インスピレーションについて説明すれば、何をなすかがそれをなす手段に出会う可能性の瞬間がインスピレーションであると私は信じたいのです。

都市計画は、われわれの現在のインスティチューションの力と性質を認識することから始めねばならないし、そしてまた意味に満ちた新しいインスティチューションをもたらす新しいインスピレーションを感覚する人間関係の生き生きとした脈動に敏感な心をもって始めねばなりません。交通システム、社会学的考察、新しい素材、新しいテクノロジーは、親密な人間関係の脈動に仕えるべきものです。そしてその親密な関係が、人間の願望の中核に宿るいまだ感じ取られてはいない諸々の啓示を約束するのです。

新しい空間は人間の合意についての新しい感覚からのみ生じるでしょう。その合意の感覚は生の可能性を主張し、新しい諸々のアヴェイラビリティを解き放ち、そしてそれらの達成のための人びとの支持を促すでしょう。

私はインドとパキスタンでつぎのことを自覚しました。そこでは人びとがその日暮らしを越えて自分自身を向上させうる方法がなく、さらに悪いことには、才能を発揮させる出口がなく、それゆえに大多数の人びとは覇気を失っています。表現することは生きる理由です。学ぶこと、仕事、健康、レクリエーションのためのインスティチューションはすべての人びとが利用できるように整えられるべきです。そのとき表現の全圏域は開かれるはずです。かけがえのないそれぞれの人が自らの方法で表現するでしょう。表現の全圏域へのアヴェイラビリティは、われわれのなかに潜在する諸々の価値——生活のなかの測り得ないもの、すなわち生活の芸術——を途方もない解放へと導く源泉となりえます。

ある都市は、そのインスピレーションの諸特性によってのみ他の都市と区別されることができます。すなわち都市本来の合意こそが新しいリアライゼイションの唯一にして真の源泉であると感覚することに見られるような諸特性を、その都市が備えているかどうかです。そうした意味で、学ぶによき、働くによき、生きるによき諸々の空間は、空間の本性が再限定されなければ、表現されないまま留まるでしょう。問題を解くだけでは充分ではありません。諸々の空間に、新しく－発見された、それ自身の－特質、を吹き込むことは、問題を解くこととはまったく別の問いです。解くことは「いかに」デザインするかという問題です。「何」についてのリアライゼイションは「いかに」に先駆します。[*5]

さて、インスピレーションに満ちたテクノロジーについて話しましょう。壁は、壁で包囲された男が新しい自由を感じ取り、外を見ようと望むまで、長きにわたりわれわれを包囲しました。男は開口をつくろうと壁を打ち破りました。壁は「私はあなたを守ってきたのに」と泣き叫びました。そこで男はこう言いました。「あなたが私に尽くしてくれたことはよく分かるが、しかし変化のときが来ていると私は感じるのだ」と。

壁は悲しく思いました。そこで男はある素晴らしいことに気づきました。男は開口部に架か

＊5 「何」についてのリアライゼイションは「いかに」に先駆します (the realization of "what" precedes it)。フォームはデザインに先駆する (form precedes design) に同じ。

る優美なアーチを思い描き、壁を称えました。壁はそのアーチと注意深くつくられた開口部の抱きを喜びました。その開口部は壁のオーダーに属するものになりました。

世界には多くの人びとがいて、それぞれがかけがえのない人であり、異なる経験をもつそれぞれの集団がさまざまなアスペクトで人間の本性を現しているのですが、こうした世界は人間の合意をより豊かに感覚する可能性に満ちています。その人間の合意から、新しい建築が現れるでしょう。世界が新しい表現の圏域を見いだそうとしても、今日のテクノロジーの実践のみから生じるとは考えられません。テクノロジーはインスピレーションを与えられるべきです。よい計画はそれを求めています。

沈黙と光について一言。建設中の建物はいまだ苦役を知りません。存在への望みが非常に大きいので、その足もとには一本の草も生えることができません。存在せんとするスピリットはそれほど高揚しています。建物が完成して苦役のなかにいるとき、建物はつぎのように言おうとします。「さあ、私がどのようにつくられたかをあなたに告げましょう」と。誰もそれには耳を傾けません。部屋から部屋へと渡り歩くのに誰もがみんな忙しいのです。

しかしその建物が廃墟になって苦役から解放されるとき、そのスピリットが現れ、建物がつくられたときの驚異について告げようとします。

先例をもたぬ過去の偉大な建物について考えるとき、われわれはいつもパルテノン[*6]を引き合いにだします。それは開口を穿たれた壁から生じた建物です。パルテノンにおいて、光は列柱

*6 パルテノン(the Parthenon)。アテネ、アクロポリスに紀元前四四七—三二年に建てられたドリス式神殿。ギリシャ神殿の典型。

の間の空間であるといえます。つまり、光－光なし、光－光なしというリズム。それは壁に穴を穿つことから生じた、建築における光の途方もない物語を告げます。

われわれは、はるか昔に生起したものをただ展開させているにすぎません。すなわち元初はもっとも驚異に満ちたものであると見なされてよいでしょう。それは先例がないにもかかわらず、その生成は生命のように確かなものだったのです。

光は物質の生命です。山や川や大気は燃え尽きた光です。

無意識の物質は願望へと移行します。すなわち意識のある、表現せんとする願望は光へと移行します。それらの移行は霊気の閾で出会います。その場所で意志は可能性を感覚します。最初の感情はビューティから生じました。最初の感覚はハーモニーから、つまり限定できない測り得ない人間と、すべてのものの形成者である測り得る物質から生じました。

沈黙と光とが交叉する閾に、人間の唯一の言葉である芸術の聖域が横たわっています。そこは影の宝庫です。光からつくられたすべてのものは影を投げかけます。われわれの作品は影からできていて、影は光に属します。*7

宇宙飛行士が宇宙空間へ出かけたとき、地球は宇宙空間に浮かぶ青色やバラ色の素晴らしい球体に見えました。地球に眼を凝らし、私自身にも地球がそのように見えて以来、すべての知識は重要ではなくなりました。知識はまさにわれわれの外にある不完全な書物です。人は何か

*7　光からつくられたすべてのものは影を投げかけます。われわれの作品は影からできていて、影は光に属します（Whatever is made of light casts a shadow. Our work is of shadow ; it belongs to light.）。光からつくられたものとは、物質であり、この発言は「物質－影（作品）－光」の移行をいう。中間項であるわれわれ（人間）の作品は物質であるとともに、それはまた光（存在）でもある。

を知るために書物を取り上げるが、しかし知ることを他人に分け与えることはできません。知ることは個人的なことです。知ることはかけがえのないひとりひとりの人に自己 - 表現の手段を与えます。

人間の最高に優れた作品は、その作者ひとりに属するものではないと思います。もしかれがある原理を見いだしたとしても、解釈としてのデザインの方法のみがかれひとりに属します。酸素の発見はその発見者に属するのではありません。

私はつぎのようなモーツァルトの物語を考案しました。誰かがモーツァルトのキッチンで一枚の皿を落としてものすごい音がしました。召使いたちは飛びあがって驚きましたが、しかしモーツァルトは「おお、ディゾナンスだ」と言いました。ただちに不協和音は音楽に属しました。そしてモーツァルトがその解釈を書き上げた方法はかれに属しました。

建築家は、そのプロフェッションをアーバン・デザイン、シティ・プランニング、そして建築というようにまるでそれらが三つの異なるプロフェッションであるかのように見なすコマーシャルな区分を受け入れてはなりません。建築家はもっとも小さな家からもっとも大きな複合体である都市までを取り扱うことができます。不可分の諸要素をもち、ひとつの存在としてのみ自覚されるフォームという啓示のもっとも大切な部分が、専門化することによって破壊されるのです。

ビューティについて一言。ビューティは広く流布するハーモニーの感覚であって、それは驚異を生起させます。そして驚異から啓示が生じます。詩、それはビューティのなかにあるのでしょうか。驚異のなかにあるのでしょうか。それは啓示なのでしょうか。

詩は元初のなかにあり、最初の思惟のなかにあり、表現手段の最初の感覚のなかにあります。

詩人はビューティとイグジステンスについての思惟のなかに存在します。しかし詩作品は捧げものにすぎないのであって、それをつくった詩人にくらべれば小さなものにすぎません。*8

建築作品は、建築のスピリットとその詩的元初への捧げものにすぎません。

*8　しかし詩作品は捧げものにすぎないのであって、それをつくった詩人にくらべれば、小さなものにすぎません(yet a poem is only an offering, which to the poet is less)。この発言は、「人間はつねに作品よりも偉大である。というのは人間は熱望を表現し尽くすことはできないからである」に同じ。作品の不完結性の表明。第三章*35を見よ。

第五章　建築、沈黙と光

ピラミッドが建設されているときへ立ち帰ってみましょう。そしてその場所をしるすもうもうたる砂塵のなかの勤労の騒音に耳を傾けてみましょう。そしていまわれわれはピラミッドを完全なプレゼンスのなかで見ます。そこには**沈黙**[*1]の感情がゆきわたり、その**沈黙**の感情のなかに人間の表現せんとする願望が感じ取れます。最初の石が置かれる以前に、この願望は存在したのです。（図14）

私はつぎのように書きとめます。建設されているときの建物は苦役から自由であり、存在の精神は高揚します。そのわだちには一本の草も育つことができません。建物が完成し、使用されているとき、その建物は自らの建設の冒険について語りたがっているようにみえます。しかし建物のすべての要素は、いわば苦役のなかに閉じ込められているために、その冒険を語る余裕などありません。建物の用途が消費され、廃墟になるとき、元初の驚異がふたたび甦ります。廃墟はからみつくつる草を気持ちよく受け入れ、ふたたび精神の高揚を取り戻し、苦役から解放されます。

光は全プレゼンスの賦与者であり、物質は燃え尽きた**光**[*2]であると私は感覚します。**光**によってつくられたものは**影**を投げかけ、そしてその影は**光**に属します。私は**闇**を感覚します。つまり**光**は**沈黙**へ、**沈黙**は**光**へ——インスピレーションのアンビエンス[*3]、そのそこで表現すること

＊1　沈黙（silence）。一九七三年のノートにこう書いている。
The Pyramids seem to want to tell/us of its motivations and its meeting/with Nature in order to be
（ピラミッドはわれわれに告げようとしているかにみえる／つまり存在するためにそれを動機づけたものについて／そして、存在するためにそれが自然と出会ったことについて）
沈黙とは、ピラミッドが告げんとしているものである。沈黙は、人間の表現せんとする願望（man's desire to express）であり、少し的確に言えば、表現することとして在らんとする願望（desire to be/to express）である。これは上記の「モティヴェーション」の意味するものである。またテクストの「最初の石」が上記の「自然」に対応している。

図14　ピラミッド　四つの素描
謎めいた絵である。左上は遠近法に基づくもの。左下、右上はひとつのピラミッドを空間に配する。オブジェ風に描いたもの。右下は遠近法に基づきつつ、構図は動的である。足もと（近景）の素材感と遠景の光との対比が美しい。

＊2　光は全プレゼンスの賦与者であり、物質は燃え尽きた光である(Light as the giver of all presences, and material as spent Light)。光とプレゼンス（物質）の関わり合いを逆転すれば、つぎのアフォリズムになる。構造は光の形成者である(structure is the maker of light)。

＊3　インスピレーションのアンビエンス (ambiance of inspiration)。インスピレーションの霊気 (aura of inspiration) に同じ。閾の本質特性をいう。アンビエンスについては第六章＊2を見よ。

として在らんとする願望は可能性に交わります。岩、川、風が触発します。物質のなかの美しいものは、まず最初に驚異のなかで、つぎに知においてわれわれによって了解され、そして了解されることによって、表現せんとする願望に宿る美の表現へと変換されます。**光**は**沈黙**へ、**沈黙**は**光**へ。*4 二つの移行は芸術の聖域において交叉します。芸術の聖域の宝庫は、より好みやスタイルを知りません。共同性から生ずる**真性**と規則、オーダーから生ずる法則。*5 それらは聖域の内への捧げものです。

建築はプレゼンスをもたないが、しかし精神の自覚として存在します。建築作品はその精神の本性を映す捧げものとしてつくられます。それはつぎのようにもいえます。つまり絵画、彫刻、文学の領域は精神において存在し、それらの本性は作品によって開示される。本性とは見知らぬものであると。「見知らぬ」*6 という言葉を用いるとき、私は態度や才能におけるめいめいのかけがえのなさを認識します。しかしある精神についてのめいめいの自覚の現象は、その同じ精神の新しいイメージにすぎません。自然界においてユニヴァーサル・オーダーから多様な形態が生じるのも同様のことなのです。

フォームは不可分な諸要素の統合を認識することです。これは自然においても芸術においても真実です。自然における妥当性は無意識です。浜辺のどの砂粒も自然の色と形態をもち、自然の重さと自然の位置を保っています。それは自然の法則にのみ支配される絶えざる平衡の戯れに属します。人間のつくるものは自然の法則に応答しなければならないし、しかも規則と選択による人間自身の思考方法に支配されます。一者は測り得るものであり、一者はまったく測り得ないものです。自然がつくるものを自然は人間なしにつくり、そして人間がつくるものを

*4 **光**は**沈黙**へ、**沈黙**は**光**へ (Light to Silence, Silence to Light)。二つの移行はこう解釈される。「物質のなかの美しい (beautiful) ものは、まず驚異のなかで、つぎに知においてわれわれによって了解される」。これが光の沈黙への移行。「そして了解されることによって、表現せんとする願望のなかに宿る美 (beauty) の表現へと変換される」。これが沈黙の光への移行。前者がオンティシュな移行であり、後者がオントロギッシュな移行といえる。二つの移行の交叉する場所が閾とよばれる元初の場所である。

*5 共同性から生ずる真性と規則、オーダーから生ずる法則 (**truth and rule out of commonness, law out of order**)。前者が人間の事象であり、後者が自然の事象である。真性と規則は人間の事象のうちの両義であり、規則は真性に向けて変化する (changeable)。一方、法則は不変で (unchangeable) ある。

*6 見知らぬ (unfamiliar)。見知らぬものとは、沈黙 (desire to be /to express) において問われているもの。端的に言って、存在としての存在 (to be/to be) にほかならない。

自然は人間なしにはつくることはできません。

自然は家をつくりません。自然はルームをつくることはできません。私が他のひとりの人とルームのなかにいるとき、山々や木々や風や雨は心のなかのものになり、そしてルームはそれ自体でひとつの世界になります。それは何と素晴らしいことでしょうか。たったひとりの他人といるとき、人は発生の力を感じ取ります。その出会いは出来事になります。俳優はパフォーマンスのせりふを投げ捨てます。かれの思惟と経験の残滓が他の人に対等の関係で出会います。いまこうしているときでさえ、私は以前に言った仕方とは異なる仕方でものを言うのを感じるけれども、話している事柄はすでに以前に考えたものであって、その考えはそれゆえ本質的に発生的ではありません。ともあれルームは素晴らしいものです。

建築はまず第一に人間のインスティチューションに仕えるために空間形成に関わります。**沈黙と光**の霊気のなかで、つくることとして、また表現することとして在らんとする願望は、可能性を確かなものにする法則を認識します。そのとき知ろうとする願望は強力で、われわれがいかにつくられているかを見いだすことに捧げられた、学ぶことのインスティチューションの元初を予告します。人間のなかには人間の記録があります。人間は意識を通してこの記録を感覚し、そして、その記録は、自然が人間の出現のオデュッセイアにおいて人間に与えたものと人間が自らの願望を守るためになした選択とを学ぶ願望に火をつけます。

意識はすべての生命のなかにあると確信します。意識はバラのなかにも微生物のなかにも葉のなかにもあります。それらの意識はわれわれには理解できないものです。もしそれらの秘密をあきらかにできるなら、われわれは何と多くのものを理解できるようになることでしょうか。というのはそのとき、より広大な共同性の感覚が芸術の表現に入ってきて、そしてオーダーの流布と共同性の流布に応答する捧げものを贈るときの、より大いなる洞察を芸術家に与えるからです。

今日、意見の不一致[*7]が表明されています。私は不一致の原因が必要のみから生じるとは思いません。不一致は願望から生じます。すなわち、いまだつくられていないもの、いまだ表現されていないものに対する願望から生じます。必要はすでに知られたものから生じます。欠乏しているものだけを満たすことによって永続するジョイがもたらされることはありません。ベートーベンが『第五シンフォニー』を書きあげる前に、世界はそれを必要としたのでしょうか。ベーそれともベートーベンがそれを必要としたのでしょうか。ベートーベンがそれを望んだのであって、そしていまや世界がそれを必要とします。願望が新しい必要を生じさせるのです。

私は山腹にきらめく光を眺めます。意味に満ちたその光は、自然のこまやかな細部を眼にもたらし、われわれに建物を建てるときの素材と選択について教えます。しかし規則正しく積もうと試みられた煉瓦の壁が、自然光のもとで美しい不完全性をあらわにされるのを眺める喜びも、山腹の光を見る喜びに劣るものではありません。壁は、かつて見た光がいつか素晴らしい瞬間にふたたび自らを照らすかもしれないという希望を込めて建てられます。自然光のなかで見られることのないような空間の建設を誰が想像できるでしょうか。おそらく空調の維持費を節約するために、また生徒たちが注意をそらすことなく心を集中できるように、ほとんどあるいはまったく自然光をもたない学校が建てられています。内部空間のもっとも素晴らしいアス

＊7　意見の不一致（dissension）。一九六八年前後に世界中に波及した学生、若者たちの反乱をさす。パリの五月革命（一九六八年五−六月）、東京大学安田講堂封鎖（一九六八年六月）、ニューヨーク郊外のウッドストックにおけるロック・フェスティバル（一九六九年八月）など。カーンはライス講義（一九六八年）の冒頭でカリフォルニア・バークレーの反乱にふれている。

ペクトは自然光が空間に与える雰囲気です。不遜にも電灯は太陽と戦っています。

私はトルストイ[*8]を思い起こします。かれは無信仰を捨て去り、疑いのない信仰へ入りました。かれは後期になってキリストの奇跡を嘆きこう言いました。キリストは奇跡をなくしても輝きを備えていると。キリストの奇跡は、いわば太陽をもっとよく見ようと、ろうそくの光を太陽へかざすようなことでした。

構造は光の形成者です。二本の柱はそれらのあいだに光をもたらします。つまり闇―光、闇―光、闇―光、闇―光（図15）。われわれは柱のなかに原始の壁と開口部から展開した、単純で美しい律動的な美を自覚します。はじまりのとき壁は厚いものでした。壁は人間を守りました。人間は外の世界の自由と可能性への願望とを感じ取りました。人間は最初に粗野な開口部をつくり、それから悲しんでいる壁に向かってこう説きました。開口部を受け入れることで、壁はいまや新しい価値あるエレメントとしてのアーチによって、より高度なオーダーに従っていかねばならないのだと。このようなことは建築における**光**と**構造**のリアライゼイションです。正方形のルームの選択は、他の諸形態とそれらの光から区別された正方形の光の選択でもあります。暗くあらねばならないルームでさえも、そのルームがいかに暗いかを知るためにクラックからもれてくる光を必要とします。しかしルームを計画する今日の建築家たちは自然光への信頼を忘れています。かれらは指がスイッチに触れることに信頼をよせて、スタティックな光に満足し、絶え間なく変化する自然光の特性を忘れています。自然光のもとでは、時間が刻々と変わるにつれルームは異なるルームになります。

＊8　トルストイ（Lev Nikolaevich Tolstoj, 1828-1910）。ロシアの思想家、小説家、劇作家。ロシア文学最大の求道者的作家。『戦争と平和』『アンナ・カレーニナ』を遺す。いわゆるトルストイ主義の唱導者。国家、教会、私有財産を否定し、それらの克服は暴力によらず、人間の道徳的回生によって達成しうると考え、人間愛と悪への無抵抗を説く。晩年には、道徳を教えることを目的とした民話的作品を書き始めた。

私はフォームを本性のリアライゼイションとして語りました。あるシェイプはフォームのある表現です。フォームは夢あるいは信念の自覚として願望に従います。フォームは不可分の諸要素について告げます。デザインは相互に調和するシェイプへとそれらの諸要素を展開させようと苦心することであり、ひとつの全体、ひとつの名前を求めて努力することです。ある人の心のなかのフォームは、他の人の心のなかのそれと同じものではありません。本性のリアライゼイションとしてのフォーム、そしてシェイプはデザイン - 操作のプロセスには属しません。デザインのなかにも多くの素晴しいリアライゼイションがあります。つまり構造のオーダー、建設のオーダー、時間のオーダー、空間のオーダーが活動するものになるのです。

音楽家は楽譜を見るときそれを聴くために見るのだと私は自覚します。建築家にとって平面図とは、光のなかで空間構造のオーダーが現れる図面です。学ぶことについての諸制度は、建築家にさまざまな要求からなるプログラムを与えます。この要求は、目先の必要を満たすためにデザインされた既存の計画から引き出されたものです。それは**学校**の根源的精神からははるかに遠く隔たったものです。建築家はプログラムをただガイドとしてのみ捉えねばなりません。**学校**の精神は、心のなかの共同性の感覚によって、あたかもそれが初めて自覚されるかのように見なされるべきです。

先日私のクラスで、ユニヴァーシティとは何か、という課題について考えてみることにしました。われわれはプログラムをもちませんでした。われわれはユニヴァーシティの本性について考えました。われわれの心は知ることを欠いた状態で、それでいて冒険心に満ちていました。ある学生が、心を捧げる場所としてのセントラル・ライブラリーを強調しました。さらに

図15　構造と光　スケッチ
構造（柱）は光の形成者であり、賦与者である。柱それ自体は光なし、柱と柱の間の空間が光。この単純なファクトの自覚が建築のビギニングである。

諸々のプロフェッションのライブラリーが「**コネクションの建築**[*9]」の意識によって、メイン・ライブラリーに関係づけられるべきだということが指摘されました。なぜなら社会に対するユニヴァーシティのもっとも直接的なサーヴィスは、諸々のプロフェッションに認可を与えることにあるからです。しかし、ユニヴァーシティがしだいにマーケットプレイスの世界に落ち込み、研究費獲得のために他の学校と競ったり、学生をひきつけるために特別の学位を考案したりしていることを知ったときは失望したものです。建築を例にとれば、建築はアーバン・デザインや都市 - 計画と区別されていて、それゆえ、建築についての広範な天賦の才能をもち、専門的区別を受け入れない学生たちをしめ出しています。

マーケットプレイスでは諸々のプロフェッションは実務になりがちで、これまでつねに主導権が認められてきた個々の才能は抑圧されています。建築家は眼の前の問題が全体のなかの部分とみなされるときにのみ、芸術の精神とオーダーの出現を自覚することができるものです。専門化の片隅に追いやられた建築家は、チームのなかの一員にすぎなくなり、そして部分をデザインして、目先の必要のための解のみを世界に与えます。そうした建築家は、流布する願望をインスピレーションへと導いていけるだけの自由と経験をついに得ることはありません。ユニークな才能はくつがえされはしないにしても、遅らされることによって傷つけられます。よい仕事をするためには、才能は早く認められねばならないのです。

コネクションの建築――私たちの場合、それはライブラリーとライブラリーの結合ですが――を考えることによって、学生たちはユニヴァーシティで見いだされるべき意義深い場所についての思惟を展開しました。すなわちルーム、コート、招待のためのエントランスの場所、

*9　コネクションの建築（Architecture of Connection）。ユニヴァーシティのフォームを問うことを通して明らかにされる存在論的建築をいう。第六章＊15を見よ。

そしてハプニングの場所としての大きなコートもしくはグリーン——これらのものとガーデンは不可分になりました。

　意見の不一致がわれわれに教師や学生や職員たちのためのいまだ名前のない場所、あるいは構築物について考えさせました。ギリシャのストア[*10]がそうであったように、その名前のない場所は区画されないでしょう。そしてそれがキャンパスでしめる位置は、横切る道のない広々とした芝生の上になるでしょう。分割は後になって同意され、そして芝生は自らが触発する用途によって変様されることでしょう。さて、ユニヴァーシティは都市から多くのものを得ているし、一方、都市はまたユニヴァーシティを都市のもっとも重要なインスティチューションとみなしていることを、まず私たちは考えてみました。しかしプロフェッションの実践の問題はマーケットプレイスのことであって、そしてプロフェッションに認可を与えるユニヴァーシティはマーケットプレイスから自由であるべきです。このことがわれわれに都市‐計画家の役割を想起させます。ユニヴァーシティから自由な場所があり、またマーケットプレイスから自由な場所があり、そして両者が出会うことができる場所があらねばならない[*11]とわれわれは自覚しました。都市計画家のヴィジョンは都市の政治的な経済性を優先しがちですが、この分離の場所は人間の新しいインスティチューションとして認識されるべきです。つまりその場所は、政治のインスティチューションや学ぶことのインスティチューションや健康のインスティチューションなどと同等のものであると認識されるべきです。

　都市は諸々のインスティチューションによって量られます。そして都市の成長は、人びとの願望に敏感なリーダーたち、つまり表現に対する人びとの願望に仕えんとするリーダーたちの

*10　ストア（The Stoa）。古代ギリシャのアゴラに配され、市民が集まり閑暇を過ごした建物。表側には列柱を備え、裏側を壁で仕切った単純な列柱廊。

*11　ユニヴァーシティから自由な場所があり、またマーケットプレイスから自由な場所があり、そして両者が出会うことができる場所があらねばならない（there must be a place free of the university and free of the market-place where both could meet）。それぞれのものから自由であり、また両者が出会う場所とは、フォーラムである。カーンはつぎの図式を書いている。
U—F—M
U：University/F：The Forum/M：Market Place

作品のなかに感じ取られます。新しいインスティチューションの出現へと導く研究は計画の出発点になります。が、交通計画や再開発計画はたんに修正案にすぎないのです。既存のインスティチューションは新しい活力と自覚的な認識とを必要としています。現在、退化しているものの事例としてシティ・ホールについて考えてみましょう。**シティ・ホール**はヴィレッジ・グリーン（村の広場）における早初の集会場から発展したものです。シティ・ホールはおそらく都市のなかでもっとも不名誉な建物です。というのもそこは税金や納入金や裁判所や刑務所に関わる場所であって、そこでは誰も出会うことがないからです。その集会場の時代以来、われわれの関心は大きく広がり、そして変化していますが、われわれの関心を公開する場所がありません。オーディトリアムや集会室やセミナー室という場所があれば、それらの場所は表現の精神を蘇生し、あらゆる人に自分たちのシティ・ハウスと感じ取れる場所を提供するでしょう。

われわれの感覚から既存の解法や方法を取り除こうとするとき、インスピレーションはわれわれを助けてくれます。いまだ思惟されていない本性のリアライゼイションとフォームの諸要素についてのリアライゼイションは、あらゆるものについてのまったく新しい見方に刺激を与えることができます。われわれは今日、あたかもわれわれの心が機械にとってかわられるかのようにテクノロジーについて話します。機械はわれわれが自然からありあわせのものとして得た頭脳にすぎません。しかしリアライゼイションが可能である心は新しいテクノロジーを触発し、現在のテクノロジーを破棄することができるのです。

教えることはひとつの作品です。[*12] 教師にとって元初は大切なものです。なぜなら、教師は人

*12　教えることはひとつの作品です（teaching ia a work）。この発言は、作品を、スピリットへの捧げもの、と読み変えれば理解が容易である。

間とは何であるかを、かれが受け入れ、支持しようとしているものから感覚するからです。教師のコードはしばしば他の人のそれから遠く隔たっています。かれは自分の心について語ろうとする願望をもっているので、創造性を失わない限りにおいて、できる限りかれのコードに近い言葉を探します。たとえば私が「スピリット」ではなく「共同性」(commonness)という語を用いてきたのはまさにその理由のためです。スピリットという語はただちにわかったような気にさせるが、共同性という語は考えさせるのです。

芸術は生命を形成することです。慣れ親しんだ音楽作品の旋律を聴くとき、あたかも親しい人が部屋に入ってきたかのように思われます。しかしその人のプレゼンスを信じるためにふたたびその人を見なければならないように、かつて心に触れた一切のものを思い出すために、その音楽がふたたび演奏されねばなりません。

私はメキシコで建築家バラガン[*13]に会いました。かれの作品が自然との親しい関係をもっていることに心を打たれました。かれの家(図16)の庭は高い壁に縁取られ、その土地と草の茂みは、かれがそれを見いだしたときのまま手を加えられることなく保たれています。庭には泉があり、その水源は朽ちた木片の上で軽やかに戯れ、一滴一滴が縁まで満たされたサイ色の黒灰色の石の水盤に落ちるようになっています。その一滴一滴は銀の流れのように見えます。それは縁まで広がる銀の輪をつくり、そして地面に落ちます。黒い容器に満たされた水は、あの水の道程——岩々を越えて走る光のなかの山合いの流れが、深く隔離された場所でその銀色を顕わにされるのだが——から選びとられたものでした。かれは水について学び、そしてかれがもっとも愛するものを選んだのです。

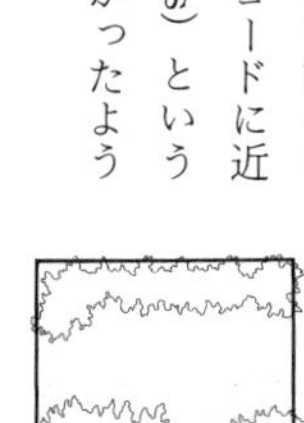

図16 バラガン邸 平面図
荒れた自然のままの庭、そして内部と庭をつなぐテラスの中央に置かれた水盤。バラガン邸に触発されてカーンは家と庭、そして自然について思いをめぐらす。

＊13 バラガン(Luis Barragan, 1902-88)。メキシコの建築家。メキシコの光が簡素な住宅と庭の構成の内に実現されている。その作品の特質はカーンのそれに通じるものがある。ソーク研究所の中庭が、樹木の庭から石のプラザへと変更されたのはバラガンの示唆によるものであることはよく知られている。

バラガンの家は、たんにひとつの家ではなくて家そのものです。誰もがそこでくつろいだ気分になることができます。その素材は伝統的なものであり、その特性は永遠なるものです。われわれは伝統について話し合いました。伝統はあたかも人間の本性からできた金色の塵の山のようであり、状況的なものはすでにそこから取り去られています。人間は経験を通して自らの道を歩むとき、人間について学びます。学ぶことが金色の塵として降り積もり、その塵はもしそれに触れるなら予感の力を与えます。芸術家はこの力をもち、世界が始まる以前の世界さえも知ります。かれは心的な妥当性によって自らを表現します。

かつてある学生が「直観とは何でしょうか」と問いかけました。数学者であり、エンジニアであり、そして科学者であるロバート・ル・リコレはこう答えました。「最初のものをつくるという冒険へと人間を追いやったものは何でしょうか。それはきっと知識ではなく、人間の妥当性についての感覚です。しかし直観は育てられねばなりません。すべては詩とともに始まるにちがいないといえるでしょう」と。

第六章　沈黙と光

黒板にはじめは大へん深遠そうにみえる言葉を書きましょう。自分自身に刺激を与えるためにそうしなければなりません。私もまた聴いているのだということを忘れないでほしい。私は、講演に対するおびえを追い払うためにわずかのノートを書きとめたほかに、準備された話をまったくもちあわせてはいません。だからこの講演は白紙の上に絵を描くようなものです。この場合、描くことが話すことに相当します。人はよく見なければならないと、かえって聴くようにもなるものだと考えることは素晴らしいことだし、またときにはよく聴くために、かえって見るようにもなるのもよいことです。諸々の感覚はまさしくひとつのものと見なすことができます。すべては一緒にやってきます。それは私が建築について言及するときにいつも音楽を引き合いにだす理由です。なぜなら、私にとって両者には大きな相違はないからです。——つまりものごとがなされる領域ではなく、あなたが何をやりたいかを考える領域を深く掘り下げていけば、さまざまな表現方法が立ち現れてきます。私は平面図を見るとき、それをあたかも構造と光による空間圏域のシンフォニーとして見るようにしています。さしあたって平面図がうまく機能するかどうかはあまり気にしません。ただそうするだけで平面図についてのいわば永遠なる原理に敬意が払われているのがわかります。光のない空間を売りつけようとする平面図を見るやいなや、私はよく考えるまでもなくすぐさまそれを拒否します。というのもそれが間違っていることがわかっているからです。それゆえ、自然光をもたない学校のごときものを売りつける偽りの指導者はまったく非建築的です。そんなものは建築それ自体に属するので

＊1　ダークレスとしてのライトレス（lightless；darkless)。カーンの造語。光の二義である光(light）と闇（dark）の否定形。沈黙のこと。つまり光と闇は沈黙において、ダークレス、ライトレスとして相争うことをいう。

lightless；darkless

desire to be；to express

と併記されていることから lightless と desire to be が、また darkless と desire to express がそれぞれ対応していると解される。

＊2　アンビエントな魂（ambient soul)。世界内存在として実存する人間本質をいう。すぐあとに、「光は沈黙へ、沈黙は光へ、この移行は、いわばアンビエントな閾でなければならない」と発言されている。二つの移行が交叉する実存の閾が、アンビエントの閾であり、その場所における沈黙（人間存在）の本質がアンビエントな魂である。沈黙と光の思惟はさまざまに発言されるが、約言すれば、表現の願望が表現手段

はなく、建築のマーケットプレイスに属するのだと言えるでしょう。

さて、これから黒板に描こうと思いますが、それは建築を含むすべての芸術についての私の考えを理解する鍵になりうるものです。

それはこのように描くことができます。**沈黙と光**（図17）。**沈黙**[*1]は、大へん静かであるということではありません。それはダークレスとしてのライトレスとでもいえるかもしれない事柄です。これらは私の考案した言葉です。ダークレス——そのような言葉はありません。しかしなぜないのでしょうか。**ダークレスとしてのライトレス**。表現することとして在らんとする願望。これはアンビエントな魂[*2]と言うこともできます。なぜなら、よく考えてみれば、光と沈黙はもともとどこかでひとつのものであったのだし、そしておそらくはなおもひとつのものであるのだが、たんに議論のために分けて考えられているにすぎないということがわかるからです。

光へ戻りましょう。光は、**全プレゼンス**の賦与者、すなわち意志によるもの、すなわち法則によるもの[*3]。あるいはつぎのように言えます。全プレゼンスの賦与者である光は、物質の形成者であり、そしてつくられた物質は影を投げかけ、その影は光に属すると。

私は沈黙においてつくられるものについてはまだ話していませんでした。願望が沈黙の特性であって、沈黙の力、すなわち測り得ない力であり、沈黙にあるあらゆるものは測り得ないものからやってきます。沈黙にあるあらゆるものは測り得るものに先だちます。測り得ないもの

へ移行すること（沈黙は光へ）と、存在としての存在と規定される光が願望へ移行すること（光は沈黙へ）という二つの移行の交叉をいう思惟である。前者が存在的移行、後者が存在論的移行である。図解すれば次のようになる。

L_1
｜Ⓑ
L_2 〈;〉 L_3
｜Ⓐ
L_4

L_1：to be/to be(light)
L_2：desire *to be*/to express(lightless)
L_3：desire to be/*to express*(darkless)
L_4：spent light(dark)
Ⓐ：存在的移行　Ⓑ：存在論的移行

中央のセミコロンは、存在論的区別の場所を示す。カーンの言葉に従えば、そこは二つの移行が交叉する元初の場所、アンビエントな閾である。

アンビエント（ambient）には二つの意味がある。①周囲の、取り囲んでいる（completely surrounding, encompassing）②よどみなく動く（moving freely）、循環する（circulating）。①の意味に解すれば、アンビエントとは、図式に見ら

沈　黙		光
ライトレス	S←──L	全プレゼンスの賦与者
ダークレス	S──→	意志による
		法則による
表現することとして	インスピレーション	
在らんとする願望	芸術の聖域	
測り得ない	影の宝庫	測り得る

図17　沈黙と光　スイス連邦工科大学講演、一九六八年二月。

と測り得るものとが出会う閾はあるのでしょうか。閾はこれらの力、つまりこれらの現象に照らして、なお閾とよばれるに足るほど薄いものでありうるのでしょうか。人がつくるあらゆるものはすでにしてあまりに厚いのです。人の思惟でさえあまりにも厚いと思われます。しかし少なくともつぎのように言うことができます。すなわち沈黙は光へ、光は沈黙へ、これらの移行が出会う閾があるとすれば、それはいわばアンビエントな閾[*4]であるはずだと。そしてそう自覚され、感覚されるとき、そこにはインスピレーションが生じるのです。

インスピレーションは、表現せんとする願望にすぎないものが表現されうることを約束するもの[*5]を含んでいるはずです。なぜなら光による物質形成を確信させるものがあるからこそ、そもそもインスピレーションの感情が与えられるからです。このインスピレーションのなかには、インスピレーションのほかに、**芸術の聖域**という場所があります。**芸術**はフランス語やドイツ語ができる以前の人間の言葉です。人間の言葉は芸術であるということです。欲求することから何ものかが生じ、あるいは願望することから何ものかが生じ、さらには物質によってそれらのものの実現が約束されているという確信があるとき、そこに芸術が成り立ちます。芸術の成り立つところには、ともかくも手段があります。芸術の**聖域**――人間の表現性のアンビエンス[*6]――は出口をもっているといえるでしょう。われわれは表現するために生きている[*7]というのが私の信念です。プレゼンスの全モティヴェーションは表現することです。そして自然がわれわれに与えるものは、われわれ自身という表現の道具であり、それは魂の歌を演奏できるようにと楽器を与えているかのようです。芸術の聖域――私はこのささやかな講演で、芸術の聖域は影の宝庫であるということが言いたいのです。

れるように、中央の閾が外的世界（光＝自然）にも、内的世界（沈黙＝人間精神）にも包囲されていることと解される。つまり「囲繞の魂」と訳せる。②の意味に解すれば、中央の閾が silence to light, light to silence の二つの移行（これは循環といえる）を集摂していることと解される。つまり「往還自在なる魂」と訳せる。①が閾の空間的意味、②が閾の時間的意味と分析される。本来、時空的意味を担う ambient はこの二つの意味を合わせ持つと解釈したい。ハイデッガーはトラークルの詩の論究において、閾の働き、区‐別（der Unter-Schied）についてこう教える。「ものたちと世界を、その固有のもののうちへと静めながら、区‐別は世界とものをそれらの親密性の中央のうちへと呼ぶ。区‐別は来たらしめるものである。区‐別は二つのものを、区‐別が自らそれであるところの裂けめのうちへと呼びながら己の外へと集摂する。集摂する呼ぶことが響くことである。その響きのなかに、他のものが、もの音のあらわな生起として、またそのあらわな広まりとして生じるのである」（M. Heidegger, *Unterwegs zur Sprache*, 1971, s. 29）ここで言

私は、先に述べたような分離はないと確信します。あらゆるものは同時に始まったと確信します。あるものにとってはあるときがよく、また別なものにとっては別なときがよいというようなことはありませんでした。それはまさしく同時に始まりました。そして表現することとして在らんとする願望は、花々のなかにも木のなかにも微生物のなかにもワニのなかにも人間のなかにも存在するのではないでしょうか。ただわれわれはバラの意識をどのようにして見抜くかを知らないだけです。木の意識は風にそよぐ感情であるかもしれないが、私にはわかりません。しかし生きているものすべては、どんなに原始的なものであれ、ある種の意識をもっていると確信します。科学の真に価値ある発見は、科学がつぎのような認識を得ることであってほしいと思います。すなわち測り得ないものこそ科学者が理解しようと努力しているものであり、測り得るものは測り得ないもののサーヴァントにすぎないと。つまり人間のつくるものはすべて根本においては測り得ないものであらねばならないということです。

さて、このようなことを理解できたとしても、ではどうすればお金を得ることができるのかと思い悩むことでしょう。このようなことから金儲けができるなどとはけっして思いません。ゾーディアック誌に売り込めば別ですが。そうすればお金になります。しかしこれはまさに私たちの深い信念に属する事柄だと思いますが、ジオット[*8]の絵（図18）には値のつけようがありません。ジオットの絵はどのような分析も拒み、測定を拒みます。なぜなら、ジオットはわれわれに絵画の特権を与えたからです。つまり画家にとって扉は人より小さくてもよろしいとかれは言ったのです。しかし建築家は人よりも大きな扉を用いなければなりません。建築家は芸術において画家よりも劣っているのでしょうか。そうではありません。〈建築家はただ自分の表現圏域を認識しているにすぎません〉。画家はシャガール[*9]のように人物をさかさまに描くこ

われている、あらわな広まりとして生じる響きこそ、アンビエントの本質特性であろう。

＊3　全プレゼンスの賦与者、すなわち意志によるもの、すなわち法則によるもの（the giver of all Presences ; by will ; by law）。光（自然）の事象の三種の限定がセミコロンで結ばれている。ここでの意志は全自然の創造主の意志と解され、沈黙（人間の事象）を規定する願望（desire）とは区別される。

＊4　アンビエントな閾（ambient threshold）。＊2を見よ。

＊5　表現されうることを約束するもの（something of a promise of being able to express）。表現手段（means to express）のこと。これと対になるのが表現の願望（desire to express）である。前者が光の事象、後者が沈黙の事象である。

＊6　芸術の**聖域**――人間の表現性のアンビエンス（Sanctuary of art - sort of the ambience of a man's expressiveness）。人間の表現が芸術に対応し、アンビエンスが聖域に対応する。

＊7　われわれは表現するために生きている（we live to express）。生きることは表現することである（to live is to express）とも言われる。

とができます。しかしこうした特権をもつのは、かれが画家であるからです。かれは何ものも再現《リプリゼント》しないが、あらゆるものを提示《プレゼント》します。それは人間のなかに存在する広大な表現圏域の提示です。彫刻家は戦争の不毛さを表現するために、大砲に四角い車輪をつけることができます。残念なことに建築家は石を運びたければ丸い車輪を用いなければなりません。このことからマーケットプレイスに属しがちなものと、マーケットプレイスへはけっして結びつくことのないものとを見きわめることができます。

　この場所は岐路だといえます。すなわちリアライゼイションの場所です。あちらへはどれくらい、こちらへはどれくらいと内容について見定める場所です。ジオットはこの場所で時に抗しつつ踏み留まっています。それゆえにどの時代もかれの絵を時代おくれなどと言えないでしょう。ジオットのような偉大な人間のなかには、表現の驚くべき発見があります。それは他の偉大な人間においてもいえることです。アインシュタインについて私がもっとも敬服している本質的特質は、かれがバイオリン弾きだということです。このことからかれは普遍なるものについての多くの感覚を引き出しました。あるいはむしろつぎのようにいえます。つまりユニヴァーサル・オーダー（宇宙秩序）は、永遠なるものの感覚からやってきた事柄であって、たんなる数学の知識や科学の知識からのものではないのだと。すべての人に浸透するはずの宇宙秩序の感覚が、知識をもっていたにもかかわらず他の科学者のところへ到達しなかったのはいったいなぜでしょう。知識は手に入れることのできるものです。それは、他のものに属していた知識がたまたまその人のものになっただけで、したがって知識は誰のものにもなります。知識はあきらかにその人自身の仕方でそれぞれの人に属するものです。人間のために知識の書物は書き尽くされてはいないし、これからも書き尽くされることはないでしょう。自然は知識の書

＊8　ジオット（Giotto di Bondone, 1267-1337）。フィレンツェの画家。ルネサンス美術の創始者。代表作にパドゥアのアレーナ礼拝堂の壁画、フィレンツェのサンタ・クローチェ聖堂の「聖フランチェスコの死」。その堅固なフォルムによる古典芸術の再興はカーンの作品世界に通ずるものがある。

＊9　シャガール（Marc Chagall, 1887-1985）。ロシアで生まれパリで活躍した画家。ロシアの村落風景を幻想的に描きつづけた。シャガールの絵はエストニア生まれのカーンの心を強く捉えたことであろう。

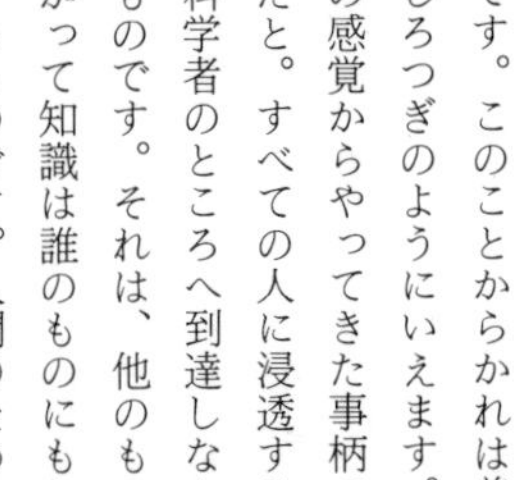

図18　ジオット　マントを施す聖フランチェスコ。

物をけっして必要としません。それは自然のためにすでに書き尽くされているからです。

さて、建築家としての人間に生じる問題について少し話してみましょう。たとえばあなたがユニヴァーシティとは何かという問いに答えるように任命されたとしたら、それは何と素晴らしい委託でしょうか。ただしつぎのように指示するプログラムが与えられるのでなければですが。つまりユニヴァーシティはいくらいくらの人びとのためにあるべきだとか、図書館はいくらいくらの書物を所蔵しなければならないとか、いくらいくらの教室があらねばならないとか、学生会館をつくらねばならないとか、そして諸々の専門学科を設けなければならない等々。そのような指示に従うのではなく、ユニヴァーシティについて、あたかもそれがいまだ生起していないかのように、それがここに存在していないかのように考えてみましょう。あなたが参照すべきものは何もありません。ただ否定できない要求としての学ぶ場所の感覚だけを頼りにすべきです。それは〈誰もが拒みようもなく抱いている、学ぶための場所を求める願望〉です。その場所では、自分のなかにある特別なものを他人に伝えたいと思っている人には特別なものが生じ、そしてその人の伝えるものは、それを学ぶ人びとのなかでそれぞれの仕方でまた特別のものになります。あたかもあるかけがえのない人がかけがえのない人たちに教えるかのように。なぜなら、われわれはみなかけがえのない人であり、他の人と同じ人はいないからです。そのような学ぶための場所としてユニヴァーシティを考えてみましょう。

私はこの課題をペンシルヴェニア大学の学生たちに与えました。どのようなプログラムもありませんでしたが、ペンシルヴェニア大学をその計画の想定地として考えるように言いました。誰でもとっかかりになるものが必要だからです。それが唯一の指示でした。さて、たいへんはにかみやで控え目なドイツの学生がつぎのように言いました。ユニヴァーシティの核はライブラリーです。しかしそれは特別なライブラリーです。それはセントラル・ライブラリーであって、ユニヴァーシティのライブラリーはアクロポリス[*10]のようです。それは心の捧げものであると。人はライブラリーのなかで書物に出会うとき、その書物を心の捧げものと見なすだろうとかれは考えたのです。どんな利益によっても心を動かされない男は、捧げることのみに動機づけられ、その書物が出版されるのを望みつつ一冊の本を書きます。かれは沈黙のどこかでかれがとらえる感覚によって動機づけられます。そこは沈黙のはるかに深いところであるかもしれないし、あるいはすでにインスピレーションの閾の上であるかもしれません。書物を書くためには閾にいなければなりません。そしてかれがそこで引き出すもの、つまり沈黙から引き出すものによってともかくもかれは書物を書くことに動機を与えます。そしてかれはもうひとつの美しい源泉から動機となる感覚を得ます。すなわちさまざまな生活状況を歩み行く、生のオデュッセイアという経験を通してそれを得ます。そして、そこに降り積もる重要なことは、いつ何が起きたかではなく、生活状況を通して、その人がどのような方法で人間を発見したかということです。この降り積もるものが金色の塵[*11]であり、もしあなたが指で触れるならば、そのとき予感の力を得ることのできるものです。芸術家は何かをつくるとき、この金色の塵を感じ取ります。芸術家はいまつくっていることを知っているが、しかしつくられたものが永遠なる価値をもつということもまた知っています。かれは状況を生じるがままに受け取りません。かれは生じるすべてのものから、かれにとって人間を露呈する状況を引き出します。伝統とは、まさにこのような状況の積み重ねであって、人間の本性を引き出すことのできる金色の塵ともいえる状況の記録です。この金色の塵は人が作品のなかに存続するもの、つまり共同性の感覚を予感することができるか否かに関わる重要なものです。そして共同性という言葉につい

＊10 アクロポリス（the Acropolis）。ギリシャの都市はアクロポリスとよばれる小高い丘陵地の裾野に営まれ、アルカイク時代にはその台地は堅固な城壁で囲まれ、ポリスの首長の住居と守護神の堂が配され、政治と宗教の中心であった。後に聖域と化した。

＊11 金色の塵（golden dust）＝伝統（tradition）のこと。人間の本性のエッセンスと規定される。

ていえば、私は沈黙の本質は共同性であると思います[*12]。共同性が沈黙の本質です。人がいまピラミッドを見るときに感じ取るものが沈黙です。どんなものであれ、それを生むきっかけとなったインスピレーションはあっただろうと思われますが、それにしてもピラミッドを生むきっかけとなったモティヴェーションは驚異というほかないものです。完全なるものを具現するこのような形態をよく思いついたものです。そして自然のなかには存在しないこの形態をつくるために、奴隷をむち打って死に至らしめるまで努力を傾けたのです。われわれはいま、そのような状況がすべて過ぎ去ったあとのピラミッドを見ます。そして塵が払われたとき、私たちが出会うのがまさに沈黙であることに気づくのです。偉大な作品とはそういうものです。私はジオットの絵を沈黙の感情をもって見ます――ジオットの絵は沈黙から生じたかのように見えます。たとえばひとつ高価な絵を描いてやろうといったマーケットプレイスの感覚から生じたものではありません。ジオットの絵は沈黙から生じたのです。

＊12　沈黙の本質は共同性である(the essence of silence is commonness)。カーンの思惟が独我論ではないことを示す。リアライゼイションの基底のサイキの二成素（存在意志とイナ）の内の一者、イナの特性がcommonと規定されていることに符合する。

ユニヴァーシティの話に戻りましょう。ライブラリーはユニヴァシティのセンターでした。ライブラリーはヒューマニティに関わる何かであり、ヒューマニティこそがまさにユニヴァーシティであるというようなものでした。ユニヴァーシティのもうひとつの役割は諸々のプロフェッションに関わるものでした。たとえば医者であれ、法律家であれ、建築家であれ、計理士であれ、看護婦であれ、どれもみな表現の方法だといえます。ユニヴァーシティの役割は、そうした諸々の表現のアヴェニューのなかのひとつと人が契約をかわすことに関するものです。あなたは看護婦になりたいので、あるいは自らに看護婦になるように告げるものをもっているので看護婦になることを選びます。あるいは建築家になるように自らに告げるものをもっているので建築家になることを選びます。ユニヴァーシティの立場はマーケットプレイスには関わりません。マーケットプレイスは、ある個人がこのプロフェッションを現実のものにしてゆく実践の仕方にむしろ関わります。ユニヴァーシティはそうした事柄には関わるべきではありませんが、しかしある人のプロフェッションの本性を触発したり、あるいは表現を実践してゆくうえで、最終的にどの方法がその人にとって最善といえるかを触発するような場合は例外です。こういった点に関しては、マーケットプレイスの問題ではありません。なぜなら人の向きというものは、どれほど教えたかに関わりなく、その人自身の方法を見いだすようになるものだからです。つまり〈人は自分に所属しないものを何も学ばないからです〉。かれは非常に努力するかもしれません。かれは試験にもパスするかもしれません。が、たとえかれが化学を学んだとしても、かれがまさにはじめから化学者でなければけっして真の化学者にはなれないでしょう。それゆえ、私にとって知識それ自体は疑わしいものです。しかし表現の方法を触発するために得られた知識や才能を伸してゆくための知識は疑わしいものではありません。むしろ素晴らしいものです。ユニヴァーシティは人びとの才能が養われる場所、つまり圏域です。

それゆえ、ユニヴァーシティはマーケットプレイスとは関わりません。ユニヴァーシティはマーケットプレイスをさげすむこともありません。なぜならユニヴァーシティはマーケットプレイスからその支持を得ているからです。しかしそれにもかかわらず、ユニヴァーシティはマーケットプレイスを教えません。マーケットプレイスを教えることは無駄だからです。自然の在り方をあらかじめ教えることはいいことであり、自然の法則は知られねばなりません。なぜなら教育には三つのアスペクトがあるからです[*13]。まず最初に、プロフェッションの位置、つまり他の人びとへの責任についての教育があります。それは科学とテクノロジーの区別を含みます。それらはまったく異なったものです。静力学や音響学の内の特定の知識は必要なものである。

＊13　教育には三つのアスペクトがある。建築の教育の三つのアスペクトとは、①プロフェッショナル(professional) ②パーソナル(personal) ③インスピレーショナル(inspirational)。②は表現上の(expressional)とも言われ、③は精神上の(spiritual)とも規定される。

り、諸々の責任に備えるためにあきらかに教育の領域に属します。そして自らのオフィスを社会的責任のあるものとして経営していくこと――そうした諸々の事柄のすべてが必要なものです。しかしもうひとつの責任があります。それは〈人に自分自身であることを教えること〉です。人は建築家というプロフェッションにおいて、自分にどんなことができるかと自分のなかにさまざまな能力を捜し求めるが、かならずしもすべての人がデザインに関わるわけではないし、あるいは仕様書の作成に関わるわけでもありません。しかし〈その人自身になること〉という点に関してはすべての人がそこに属しています。人には生まれつきの才能を教えることはできません。教えることができるのは、プロフェッションの本性について、つまりプロフェッションには多くの切り口があり、そのなかには必ずその人の自己‐表現が生じうる切り口が含まれているはずだということだけです。しかし教えるべきもっとも重要な事柄は、建築がプレゼンスをもたないということです。人は建築をつかまえることはできません。建築はプレゼンスをもちません。〈建築作品だけがプレゼンスをもつ〉のであって、建築作品は建築への捧げものとして提示されます。建築は選り好みをもちません。つまりそれはデザインや素材やテクノロジーに対する選り好みをもちません。建築は、ある作品が建築のスピリットをその本性によってふたたび指し示し、生き返らせるのを待ちつづけるだけです。そしてこの建築のスピリットによって、人びとはながく生きながらえることができるのです。

したがって、ユニヴァーシティは認可を与える場所です。認可の場所[*14]のライブラリーがあり、それから諸々のプロフェッションの場所があり、そして諸々のプロフェッションのライブラリーがあります。ライブラリーが付設されるのは、そこにもまた心の捧げものがあるからであって、このライブラリーは聖域、つまりアクロポリスへの捧げものであるプロフェッション

＊14　認可の場所（sanction place）。ユニヴァーシティのコアとしてのライブラリーの本性。これは社会に対するユニヴァーシティの本性でもある。

の各ユニット[*15]――それはより客観的な心の捧げものですが――にともかくも結ばれます。それは客観的ともいえるし、主観的ともいえます。そのことはまったく問題ではありません。ライブラリーはまさしく捧げものです。さて、あなたがこの問題について考えるならば、心のなかで素晴らしい区別が浮かぶにちがいありません。それは心のなかに庭とコートと広場との間の区別をもたらします。なぜなら上で述べたコネクションは、たんなるコロネードやそういうたぐいのものになるはずはなく、精神的なコネクションになるはずだからです。それはある仕方で感じ取られるが、プランナーはある結びつきが存在すること、つまり二つのもののあいだにはある種の相互関係がすでに存在することを意識していて、その意識が、それはここにあるべきだとかそこにあるべきだというふうに手を導きます。その意識がなければ、たんにランド－スクラッピング（land-scraping 土地をけずること）にすぎません。ランドスケーピング（landscaping 庭をつくること）ではなく、私はそれをランド－スクラッピングとよびます。ランドスケーピングはまさに意識の問題であって、まわりに木を描くことでも、平面図に木のスタンプを押すことでもありません。私はそういうことがまったく嫌いです。コネクションとは、庭が何であり、コートが何であり、アヴェニューが何であり、広場が何であるかのリアライゼイションなのです。

庭は私的なものです。造園家であれ、建築家であれ、庭師であれ、ある庭に噴水や座る場所をもうけたり、ポルティコとの関係から樹木を選んだりといった計画をする場合、それはやがて存在へと成長するものへの指図として計画を立てようとしたのであり、そしてすべてのものが設置され、存在へと成長をとげ、そして完成されるとき、設計者は図面を取りあげ、暖炉に投げ入れます。かれはそれを記録として保存しません。なぜなら、かれがつぎにつくる庭はま

*15　ユニット（unit）。コネクションの建築がユニヴァーシティにおけるつぎの三つのエレメントの結合として示される。①コアとしてのユニヴァーシティのライブラリー②プロフェッションのライブラリー③プロフェッションの場所。ユニットとは③を意味する。

ったく別のものになるにちがいないからです。というのも庭はそもそもたいへん私的なものであって、個人に属するものだからです。庭は人を招く場所ではありません。それは生活の表現に属する場所です。コートはそれとは異なります。コートはいわば少年の場所です。またいうまでもなく人を招く場所です。私はコートを「外部‐内部‐空間」とよびたい。そこは人がやってきて、そこから出かけようとする場所を選択できると感じ取る場所です。一方、広場を、コートと同様に定義すれば、それはより一層非個人的な大人の場所であるといえます。

たまたまどのような取り決めもなしに、いわゆるコネクションの建築について自由に考えをめぐらした結果、敷地と諸々の建物、諸々の建物のライブラリーとの連合、そしてライブラリーそのもの——こういったものを包含する意識に至りました。しかしなおも多くのものが欠けています。ただコネクションだけでは不充分でした。学生たちは、ハプニングの場所がなければならないという私が与えたヒントによってたいへん興奮しました。ハプニングの場所とは何でしょうか。なぜものごとが予定どおりに生じなければならないのでしょうか。予定どおりに生じる必要などありません。

たとえば、ギリシャの**アゴラ**[*16]はハプニングの場所でした。すなわち**アゴラ**、それに**ストア**。**ストア**はもっとも素晴らしいもので、それはつぎのようにつくられました。そこには分割するものがありません。ただ列柱があり、日除けがあるだけです。そのなかで何かが生まれ、諸々の店が生じました。人びとがそこでまさに出会ったのです。そこは日陰の場所です。建築的ではあるが、目的を持たないある特性がそこに提示されています。それは限定できないが、人が建設しなければならない何かの認識だといえます。今日、学生たちのあいだに広がっている一

*16 アゴラ（Agora）。古代ギリシャの都市の中心部にある公共的広場。市民の政治経済の中心。アクロポリスとともに都市の核を形成する。

般的な不安[*17]はこのような空間を要求しているのではないでしょうか。誰が正しいとか誤っているとか言って争うべきではなく、このような建築的解釈が創造されるべきです。それはいつの日にか分割されてそれ自身を形成するであろう、いまだ分割されていない場所です。つまりそれは学生と管理者とそして教師が出会う場所の認識です。それはユニヴァーシティのクラブであって、学生センターではありません。言うなれば、あらゆる人たちのセンターです。おそらくグリーン・エリアのなかに、それはどのような道もなく横たわっているでしょう。なぜなら、あなたがどこへ行こうとしているのかを誰も知らないからです。しかしそうしたことはあきらかに建築的特性です。それはすべての信仰の場所と同じ特性をもっています。それは一本の石柱が立っていることを知るという簡素な特性によるものですが、そこにはただでたらめに歌ったり、森を通り過ぎたり、跳びはねたりすること以上の何かがあることがわかるのです。その感情は何でしょうか。それはストーンヘンジ[*18]（図19）をつくる神秘的な決定のなかにある事柄です。それはまったく素晴らしい、建築の元初です。

それはハンドブックからはつくられないし、実践の問題からは始まらないものです。それは世界のなかの世界[*19]があらねばならないというような感情から始まります。その世界は人間の感情がいわばシャープになる場所です。あなたはこれまで屋外でバスを待っているときに何か意味のあることを言ったことがあるでしょうか。けっしてないでしょう。あなたは建物の外ではなく、建物の内部で意味のあることを言います。ピクニックへ出かけたときに何か意味のあることを言ったことがあるでしょうか。あなたはひどく楽しい時間を過ごしはしたが、心が告げることを言いはしなかったでしょう。それはたしかに人間としてもっとも活気のある、美しい、楽しい、安らかな活動であって、あきらかにわれわれの生活に属するものです。しかしそ

＊17　学生たちに広がっている一般的な不安。第五章＊7を見よ。

＊18　ストーンヘンジ（Stonehenge）。環列石柱。英国南部ソールズベリ平原にある二重円陣の巨石柱の一群。有史以前のもの。

＊19　世界のなかの世界（a world within a world）。世界内存在として の人間存在が心を集中させる場所。内部。ルームの存在論的限定。

れは必ずしも建物の始まり方ではありません。心が活動を与えられ、心が集中できる場所があらねばならないという認識から、諸々の建物は始まります。

私は心と頭脳とを区別します。頭脳は道具です。心は道具と魂です。今日われわれが計算や入力のためにつくる機械——これを何とよぶのでしょうか——このコンピューターは頭脳であってけっして心ではありません。心はコンピューターをつくりますが、コンピューターが頭脳のなしうることをすべて与えてくれることはけっしてないでしょう。コンピューターのことを本当に知っている人たちであれば自らそう言うはずです。コンピューターを知らない人たちはそう言いません。それはまるで一ペニーを入れれば、一ペニー以上の価値のある素晴らしい答えが返ってくるような言い方をします。そんなことはありえないことです。

さて、学生たちは、そのセンターがあらゆる人たちの出会いの場所であって、まさに必要なものであると発見しました。このことからつぎのことが承認されます。つまり建築の学校はおそらく諸々の工房によって囲まれたコートとともに始まるのだと。コートのなかで人は意のままに制作したり破壊したりします。それは閉じられたコートです。誰もが自分のつくったものがどんなに劣っているかを見せたくないからです。それゆえにコートは仲間うちだけのものといったところがあります。コートの外ではそうはいきません。コートは展示場ではありません。展示場であれば出入り自由ですが、コートはちがいます。コートは閉じられています。このことから他のものが生じます。高い空間や低い空間、限定されていない領域、さまざまな光のなかの、さまざまな高さの、限定されていない諸々の空間が生じます。そして空間が何らかの理由で名づけられる以前に、むしろ空間を発見しようと人は歩きまわります。空間がそこに

図19　ストーンヘンジ　ソールスベリ、イギリス、紀元前二七五〇－一五〇〇年ごろ。ヒール・ストーンに夏至の朝陽が昇る。

あるだけで建築の学校であると感じられるようになるかどうかは、その空間をつくりあげるもとになった原初性と基盤性にどれだけ心が集中されたかにかかっています。このようなことすべては現在の建築のなかに多くの素晴らしい契機が存在することを示唆しています。つまりわれわれのインスティチューションにおいて再生され、助長され、そして再限定される必要のある諸要素を発見することなのです。

さて、ベニスの会議場で、私は心が出会う場所を建設しようと考えています(図20)。その場所で心の出会いの表現が生起することができます。それはまたハプニングの場所でもあります。私はビエンナーレのためにショウを招こうとは思いません。「あなたの展示物を持ってきてください。あなたの大きなパッケージをもってきてください。あなたがつくったものをもってきてください」とは言いません。そうではなく、むしろ「ここへ来て他の人びとに会いましょう。そして人びとに会うことによって、あなたに何かが生じるでしょう」と言います。そして何かが生じるでしょう。ここはそれぞれの人が他の人の心を感覚するために出会う、集会のためのパラッツォ[20]です。ビエンナーレでは人びとは何かを表現するために、実際に触れあいながら出会います。そこはいわば実存の場所[21]です。ここにイグジステンス、そしてここにプレゼンスと書きましょう。いいですね。プレゼンスはここに、イグジステンスはここに。人は考えていることを感じ取ることができるが、しかしそれはプレゼンスをもちません。あなたが「お素晴らしい。美しい。すごい。ものすごい」と言うとき、あなたはどんな大学教授もまったく理解しない言葉を発しています。しかしあなたがものを見て「私は石がきらいだ、もっと高さがあるほうがいい。もっと広くあるべきだ」と言うとき、あなたは測り得るものに関わり合っています。というのもそれがすでにつくられているものだからです。つまり芸術作品のなか

＊20　集会のためのパラッツォ(the Palazzo dei Congressi)。パラッツォは一般に宮殿を意味するが、イタリアルネサンスでは都市の郊外に建つヴィラに対して、都市に建つ市民の大邸宅をよぶ。また政庁、裁判所などの公共建築をも指す。

＊21　実存の場所(place of existence)。

図20　ヴェニス会議場　平面の初期スケッチ／模型
　描かれている三つの円形のモティーフは、屋根の形態として具体化される。円は、人が集い、出会うことのフォームである。

には、測り得るものと測り得ないものがあります。「すごい」と言うとき、あなたは測り得ないものについて話しているのであって、そして誰もあなたを理解しません。それは根底的に測り得ないものだから理解されなくて当然なのです。

さて、このことから別の事柄が生じました。それはユニヴァーシティそのものでもないし、またユニヴァーシティの建物でもありません。そして現在もこれまでにもユニヴァーシティで建てられたことがないものです。それ以外の建物はいままでもありましたが――何が生じたかを端的に話しましょう。マーケットプレイスとユニヴァーシティのリアライゼイションが生じたのです。それはつぎのように言えます。ユニヴァーシティがここにあり、マーケットプレイスがここにあり、そしてそれらの間の場所がありました。フィラデルフィアにおいてはたまたまそれはスクールキル川でした。都市計画はマーケットプレイスにあることはできないでしょう。というのはマーケットプレイスがあまりにも政治的なものに向かっているからです。また都市計画はユニヴァーシティにあることもできないでしょう。というのもユニヴァーシティがあまりにも理論的なものに向かっているからです。そこでハプニングの場所[*22]が存在しなければなりませんでした。マーケットプレイスがそこへ出かけて行き、またユニヴァーシティがそこへ出かけて行き、そして両者が現れる場所です。しかしそれらはマーケットプレイスにも、そしてユニヴァーシティにもありません。そしてまさしくここがハプニングの場所となりました。それはひとりの学生によってスクールキル川に渡された橋として設計されました。言うなればそれは諸々の講堂の場所、つまり多くの講堂のある場所です。この多くの講堂は、人間のインスティチューションの感覚を発生させる議論の場としてふさわしいものとなるでしょう。人間のインスティチューションは都市計画家がまず意識すべきものです。交通問題や住宅問題

＊22　ハプニングの場所（place of happening）。第五章＊11のフォーラムに同じ。

のような問題ではなく、根本的にまず取り組むべきものは、いまだつくられていない人間のインスティチューションの感覚です。人間のインスティチューションは大いに改良が必要です。プランニングを真に発生させるものは交通問題などではなく、この人間のインスティチューションの感覚です。私にとって交通問題は子供の遊びのように思えます。交通問題は機械のなかに放り込めばその答えを得ることができます。なんらかの方法で答えを得ることができます。それは真の答えとはいえませんが、しかしすくなくともひとつの助けになり、間に合わせの答えにはなるのです。

それゆえ、あらゆる都市のなかに、マーケットプレイスから自由であり、そしてまたユニヴァーシティから自由である場所が見いだされねばなりません。ある意味で、その場所は都市の価値の神経中枢、つまり都市を真に偉大にするものの神経中枢といえます。なぜなら都市は交通システムの卓越性によって測られるのではなく、なぜ交通システムをもっているかによって測られるからです。というのも都市には交通システムが仕えるべき価値があるからです。さて、このコネクションの建築はいわば都市全体についての方向づけを行います。ユニヴァーシティやその他の諸々の学校の場合も、コートや庭やアヴェニューなどによって方向づけがなされます。コネクションは精神的でも物理的でもあります。このインスティチューションはあらゆるところで必要なものだと思います。なぜならそれがなければ何ものも真に前進しないからです。マーケットプレイスも前進しないし、ユニヴァーシティもまた前進しないでしょう。この場所に言うなれば自由の根拠があるにちがいありません。これはプログラムのないところから生じたのであり、テクノロジーを統べるものを規定する建築の力についての思索から生じました。真にプログラムをつくるのはこの力です。というのも建築家がクライアントからもらうプログラムというのは、要するに面積表にすぎないからです。かれはエリアをスペースに変換しなければなりません。なぜならかれはエリアだけを扱っているのではないからです。かれはスペースを扱っているのです。それはたんなる感情ではなく、アンビエンスとしての感情[*23]です。スペースとは何か特別なものを感じ取る場所です。これまでにも言ったことがありますが、人は小さなスペースでは特別なことを話します。それゆえ学校には大きなスペースに加えて小さなスペースもなければならないのです。すべてのクラスが同じである必要はありません。そのようなスペースには学ぶ場所といえる何かがあります。そのように感じ取られる何かがあります。ひとりの人間としてのあなたの感情の本質から取り出されたものが、また他の個々の人たちから取り出されたものが共同性の感覚へと至るのです。共同性の感覚は人の心への素晴らしい案内者です。

人間のインスティチューションという言い方をしますが、私はインスティチューションを体制（establishment）という意味では用いません。人は自らの実践のためのある場所をもっているというインスピレーション、あるいはそれを与えられているというインスピレーションなしには、他の人びととの共同体をやっていくことができません。そういう認識をもつことが否定できない願望であるということをインスティチューションは意味しています。学ぶことのインスティチューションは、実はわれわれがいかにつくられているかから生じます。なぜなら、自然は自然がつくるもののなかで、いかにそれがつくられたかを記録するからです。人間は意識を通して自分の内部に自然の法則を感覚します。岩のなかには岩の記録があり、人間のなかには人間の記録があります。もっとも頭脳という仕方で人間が自然から得ている道具は通常たいへん貧しいものであり、人間が頭脳と感覚とを混合し、願望を感覚するに至るには多くの障

*23　アンビエンスとしての感情（feeling：ambience）。アンビエンスについては＊2を見よ。

害があり、多くの時間を必要とします。しかしそれにもかかわらず、人間が所有する金色の塵といえる特性は人間が身体的存在と同様に所有する人間の本性という特性であり、こうした特性のなかで人間は学び、表現しようとする願望を感覚します。それゆえ、学ぶことはわれわれがつくられたその仕方から生じます。そしてついには宇宙の法則を見いだすに至るのは、それが人間のなかに保持されているからにすぎないのです。われわれのうちにある他のインスピレーションについてもそのようにいえます。身体の健全についての感覚は、表現することとしていつまでも生きんとする願望から生じます。表現の最高の形式は芸術です。[*24] というのも芸術はもっとも限定できないものだからです。

表現することとして生きんとする願望があります。それゆえに諸々のインスティチューションが設立されます。学ぶ欲求の感覚があるゆえに、その学ぶ欲求は学校の設立を見とどけるために人に税を支払わせるのです。学ぶ欲求が人間の本性であるので誰もこの税に反対しません。ところでときにはある理由のために学ぶことから追い出されることがあります。たとえば人前に出て答えるのがいやでおびえるときがそうです。かれはそのような事態にすばやく対応できないので勇気がでません。どの学校でも採点することがあってはならないと私が考えるのはこのためです。採点は人を破壊します。たしかに点数をつけないことはたいへん難しいことです。そのことはよく承知しています。しかし誰かに点をつけることをやめるならば、そのクラスはさらに輝かしいものになるでしょう。実際、人は同じように成長しはしないのだから。私にはこれについてのいい経験があります。というのも私はたいへんできの悪い学生で、どうにかして卒業できたものでしたから。私は教えられたものを在学中ではなく卒業してから学びました。私は生まれつき内気で、自分自身を主張しようとしなかったし、宿題も三日遅れで提

*24 表現の最高の形式は芸術です (the highest form of expression is art)。芸術は人間の唯一の言葉である、と規定される。

出したものです。こうしたことすべてはその人に生まれつき備わっていることなのです。

さて、問題の本質を見いだすためにもうひとつの事例をお話しましょう。それはボーイズ・クラブについてですが、それを以前に学生の課題としたことがあります。そこで思索されたことは、ボーイズ・クラブを生じさせる最初のルームは何か、ということでした。ボーイズ・クラブ協会はボーイズ・クラブとは何かを示す標準的なプログラムをもっていましたが、もし協会から出されたプログラムを受け取るならば、つぎのような状況に出会うでしょう。私はエントランスにやってきます。そこには少年か少女かを見分ける監視人がいるでしょう。それからそこを通過し、騒がしい部屋に行きあたります。極度の緊張と強制。なぜなら協会の人たちによれば、少年たちが他の少年たちと一緒にいると感じ取るのはいいことだからです。それからいくつかのいわゆるガイダンス・ルームがあり、年長の少年たちのための場所もあります。さらにプログラムはつづきます。もちろんスイミング・プールも体育館もあります。しかし多くの子供たちは最初から監視されているというショックのために、あるいはまた圧迫されているような場所へと入るために、けっしてうちとけることはありません。少年が繊細な心をもっていて、虚弱で戦いを好まないなら、かれは敵の一群のなかを歩くことになります。そこでこの問題が与えられました。すなわち最初のルームとは何かと。ある学生はつぎのように考えました。そこは暖炉のあるルームであるべきだ。まわりにたくさんの座席がある大きな暖炉だ。そしてある子供は座ることができ、誰かがやってきて自分のそばに座ってくれないかと期待する。あるいはすくなくとも緊張せずに座ることを選択できるのだ、と。しかしこの課題の展開のなかで、もっともよい場所はコートであるということが見いだされました。あなたは扉を開け、周囲をアーケードで囲まれたコートに入ります。そしてコートのいたるところには、訪れてみたいと思わせるルームの気配が満ちています。そして少年は訪れたく思うルームを選択します。というのも少年は他の少年との人生にいま入ろうとしているからです。この感覚は確かにボーイズ・クラブがどのように機能しているかを正確に知ることよりもはるかに重要なことです。あなたはボーイズ・クラブがどのように機能しているかを知りません。あなたは機能を知らないでプランをつくり、そしてそのプランは機能的なプランよりもはるかに優れたプランなのです。

さて、機能主義について話しましょう。機械は機能的であるといえるでしょう。つまり自転車は機能的です。ビール工場は機能的です。もっともすべての建物が機能的なのではありません。しかし心的な機能という点では、すべての建物は機能しなければなりません。それが工場であっても他のものであっても、もっとも重要な機能である心的機能というものがあって、人びとが含まれている限りは人びとのための場所がなければなりません。たとえ原子力発電所でさえもその建物に人びとがいることを考慮しなければなりません。あらゆるもののための諸々の場所がありますが、しかし建物と人びととの関わりに関しての欠くべからざることがあります。そしてその感覚がすべてのものを計算可能であるとはしない建築の新しい時代をもたらします。クライアントからプログラムが与えられたとき、プログラムにはロビーに対してどれくらいの床面積が必要かが示されています。たとえばあるロビーに対してクライアントが面積を計量する場合、そこに想定する滞留人数は最大三、四人か、せいぜい一〇人とか二〇人でしょう。ロビーにはエレベーターがあり、階段があり、そこは上の階に行ける場所だからです。さて、もしこのロビーが建築の学校の入口であったなら、これがどんなに間違っているかが分かるでしょう。プログラムは事務所建築に対するのと同じもの、あるいはそれとほとんど同じものを建築の学校についても与えます。それはひとり当りの面積で測られます。つまり一エーカー当り三・五人などというのに類するものです。しかし実際にはロビーはエントランスの場所に変換されます。そしてまったく別なものになります。それはエントランスの空間であって、ロビーではありません。あなたがそれを変換するのです。あなたはギャラリーの価値、つまりそれが廊下ではなくてギャラリーであるときの結び合わす素晴らしい価値を知っているので、廊下をギャラリーに変換します。まず最初になさねばならない重要なことは、予算を経済的なもの、つまり価値あるものにすることです。これは同じ金額を使うにしても、予算があなたの行うことを支配すべきではないという態度を意味します。あなたは当面の予算範囲のなかで価値あるものを見つけねばなりません。しかしクライアントにとって価値あるものをもたらすためには予算の限度を越えるものであっても提示すべきです。これもまたあなたの義務です。何事かに屈服するかどうかは、あなたの本性にのみかかっています。しかし何かの本性と思われるものを描き出すこの試みを経験することは、あなたの究極の力を養う上でどうしても必要なことだと思います。そしてその力がやがて新しい建築をもたらすのです。

さて、いくつかの別の問題がありますが、光はたいへん重要だから、光について十分には語り尽くすことはできません。なぜなら構造は光の賦与者だからです。構造を決定するとき、あなたは光を決定します。昔の建物では列柱が光の表現でした。つまり光なし、光、光なし、光、光なし、光。モデュール（基準単位）は、光－光なし、です。ヴォールトはそれから生じ、ドームはそれから生じます。それらは、光を解放するという同じリアライゼイションから生じます。デザインのエレメントを決定しているときにあなたが考えているのはオーダーです。つまり諸々のエレメントをデザインのなかで完全なものにしてゆくためにどのように考え

てのデザインのなかには、構造のオーダーと建設のオーダーとの差異についての考えがあります。それらは二つの別々の事柄です。建設に対してオーダーが働きかけて、諸々の時間のオーダーをもたらします。それゆえ、構造のオーダーと建設のオーダーとは緊密な関係になります。構造のオーダーはクレーンを意識させることができます。二五トンのものを持ち上げるクレーンは、いまは現れていませんが、現代建築の仕様書に現れるべきです。建築家はつぎのように言います。「私の建物でクレーンが使われている。素晴らしいではないか。クレーンは容易にものを持ち上げることができる」と。しかしかれはクレーンがデザイナーであるとはけっして自覚していません。あなたは二五トンのものを二五トンのものに接合することができます。そして壮大なジョイントをつくることができます。ジョイントは小さな事柄ではないからです。実際、ジョイントのなかにゴールドを挿入したとしても予算を使い過ぎたことにはならないでしょう。ジョイントはたいへん重要なものだからです。その自覚からジョイント－形成が蘇生します。というのはジョイントはオーナメントの元初であると信じられるからです。どのくらいのものを持ち上げることができるかということは、別の単一のものと結合する単一のものをつくる場合の考え方全体に動機を与える事柄であるべきです。構造のオーダーにおいても、こうしたオーダーに即した決定というものがあり、たとえば梁は柱を必要とすると考えて私がアーメダバードで決定したことはそういうものでした。柱は梁を必要とします。壁の上に置かれた梁というようなものはありません。そして煉瓦の梁はアーチだから、コンクリートの梁も柱も使いたくないと言って私がなした決定に従うとき、アーチを用いることは非常に自然なことになりました。というのは、アーチは煉瓦の性質である壁構造に属するものであったからです。そして私はアーチに触発されたあらゆるものを位置づけ、アーチに関わる多くのものを考案しました。たとえば、二〇フィートほどの広がりをもつ大きなアーチや、アーチの突き広がる力を拘束するコンクリート部材を用いた低いアーチなどがそれです。そしてコンクリート部材との併用によって、壁の開口部の立ち上がりは低くおさえられ、空間にみあった開口を与えることができました。つまりコンクリートと煉瓦が一緒に働くコンポジット・オーダーをつくりました。言うなれば構造のセンス、煉瓦のオーダーのセンス、構造のオーダーのセンスというものがこのコンポジット・オーダーを可能にしました。デザインは展開します。それはあなたがもっとも独自の素晴らしい方法でなしうる方法についての思索です。なぜならあなたはつぎのことを認識するからです。すなわち構造にはオーダーがある。素材にはオーダーがある。建設にはオーダーがある。空間にはサーヴァント・スペースとサーヴド・スペースという仕方のオーダーがある。光には、それが構造によって与えられるという意味でオーダーがある。そしてこれらのオーダーの意識が感じ取られるべきであると。

講演の終わりに、一三世紀のペルシャの詩人、ルーミー[*25]の物語を想い起こしましょう。かれはひとりの詩人について書いています。私はペルシャ語を読みませんから、詩句を原語でここに書くわけにはいきません。そしてその詩を読んだのはずいぶん昔のことですから英訳の詩句も書くことはできませんが、それはこういう話です。一人の尼僧が春の庭を通り過ぎます。もちろんまばゆいばかりに美しい日でした。尼僧はあらゆるものを観察しながら庭を通り過ぎ、自分の家の敷居までやってきました。そして感嘆のあまり立ち止まりました。つまり敷居のところに立って室内を見ました。そのとき侍女が尼僧のもとにやってきてこう言いました。「尼僧さま、尼僧さま、外をごらんください。そして神さまのおつくりになった驚異をごらんください」と。そこで尼僧はこう応じました。「ええ、承知していますよ。しかし内部をごらんなさい。そして神さまをごらんなさい」と。この物語はこう言いかえることができます。人間の

*25 ルーミー(Jalal al-Din Muhammad Rumi, 1207-1273)。一三世紀ペルシャの神秘主義詩人。神秘主義文学の傑作『精神的マスナヴィー』および『四行詩集』がある。神秘主義的瞑想の深淵を醒めた反省的意識によって言葉に移す。その作風はきわめて哲学的である。

つくったものは[*26]まさしく神の示現であると。

＊26　人間のつくったもの（what man has made）。ルームのこと。別のテクスト（「スペースとインスピレーション」）の同じ詩の引用の後につぎのように言う。ルームがつくられたということを自覚することは何と素晴らしいことだろうか。人間がつくるものを、自然はつくることができないと。

第七章　ライス大学講義

ひと月ほどまえのことです。私はいつものように自分のオフィスで遅くまで働いていました。一緒に働いているある男が私にこう話しかけました。「ひとつ質問をしてもいいでしょうか。これは私の心に長い間ありつづけた問いですが……あなたはこの時代をどのように描写しますか」と。

かれはハンガリー人で、ソビエトがハンガリーに侵攻したときにアメリカにやってきました。私はかれの問いについて考えつづけました。答えのわからない問いに答えることが私を魅きつけたからです。

私はカリフォルニアで起きている出来事について、ニューヨーク・タイムズで読んだところでした。

カリフォルニアを訪れたとき、私はバークレーを通りすぎ、その変革[*1]の実情と政治機構の将来への希望に注目し、そしてこう感じ取ったのです。最近読んだものに従って言えば、言葉なしに詩を書こうとしている詩人たちがそこにいたのだと。

心のなかのすべての事柄を吟味しながら、

＊1　変革。第五章＊7を見よ。

少なくとも一〇分のあいだ私はじっと動かずに座っていました。

そして、ついにガボア[*2]に向かってこう言いました。

「白い光の影は何だろうか」と。

ガボアは人が言うことを繰り返す癖がありました。

「白い光……白い光……わかりません」

そこで私はこう言いました。

「それは黒だよ。だけど心配しなくてもいいよ。白い光も黒い影も存在しないのだから」と。

現代という時代は、太陽が審査されて[*3]おり、
また、私たちの諸々のインスティチューションが審査されている時代だといえます。


私は、太陽の光が黄色であれば、その影は青色だと教えられました。

しかし、現代は白い光と黒い影ともいうべき時代だと確信します。

だが、これは何ら恐れるようなことではありません。

というのは、やがて鮮やかな黄色の光と美しい青色の影が生じるはずだからです。

すなわち、変革は新しい驚異の感覚をもたらします。

私たちの新しいインスティチューションは、驚異からのみ生じることができます……

分析からはけっして生じることはありません。

＊2　ガボア（Gabor)。ガボアの特異な性格についてティンはつぎのように記している。「カーンの人生における奇妙な人物は、ガボアであった。かれは自分では、建築の夢想家であり教師であると名乗っていた。フォーマルではあるが、やや着古した服を身にまとった、背が高く痩せぎすの男ガボアは、ハンガリーから革命を逃れてきているとうわさされていたが、かれの専門家としての経歴は、ペンシルヴェニア大学でかれを知る人々にさえ知られてなかった。ガボアはしばしば修士課程のカーンのスタジオやデザインの講評会に出没し、そこで特異な主題や、建築一般についての哲学的論議を楽しんだ。しばしばかれは夜遅くちょうど思いついた考えについての議論をするためにカーンの事務所に現れて、カーンはかれと夜中の二時や三時まで議論したものだった。ガボアの詩的で神秘的な雰囲気、およびイメージとしての言葉の使い方は、カーン自身の思考方法にも刺激を与えた」（A.Tyng, 前掲書、香山・小林訳、二四ページ）。
＊3　審査されて（on trial)。第二章＊2を見よ。

私はこうつづけました。「よろしいですね、ガボア。もし建築以外のもので、
私がなりたいと思うものをあげるとしたら、それは新しいお伽話を書くことでしょう。
なぜなら、飛行機や機関車など、私たちが考えだした素晴らしい道具は、お伽話から生じたの
だから。すべては驚異から生じたのです」と。

ガボアとの対話は、
プリンストンで三回つづきの連続講義をする予定になっていたときのことでした。
その講義の標題を決めていなかった私は、秘書からプリンストンの広報課へ演題を示すように
言われて、悩まされていました。
ガボアと議論したその夜、私は演題を決めました。
(限られた問題だけでなく、あらゆることに関心をもつ人が身近にいるのは何と素晴らしいこ
とでしょうか)

ガボアはあらゆることに関心があります。
実際、かれは「言葉」それ自身の意味を愛しているので、
フィディアス*4の一片の彫刻とひとつの言葉とを対等のものだと捉えようとします。
かれは、言葉には二つの特性があると考えます。
一者は、測り得る特性であって、言葉の日常的な使用に関わり、
また他のひとつは、言葉がそもそも存在するという驚異であり、これは測り得ない特性です。

*4　フィディアス（Phidias, 500-432B.C.）。古代ギリシャの彫刻家。パルテノン造営の監督。アテネの守護女神アテーナー立像の作者。

そこでプリンストンでの講演の標題をこのように決めました。
第一の講演を、「建築、白い光と黒い影」と名づけ、
第二の講演を、「建築、人間のインスティチューション」と名づけ、
そして第三の講演を、「建築、この途方もないもの」と名づけました。

この途方もないものの圏域に、柱の出現の驚異[*5]が立ち上がります。
柱は壁から生まれたのでした。
壁は男のためによく尽くしました。
壁は、その厚さと堅固さのうちに、男を破滅から守りました。
しかし、やがて外を見たいという意志によって、
男は壁に穴を穿ちました。
壁は大そう悲しんでこう言いました。
「何ということをなさるのですか。
私はあなたを守ってきたし、安心させもしました。
それなのに私に穴を穿つなんて」と。
男は、「それでも外を見たい。私には素晴らしいものが見える。
私は外を見たいのだ」と言いました。
そこで、壁はさらに深く悲しみました。

やがて、男は壁をただ穿つだけではなく、

＊5　柱の出現の驚異（marvel of the emergence of the column)。柱の意味発生をいうこの物語は、アルカイク期の神殿においてカーンが洞視する元初の光景である。外を見たい意志をもつ人間（沈黙の事象）と壁（闇、つまり光の事象）との対話として構成される。

分別のある開口を設け、美しい石で飾りつけました。
そして開口の上にまぐさ石を置きました。
ほどなく壁はたいそう嬉しく思いました。

壁面形成のオーダーは、
開口を含む壁面構成のオーダーをもたらしました。
そのとき、柱が生じました。
開口であるところをつくれば、
開口のないところができるように、
それは、いわば自然に生じたオーダーでした。
諸開口のリズムは、そのとき壁自身によって決定され、
壁はもはや壁ではなく、
列柱と諸開口の連なりとなりました。
そのようなリアライゼイションは自然のなかではけっして生じません。
そのリアライゼイションは、
表現を求める魂の驚異を表現しようとする、
人間の神秘的な感覚から生じます。

生きる理由は表現することであり……
憎しみを表現することであり……愛を表現することであり……
その人の才能を余すことなく表現することであり……

すべての触れ得ないものを表現することです。
心は魂であり、
頭脳は道具である。われわれは心からかけがえのなさを引き出し、
頭脳から態度を選び出します。

ゴーゴリの物語は、山、子供、そして蛇の物語でもありえました。
それは、このように〈選ばれる〉ことも可能でした。
自然は選択しません……自然はその法則を解き明かすだけであり、
あらゆるものは状況の相互作用によってデザインされ、そのなかで人間が選択します。
芸術は選択を含み、
人間は人間が成し遂げるすべてを芸術において成し遂げます。

自然がつくるあらゆるもののなかで、自然はそれがいかにつくられたかを記録します。
岩のなかにはその岩の記録があります。
人間のなかには人間がいかにつくられたかの記録があります。
われわれがこのことを意識するとき、宇宙の法則について感覚します。
ある人たちは、ただ一本の草を知ることから宇宙の法則を再構成することができます。
一方、実に多くのことを学ばねば、
宇宙そのものであるオーダーの発見に必要なことに気づかない人もいます。

学ぶインスピレーションはわれわれの生き方から生じます。

われわれは、われわれの意識存在を通して、
われわれをつくった自然の役割を感覚します。

われわれの学ぶことのインスティチューションは、学ぶインスピレーションから生じます。

学ぶインスピレーションは、われわれがいかにつくられたかの感覚です。

しかし学ぶことのインスティチューションは、まず第一に、表現することに関わります。

生きるインスピレーションは、確かに、学ぶこと、表現することに仕えます。

宗教のインスティチューションは、問うインスピレーションから生じ、
問うインスピレーションは、われわれがつくられたその仕方から生じます。

建築家が専門家としてなしうる任務のなかで、
あらゆる建物が人間のインスティチューションに仕えねばならないと感覚することに優るものを私は知りません。
それが政府のインスティチューションであろうとも、
住まいや学ぶことのインスティチューションであろうとも、
あるいは、健康やリクリエーションのインスティチューションであろうとも。
今日の建築の大きな欠乏のひとつは、
諸々のインスティチューションが正しく定義づけられることなく、
プログラムの作成者の定めるがままに、たんなる建物として建てられているということです。

プログラムを再考するとはどういうことか、いくつかの事例をお話しましょう。

大学での授業で、私は私のクラスの学生に修道院の課題を与え、そして、隠遁者の共同体が存在すべきだと感覚するひとりの隠遁者という役割を想定しました。

私はどこから着手すればいいのでしょうか。
隠遁者たちのこの共同体をどう感覚すればいいのでしょうか。
われわれはプログラムをもたずに、まる二週間、本性について議論しました。
(ここで本性というのは、隠遁者の立場になって得られるリアライゼイションのことです)

インドの女学生が最初に意義ある所見を与えてくれました。
その女学生はこう言ったのです。
「修道院では、あらゆるものが独居房から始まるべきだと確信します。
独居房から礼拝堂の存在する正当性が得られるでしょう。
独居房から黙想室や工房の存在する正当性が得られるでしょう」と。
もうひとりのインドの学生はこう言いました。
(インド人たちの心は非常に超越論的な仕方で働きます)[*6]
「私は、そのことにまったく同意します。しかしつぎのことをつけ加えたい。
食堂は礼拝堂に同等でなければならないし、
また、礼拝堂は独居房に同等でなければならないし、

*6　超越論的な仕方(transcendent ways)。超越的とせず、意味をとって、超越論的と訳す。超越(transcendence)の問題は、リアライゼイションの問題である。

さらに、黙想室は食堂に同等でなければなりません。
なにものも他のものより優れているということはありません。」

さて、クラスのもっとも優秀な学生はイギリスの学生でした。
かれは素晴らしいデザインを提示し、ひとつのエレメントをつけ加えました。
それは建物の外側に設けられた暖炉でした。
かれは、火の意味、つまり火の暖かさと頼もしさが否定できないものだと感じ取りました。
かれはまた瞑想室を修道院から半マイル離して設置し、*7
そして、独立した瞑想室を設けることは修道院への敬意であって、
修道院の重要な役割が瞑想室に与えられるべきだと説明しました。

われわれの思索がどのように素晴らしいかを教えてもらうために、
ひとりの修道士をピッツバーグから招きました。
陽気な修道士であるかれは、大きなスタディオで生活する画家で、
独居房の生活を好みませんでした。
かれはわれわれのプランをからかい、
とりわけセンターから半マイル離れて設けられた食堂の存在について嗤いました。
そして「私ならベッドのなかで食事をしたほうがずっとましだ」と言ったのです。
かれが帰ったあとでわれわれはひどくがっかりしましたが、
しかし、そのときこう考えました。
〈でも、かれはひとりの修道士にすぎない。かれはそれ以上のものを知らないのだ〉と。

＊7　瞑想室を修道院から半マイル離して設置し。別のテクスト（建築についてのステートメント）には、食堂を、中央施設から半マイル離し、瞑想室に至る途上に描いたと記述されている。つまり、①修道院－②食堂－③瞑想室　と配され、①と②が半マイル離れていたと解される。八行あとに、センターから半マイル離れた食堂、という記述もある。いずれの記述も正しいとするならば、②と③がほぼ同じ位置（センターから半マイル離れたところ）にあり、しかも、①－②－③の順に配されていたのであろう。ここでの半マイルは、実際の距離をいうのではなく、離れたところ、しかもてんなに遠くではない、の意味に解される。

われわれは問題を展開しました。
われわれのプランにはいくつかの素晴らしい解がありました。
それらの解が、所要面積を示すだけの死んだプログラムから生じたものではないと自覚したことは、非常に価値のあることでした。
食堂の本性やその他の施設の本性についての通常の見方は無視されたのです。
審査のときにローランド神父がやってきて、
修道院の型破りの案に対しても共感を示してくれましたが、
最初のプログラムは通常与えられるもののように死んだものでした。
そのプログラムには、どのような新しい感覚も、どのような生きる意志もなく、
それだからこそ、学生たちは大いに触発されたのです。
それぞれの学生は異なる解決法を示し、
それでいてすべての案には新しい生命と新しいエレメントの感情がありました。
私はここですべてを描写できませんが、
まさに再考することで始まった事柄は、新しい元初の力とともに現れ、
そして、その元初において、新しい発見が現在のコンテクストのなかでつくられうるのです。

私が大学で与えた課題がもうひとつあります。
それはボーイズ・クラブの課題で、いまもっとも関心が向けられているものです。
ボーイズ・クラブとは何でしょうか。
ともかくも〈場所〉を設立することが必要でした。

場所への探求が、クラスの人たちにつぎのような感覚を引き起こしました。つまり、クラブの近隣の道路を閉鎖し、好ましくない通過交通を排除することができれば、それは素晴らしいことだと。

通過交通は遮断され、車が障害となっていた街路には新しい生命が与えられました。交差点は小さなプラザにつくり替えられ、ともかくもボーイズ・クラブをそこにつくることが可能であるかのように見えてきました。その単純な条件づけだけで、かつての街路がそうであったように、街路は駐車場にもなるし、遊び場にもなりました。

私は子供の頃、一階の窓からフットボールの球を投げたものです。われわれは遊び場〈へ〉出かけることはありませんでした。つまり、遊び場はどこからでもただちに始まったものです。遊びというものは触発されるものであって、準備されるものではありませんでした。

ボーイズ・クラブの本性について議論しているとき、ある学生がやってきてこう言いました。「私はボーイズ・クラブは納屋であると思う」と。もうひとりの学生は、最初にそれを考えつかなかったことを悔しがって、「そうではない、それは小屋であると思う」と言いました。（この発言はたいした貢献にはなりませんでした）

このクラスに出席していた先のガボアは、求められなければ何も発言しません。
すでにボーイズ・クラブの本性についての検討を始めてから三週間が過ぎていました。
私はガボアに「ボーイズ・クラブは何だと考えますか」と問いかけました。

「ボーイズ・クラブは〈そこから〉出かける場所[*8]です。
それは〈そこへ〉行く場所[*9]ではなく、〈そこから〉出かける場所です。
それは、精神において人が〈そこから〉出かける場所であって、
〈そこへ〉行く場所ではありません」とかれは言いました。

われわれが白い光と黒い影について考えるなら、それは素晴らしいことです。
〈なぜ〉この変革なのでしょうか。
それは、人びとがともかくも事柄に直面し、
不意に人間のインスティチューションについて疑いを抱くからです。
この変革からさらに素晴らしい事柄が生じるでしょう。
それは、端的に言って、事柄の再限定[*10]です。

学校は、〈そこへ〉行く場所でしょうか。それとも〈そこから〉出かける場所でしょうか。
この問いに対して私はいまだに答えを決めかねていますが、
しかし、自分自身に問うことは大切なことです。

*8 〈そこから〉出かける場所（a *from* place）。
*9 〈そこへ〉行く場所（a *to* place）。

*10 事柄の再限定（redefinition of things）。プログラムの再編成（reprogramming）。再考（reconsideration）、書き直すこと（rewriting）と同じ。繰り返し発言されている re- の意味は、潜在的なものを顕在化する方法をいう。事柄に立ち向かうこの方法的態度を問うことが変革（revolution）そのことである。

あなたは学校を計画するとき、セミナー室を七室……、なんて決めてかかるでしょうか。
それとも、学校というのはどこか触発される場所としての特性を備えているものではないか、
というように問いかけるでしょうか。
ともかくもそこで対話をし、そして対話の感情を受け取る場所ではないでしょうか。
暖炉のある空間もありえるのではないでしょうか。
廊下ではなく、ギャラリーがありえるのではないでしょうか。
ギャラリーはまさに学生たちのクラスルームです。
そこで教師が言ったことを十分に理解できない少年が、他の少年に、
つまり異なる耳をもった少年に話しかけることができ、
そして少年たちはともに理解できるようになります。

私がいま設計している修道院には、ゲートにもなりうるエントランスの場所があります。

そこは、現在、準備が進められている全宗教の招聘[*11]に際して、飾りつけられる場所です。

しかし、全宗教はそのゲートにのみ入ることが許されます。

なぜなら、修道院の神聖さが保持されねばならないからです。

ソーク生物学研究所の設計の折のことですが、
ソーク博士が私のオフィスにやってきて、研究所の建設を依頼したとき、
そのプログラムはまったく単純なものでした。
かれは「ペンシルヴェニア大学医学研究所はどれくらいの面積でしょうか」とたずねました。

＊11　全宗教の招聘。別のテクスト（建築についてのステートメント）に、ゲートウエイは世界宗教会議（the Ecumenical Council）のセンターである、と言われている。

私は一〇万平方フィートだと答えました。

かれは「ぜひ成し遂げたいことがひとつあります。
ピカソを研究所へ招きたいのです」と言いました。
ソーク博士がほのめかしたことは、
どんな微細な生物にもそれ自身であらんとする意志があるが、
測り得るものに関わる科学にも、この同じ意志があるということです。
微生物は微生物であらんとし、
(神をもおそれぬ動機のゆえに)
バラはバラであらんとし、
人間は人間であらんとします。表現することとして……。
それは、ある向き、ある態度であって、
あるものが、他の方向ではなく、まさしくある方向[*12]へ動き、
この意志を可能にするための手段を求めて自然へと働きかけてきました。
表現せんとする偉大な願望が、科学者ソークによって感覚されたのです。
他の精神活動に心を開くことのない科学者が、
何よりも必要としているのは測り得ないもののプレゼンスです。
そして、測り得ないものは芸術家の圏域です。

芸術は神の言葉です。[*13]

＊12　ある方向（one direction）。意志（will）は意識の志向性（conscious direction）と規定される。

＊13　芸術は神の言葉です（it is the language of God）。芸術は、超越の言葉（transcendent language）、人間の唯一の言葉（only language of man）とも言われる。

科学は、すでにあるものを見いだすが、
芸術家は、そこにないものをつくります。

この考えがソーク研究所を変えました。

ペンシルヴェニア大学の研究所のような単純な建物から出会いの場所を求める建物へと。

その出会いの場所は研究所棟とまったく同じ大きさのものでした。(図21)

それはアート・ロビーの場所でした。

つまり美術と文芸の場所。

それは食事をする場所でした。

なぜなら、ダイニング・ルームに優るセミナー室を私は知らないからです。

そこには体育場がありました。

そこには科学者ではない仲間の場所がありました。

そこにはディレクターのための場所がありました。

そこには、たとえばエントランス・ホールのような、名前のない諸々のルームがありました。

エントランス・ホールはもっとも大きなルームでした。

しかし使われ方が示されていませんでした。

ホールのまわりをぐるっと廻って行くこともできました。

つまり、ホールを通り〈すぎ〉ねばならないことはありませんでした。

そしてエントランス・ホールは、もしお望みなら、宴会場にもなりうる場所でした。

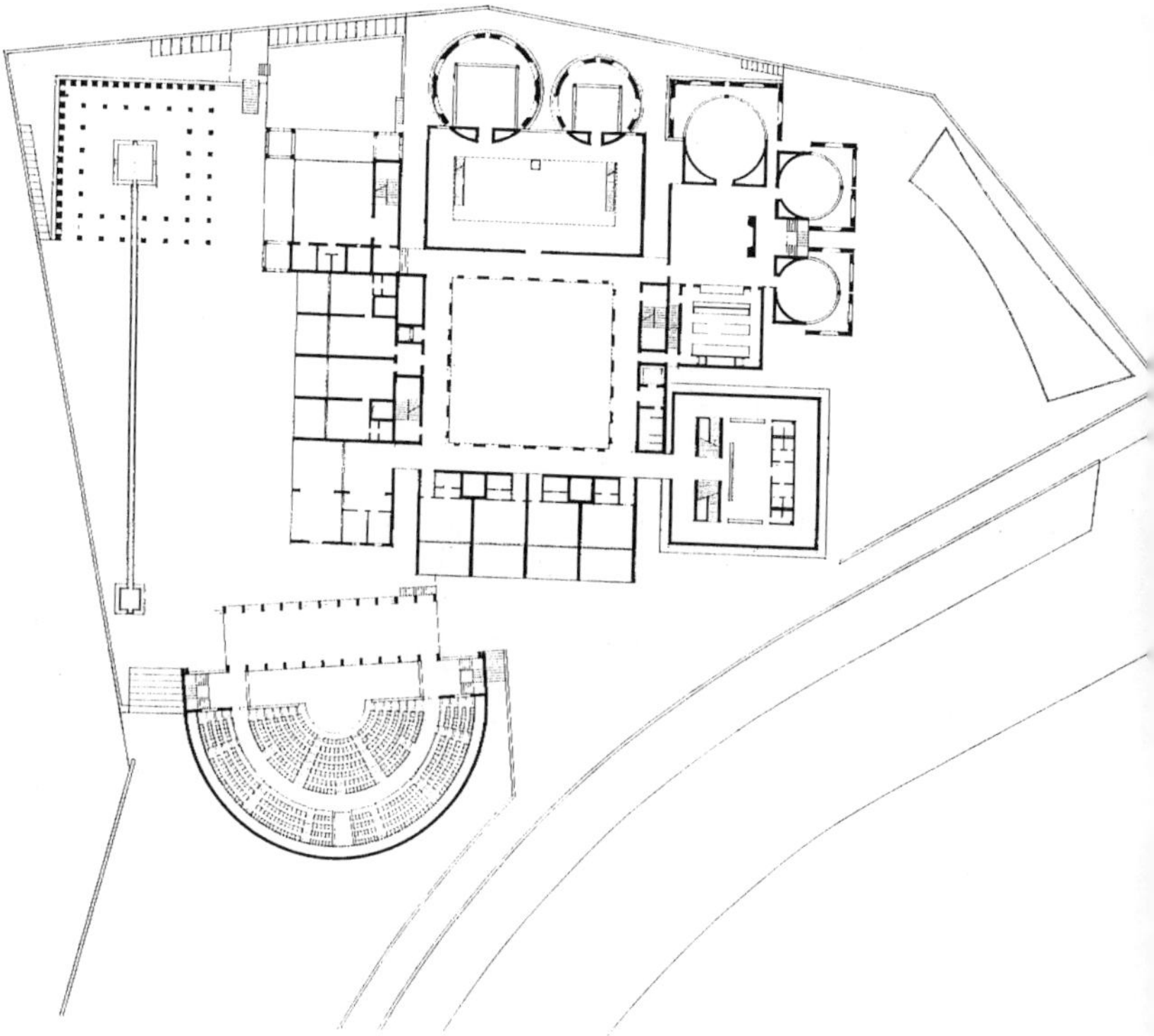

図21　ソーク生物学研究所集会場、平面図

挨拶をしたくない人に挨拶をしなければならないような貴族趣味の立派なホールへは誰も行きたくないものです。

それは科学者も同じです。

科学者たちは、少し離れたところにいる誰かが、自分とまったく同じ研究をしているのではないかという恐れに包まれています。

かれらは本当にそれが恐いのです。


これらの対策と考慮のすべてがプログラミングです。

（もしそれをプログラミングとよびたければのことですが）

しかしプログラミングはあまりにも鈍い言葉です。

これは、あることを行うのによい空間圏域の本性のリアライゼイションです。

さて、いくつかの空間は、変更されるべきだと考えられるかもしれません。

もちろん変更されるべき空間もあります。

しかし同時にまったく変更されるべきでない空間もあります。

それらは完全なインスピレーションであるべきであって……

端的に〈ある〉べき場所[*14]であって、
人びとが出入りすることを除いて変化しない場所です。

それは、何度も足を踏み入れながらも、五〇年後になってつぎのように言うような空間です。

「ねえ、これ知っていた？　あれに気づいていた？」

それはインスピレーションに満ちた全体であって、

＊14　〈ある〉べき場所（the place to *be*）。

たんなるディテールやからくりのような、こうるさいものではありません。

それはいわば天空におおわれるように空間に包囲されるようなことです。

それは私には非常に重要なことです。

建物は、世界のなかの世界です。

礼拝の場所、住まいの場所、あるいは他の諸々の人間のインスティチューションの場所、
それらを具現する諸々の建物は、自らの本性に真実でなければなりません。


生きつづけねばならないのは、この考えです。

もしこの考えが死ねば建築は死にます。

建築が死んでしまうことを望んでいる人はたくさんいます。
というのも、かれらは乗っ取りたいと思っているからです。
しかし、残念ながらかれらには全体をみる能力がありません。
多くの人は今日、余りにもマシーンに信頼を寄せすぎています。
マシーンを、人間がもつもっとも偉大な力である建築から分離してはならないのです。
このままでは、建築のない都市を手にすることになるかもしれないが、
もしそうなれば、それはもはや都市ではないでしょう。
私はプランニングには未踏査の領域があると確信します。
もしそれを建築家に手渡しさえすれば、すべてはよくなるでしょう。

しかしながら、都市のなかにはいまだ未踏査の諸々の建築があり、
オーダーの建築はいまだ未踏査の状態に置かれています。
なぜわれわれは遠方に貯水場をつくり、遠方から水を運ばねばならないのでしょうか。
交通の交差点は、なぜ連続性[*15]を与える場所でないのでしょうか。

都市の他の諸々の要求については、それほど緊急に考えることはないが、
ともかくも、まっ先に水への配慮が必要です。

というのは、水はますます高価なものになっているからです。

水のオーダーというものがなければなりません。

つまり、噴水の水とエアコン・プラントの水は飲料水と同じ水である必要はありません。


私はインドの街を建設する予定です。あるいは少なくともそのように命じられています。

その街でのもっとも重要な建築は給水塔となるでしょう。

給水塔は都市サーヴィスの諸々の場所の中心に置かれるでしょう。

給水塔はおそらく道路の交差点に設置されるでしょう。

そこには警察署や消防署を見いだすこともできるかもしれません。

この場所は建物ではなく……

それは道路の延長といえるでしょう。

交通は旋回しながら飛行機に到達します。

私の設計する交差点は飛行機に乗り込む場所であるかもしれません。

＊15 連続性（continuity）。一二行あとの、交差点は、飛行機へ乗り込む場所、に符合する。

ダラス空港でのエーロ・サーリネンの解は、[*16] エントランスの場所の美しい解だと思います。

交通のパターンが同じではないので、おそらく陸と空の交通は同じとはいえませんが、
しかし、どこかに到着するという感覚がそこにはあります。

また、その場所ですべてのサーヴィスを得るという感覚があります。

そして、飛行機に乗り込む目的のためにつくられた車のなかへ行きます。

ダラス空港は、それぞれの会社が自分自身の小さな家をもつ空港に比べてはるかに優れています。

こうした空港では、あなたは罠にかけられます。それはまさに陰謀です。

それらの空港は人に対して優美ではないし、人を心細い気持ちにさせます。

つまり、どこか他にいるべきときに〈ここ〉にいるという具合なのです。


われわれは午後のはじめに建築教育の三つのアスペクトについて語り合いました。

実は、私は建築をまったく教えていないと思います。

しかし、自分自身には教えています。

さて、建築教育の三つのアスペクトはつぎのように言えます。


最初のアスペクトは〈プロフェッショナル〉です。

専門家として、あなたは一切の制度上の関わり合いや、あなたに仕事を委託した人との関わり合いのなかで、あなたの行為を学ぶ義務があります。

＊16 サーリネンの解。サーリネンのダラス空港ターミナル・ビルの考えは、飛行機に搭乗するときの不便さと時間のロスの解決法にある。かれは、建物のなかを歩いたり、フィンガーを渡ったりするのではなく、「モービル・ラウンジ」を採用した。これは出発ラウンジに車がついたようなもので、時間がくれば建物から離れ、遠くに駐機しているジェット機へラウンジごと動いていくという考えである。これがターミナル・ビルのデザインをシンプルなゲートにすることを可能にした。

この点に関して、あなたは科学とテクノロジーの区別を知らねばなりません。

美学上の諸々の規則もまた専門家の知識を構成します。

専門家として、クライアントのプログラムを、この建物が仕えるインスティチューションの諸々の空間へと変換しなければなりません。

それはスペース‐オーダー、あるいは人間の活動のスペース‐レルム（空間‐圏域）といえるでしょう。

このようなことは専門家としての責任です。

あたかも医者の処方箋にそって調合するかのように、
プログラムを受けとって、ただクライアントに渡すようなことはするべきではありません。


もうひとつのアスペクトは、〈自己を表現するために〉人を鍛えることです。

これは人間の特権です。人は哲学の意味、信仰の意味、信念の意味を与えられるべきです。

人は他の芸術を知らねばなりません。

私は何度も用いてきた事例によって説明しますが、
建築家は、建築家の特権を自覚しなければなりません。

かれは、画家がもし望むならば人びとを上下逆さまに描くことができることを知らねばなりません。

というのは、画家は重力の法則に答える必要がないからです。

画家は出入口を人よりも小さくつくることができます。昼の空を黒くすることができます。

飛べない鳥をつくることができます。走れない犬をつくることができます。

なぜなら、かれは画家だからです。

画家は青く見たものを赤く塗ることができます。

彫刻家は戦争の無益さを表現するために、大砲に四角い車輪をとり付けることができます。

建築家は丸い車輪を用いねばなりません。

また、出入口を人より大きくつくらねばなりません。

しかし建築家は、他の諸々の権利……つまり建築家自身の権利をもっていることを学ばねばなりません。

このことを学び、理解することによって、人間は自然がつくることのできない驚くべきものをつくる道具を獲得します。

その道具はたんに物理的な妥当性ではなく、心的な妥当性をつくります。

というのも人間は自然と違って、選択できるからです。


学ばねばならない第三のアスペクトは、〈建築は存在しない〉ということです。

建築の作品だけが存在します。

建築は心のなかに存在します。

建築作品をつくる人は、建築のスピリットへの捧げものとして建築作品をつくります。

そして、スピリットはスタイルもテクニックも方法も知りません。

スピリットは、それ自身を示すものをひたすら待ちます。

〈そこに〉建築があり、それは測り得ないものの具現[*17]です。

人はパルテノンを測ることができるでしょうか。

＊17 具現（embodiment）。物体化とも訳せる。独語の Verkörper-ung に同じ。

それはできません。そんなことをすれば完全なぶちこわしです。

人間のインスティチューションを満たす素晴らしい建物、パンテオンを測ることができるでしょうか。


ハドリアヌス[*18]がパンテオンを思いついたとき、かれは誰もが祈ることのできる場所を望んだのです。

何と素晴らしい解でしょうか。

それは方向性のない建物であり、正方形でさえもありません。

正方形であれば、どこか方向性やコーナーを与えるでしょう。

〈そこに〉あるいは〈ここに〉祭壇があると言うことはできません。

上方からの光は近づきがたいほどです。

人はその下に立つことができません。

つまり、光はナイフのようにあなたを切る……

それゆえ、人は光から離れて立とうとします。


何と素晴らしい建築の解でしょうか。

パンテオンはすべての建築家のためのインスピレーションであるべきです。

この建物は、そのように考えられたのです。


——五〇年後の建築はどのようになっているでしょうか。そしてわれわれは何を予想できるでしょうか。

*18　ハドリアヌス（Publius Aelius Hadrian, 76-138）。ローマ皇帝。建築を愛好し、治政の半ばを諸州の視察旅行に費やし、各地に遺跡をのこす。ローマでは、「ウェヌスとローマの神殿」を建て、パンテオンを改修し、みずからの霊廟を造った。パンテオンについては第四章＊1を見よ。

人は予想できません。

私はある話を思い出します……。

私はジェネラル・エレクトリック・カンパニーから宇宙船のデザインを手伝うように依頼されて、連邦捜査局（ＦＢＩ）によってそれが許可されました。

私は手にあまる仕事をもっていましたが、ともかくも宇宙船について話すことはできました。

私は非常に長いテーブルを前にして、一群の科学者に会いました。

かれらは多彩な風貌の集団でした。

パイプをくわえ、口髭をたくわえ、灰色の髪をしていました。

どうみても普通ではない、風変わりな人びとのように見えました。

ひとりがテーブルの上に絵を置き、こう言いました。

「カーンさん、五〇年後の宇宙船がどのようになるかをあなたにお見せしたい」と。

それは素晴らしい絵でした。

宇宙空間のなかを人が遊泳し、魅力的で、複雑そうな機械が漂っている美しい絵でした。

これを見て人は遅れを取ったと思い、傷つけられるでしょう。

その利口そうな男が絵を示して、「これが五〇年後の宇宙船だ」と言うのを聞いて、あなたは自分の知らないことを相手が知っていると思うのです。

ただちに「そのようにはならないでしょう」と私は言いました。

そのとき、科学者たちは椅子をテーブルに引き寄せて、座り直し、

「どうしてそれが分るんですか」と言いました。

簡単なことです、と私は応じました。


もし五〇年後にどうなるかを知っているなら、あなた方はいまそのようにできます。

しかし知ることはできません。あるものが五〇年後にどうなっているかは、なるようになっているとしかいえないからです。

つねに真実でありつづける、ある本性というものがあります。
あるものが将来どう見えるかは、現在とは変わるでしょうが、
しかし、それが応答しているものは、将来も変わりません。
それが、世界のなかの世界[*19]ということです。
ものが変わらずにあるということは、そういうことです。
あなたは包囲されるとき、外部世界は別の世界になるでしょう。
そうなるのは、世界の本性がそういうものだからです。

今日、ものごとをいまあるのとはまったく違って見えるようにしようとしている人たちがいるようです。

もしその機会があるとしてのことですが。

しかしながらその機会はありえないと思います。

なぜなら、かれらが考えているような、いわば現実から遊離したものには、

＊19　世界のなかの世界（a world within a world）。ここでは、つねに真実である本性（natures）のこと。カーンはこの言葉を、本性の意味と、本性が現れる場所（つまり内部としてのルーム）として用いている。第六章＊19を見よ。

そのもの自身の存在意志はないからです。
ルドゥのドローイングを見てください。とても興味深いものです。（図22）
ルドゥは街や都市がどのようであるかについて、そこに描かれたような感情をもっていたのですが、
しかしルドゥはこの街を計画し、
そして「街」は現実にはまったくそのようになりませんでした。
それはそんなに昔のことではありません。
かれはこれを想像したのです。

ある人が未来に向けて何かを計画しても、
それは歴史の楽しいひとこまに終わるかもしれません。

なぜなら、それはいまつくられうるものにすぎないからです。

そして、実際に、想像したものをつくってしまう人びともいます。

それは今日可能なことであって、明日あるだろうものの先触れではありません。

人は明日を予想できません。

なぜなら、明日は状況に基づいていて、
状況は予想できないものであり、そしてまた連続するものだからです。

カルティエ＝ブレッソン[*20]の芸術の秘密は、
かれの言うところの〈決定的瞬間〉を探すことにあります。

それは連続し、予想できない状況のなかに、決定的瞬間のための舞台を設けることだといえま

図22　クロード＝ニコラ・ルドゥによるショーの理想都市、一七七五年以後。

＊20　カルティエ＝ブレッソン（Cartier-Bresson）。一九〇八年生まれのフランスの写真家。写真集『決定的瞬間』が知られる。決定的瞬間とは、ごくあたりまえの現実のなかに、自己の内面が外的世界の出来事と交流する瞬間を意味する。ほかに『アジアの顔』『ヨーロッパ人』。

す。

かれはここで起きようとしている事柄を知っていて、ただじっとそれを待ちつづけます。

数年前のことですが、かれが私の写真を撮ったときのことです。

私はかれがそこにいるのを知らずに、いつものように製図室へ入って行きました。

かれはどこかのコーナーに隠れていました。

おそらく、あるコーナーで何時間も待ちつづけ、
そして、私はかれが私を待っているのを知りませんでした。

私はいつものように部屋のなかを歩き廻りました。

私がある製図板の前に立ち止まるのを、かれは待ちつづけていたのです。

そして、やはり立ち止まりました。

というのも、その製図板が美しい中国の少女の席だったからです。

それが理由です。

私は製図板へ歩いて行き、鉛筆をとりました。

そのとき、カシャ、カシャ、カシャとシャッターの音がしました。

かれの用意はすっかり整っていたということです。

かれは決定的瞬間を待ちながらも、そのための舞台をすでに設定していたのです。

かれは素晴らしい写真家でした。

かれはそのような主題を扱っています。かれを通して、私はある芸術の意味と、もうひとつの芸術の意味について学びとりました。

つまり、かれが状況を設定したということで、
かれの芸術が建築とは異なるのだと理解したのです。

――あなたの課題の素晴らしいアスペクトは、何に関係づけられるでしょうか。

私はものの本性を探します。

学校を設計しているとき、

私は「ある学校」ではなく、むしろ「学校そのもの」によってそれを解こうとするでしょう。

まずはじめに「学校」が、なぜ「他のもの」と異なるかというアスペクトがあります。

私はプログラムを文字どおりには読みません。

プログラムは状況的な事柄です。

つまり、どれだけの予算があるのかとか、どこに建つのかとか、

また、どれだけのものを必要とするのかということです。

それらは課題の本性とは関係ありません。

そこで、まず本性を注視し、それからプログラムに関わります。

本性に注目してみましょう。そうすればプログラムのなかに、たとえばライブラリーが欲しいと考えるでしょう。

まず最初になされることはプログラムを書き直すことです。

ただしこれにはプログラムを解釈する何かが伴っていなければなりません。

プログラムそのものは何も意味しないでしょう。

というのは、あなたは空間に関わっているからです。

そこで、ものの本性が何であるかについての考えを含むスケッチに立ち返ります。

そしていつもきまって、プログラムに示された以上の空間が必要になります。というのは、建築家でない人によって書かれたプログラムは、他の学校や他の建物のコピーにすぎないからです。


それはピカソに手紙を書いて、つぎのように言うようなものです。

「肖像画を描いてください……二つの眼の……そしてひとつの鼻の……

また、口がひとつだけの肖像画をお願いしたい」と。

そんなことは言えません。芸術家に話しているのですから。

芸術家にはこうはいきません。

絵の本性は、昼の空を黒く描くことができるということにあります。

赤い服を青く描くことができます。

出入口を人よりも小さく描くことができます。

画家は画家としてのあなたはその特権をもっています。

もし写真を望むなら、あなたは写真家を連れてきます。

もし建築家を求めるとすれば、それは触発された諸々の空間に関わるためにです。

それゆえ、建築家は人間のインスティチューションの活動を触発する環境の本性のために、諸々の要求を再考する必要があります。

学校、オフィスビル、教会、工場、病院のなかで、あなたは人間のインスティチューションを理解します。

――あなたは建物を建てるとき、敷地の分析に同じ方法でアプローチしますか。また周囲の地域の本性を理解しようと努めますか。


通常、敷地の性格とその本性は、敷地がそこにある以上、調査されて〈当然です〉。

建物を、その周囲にあるものの影響なしに、どこかに置くようなことはありません。

そこには、つねにある関係が存在します。


――ダッカのデザインを駆り立てたものは何でしょうか。


これはたいへん漠然とした質問ですね。

しかし、私はいくつかの建物を手がけたので、いくつかの異なる刺激を受けました。

いずれにせよ、それはひとつのエレメントの認識に尽きます。

その刺激は集う場所から生じました。そこは政治に関わる人びとの超越の場所です。

議事堂のなかでは状況的な諸問題が取り扱われます。

議事堂は人間のインスティチューションを設立し、修正します。

それゆえ、議事堂の砦と人間のインスティチューションの砦という両者を対峙させる仕方で、
私は最初から正しく問題を理解することができました。

こうして人間のインスティチューションを象徴化しました。

(初期の案で、建築の学校、つまり芸術の学校と科学の学校とをつくることによって、人間の

インスティチューションを象徴化しました。
二つの学校は、ともに人間によってつくられたものであるけれども、まったく異なります。
ひとつはまったく客観的ですが、それに反して他のひとつはまったく主観的です）
さらに、そこには福祉の場所とよばれる諸々の建物があって、
その場所で、人は身体をもっとも大切な道具として考えるようになり、
そして身体を知り、身体を称えます。

ダッカにおける私のデザイン[*21]は、
実のところ、カラカッラ浴場[*22]（図23）に触発されていて、さらにそれを展開したものです。

この建物の残された諸々の空間は競技場です。

これは、残された空間、見いだされる空間であり、つまりコートです。

競技場の周りには諸々の庭があり、そして競技場の躯体のなかに、
つまり内部にはさまざまなレベルの庭があります。そこは競技者を称える場所であり、
そして、あなたがどのようにつくられているかについての知識を称える場所です。

これらはすべて福祉の場所であり、休息の場所であり、そしてながく生きる方法についての助言を得る場所です……。

これらのことがそのデザインを触発したものです。

私はモスクをエントランスにしました。

エントランスの本性を設けようとしたのです。

というのも人びとが一日に五回、礼拝することに気づいたからです。

＊21　ダッカにおける私のデザイン。カラカッラ浴場に触発されたのは、インスティチューションの砦とよばれる複合施設である。これは、三日月形の湖をはさんで議事堂の砦と対峙して配された。

＊22　カラカッラ浴場（Baths of Caracalla）。二一五年頃のローマの浴場。体育、娯楽読書などの施設が付随する。約三〇〇メートル四方の広大なプラットホームの中央部に、庭園に囲まれた浴場の主屋が建つ。プラットホームの正面の辺には階段と小店がならぶ柱廊、東西の辺にはエクセドラ、背面の辺には観覧席を備えた競技場や図書館が設けられる。主屋は、中央広間が建物の中核を構成し、そのまわりに、冷浴室、微温浴室、温浴室が配される。ほかに熱気室、更衣室、ギムナジウムなどを含む。

プログラムのなかにつぎのような書き込みがありました。
三、〇〇〇平方フィートの礼拝室、敷物を収納する小部屋、これがプログラムでした。

私は三〇、〇〇〇平方フィートのモスクをつくり、
そして礼拝のための敷物はつねに床に敷かれたままにしました。
そして、それはエントランスになりました。
つまり、モスクがエントランスになったのです。
これを当局に示したとき、それはただちに受け入れられました。

――大都市の問題についての質問ですが、五、六人の建築家が共同して特殊な分野の問題に取り組んでいる場合に、問題の規模が外部的な本性を要求しているときでも、ひとりの建築家が問題の解決の有力な手がかりとして、内部的な本性を追求し、表現することは正当なやり方でしょうか。


外部空間を正当化するのは、実のところ内部空間なのです。たとえ内部空間の一部が都市の要求のために提供されることがあるにしてもです。

内部空間の外部空間に対する優越は、ひとりの人間によってその本性が与えられる点にあると思います。

私は委員会がその本性を与えうるとは思いません。

ひとりの人間が本性を与えます。

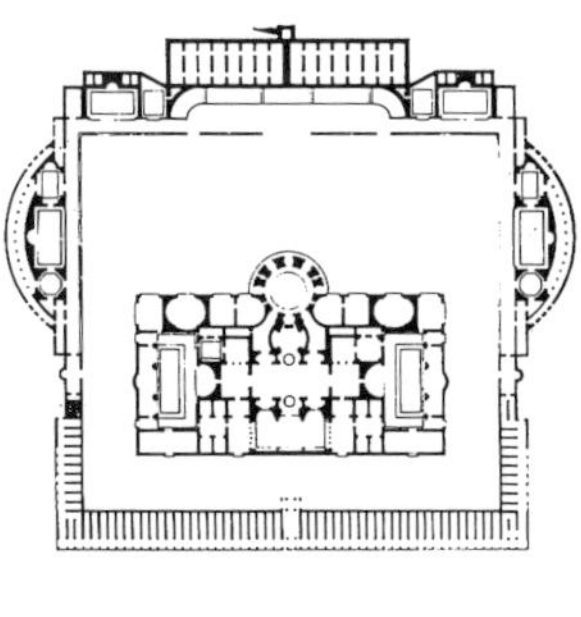

図23　カラカッラ浴場、二一五年ごろ。

このひとりの人間が成し遂げることとは、建物をデザインすることではありません。

かれはプログラムをつくるのだといえるでしょう。

かれは建物にその本性を与えるのです。

ひとりの人間がそれをなしうるのであって、建物をつくることではありません。

したがって、建物の本性を語らずに、建物だけを切り離すのであれば、
あなたは結合したものをもたないことになります。

それは、物理的に結合していても、精神的にはまったく結合していません。

時を経ても、この建物が自らを表現するために真に必要なものは欠落したままなのです。

さて、あなたが都市計画局に出かけるならば、
都市計画局は都市の将来像をあなたに示すべきです。

それは立派なホールであるかもしれません。

そのホールは都市の熱望を示し、大衆に熱望を伝えます。

しかし用意されたプログラムを受け取ってみれば、シティホールといってもただのオフィスビルにすぎないとわかって、がっかりさせられるでしょう。

もしそうなら、大きな衰退が起きています。

私の言う本性とは、インスパイアーすることであって、
インスピレーションを与えるという言い方は、少し強すぎるかもしれません。

私が言いたいのは、あなたが自らの熱望を示すのだということ、
つまり、あなたが信じるもの、臆せずあらわにできるものを示してほしいということです。

われわれはエレベーター、ロビー、都市計画委員会と書かれたドア、
それからカウンター、秘書、たんつぼよりましなものを言おうとしているのです。

都市について考えるとは、さまざまな空間圏域について考えることにほかなりません。

なぜなら、都市は空間の〈宝庫〉をもつものとして考えられねばならないからです。

都市というものを、権限をもつどこかの建築家に任してしまえると考えられるでしょうか。


また、できない建築家もいるからです。つまり、いま述べたような考え方のできる建築家もいるだろうが、任せられないでしょう。

そして、それは委員会によってもなされません。

つまり、あなたはあなたより劣る人たちに、「これは必要ない……これは高すぎる……」などと言われて、否決されるでしょう。

いずれにしても委員会は可能性の発現を妨げるだけです。

では、もしあなたが人間のインスティチューションのひとつひとつ——それは自らを表現したがっているのだが——の本性をひとりの人に委託するとしたら、その建物はどうなるでしょうか。


この場合、人間のインスティチューションの本性を存在させようとするのは、委員会ではなく、ひとりの人間です。

したがって、人間のある作品[*23]が現れるような仕方で、それはつくられていくはずです。

そのとき、あなたは何が価値あるもので、何がそうでないかを知ることができます。

もちろんひとりの人間の作品であれ、その表現が可能であった以上、社会的影響の織り目のなかに属しますが、
しかし、作品が出現するのはひとりの人間に委託したからであり、

＊23　人間のある作品（a man's work）。ある作品が、社会もしくは世界の必要に優先することは繰り返し発言されるモティーフである。別のテクストではつぎのように言われる。世界はベートーベンが『第五シンフォニー』を書きあげる前にそれを必要としたであろうか。それともベートーベンがそれを必要としたであろうか。ベートーベンがそれを望み、そしていまや世界がそれを必要としている。願望が新しい必要を生じさせるのである（建築、沈黙と光）。われわれにはバッハが必要だった／バッハは存在する／それゆえ、音楽が存在する（スペースとインスピレーション）。

社会が生ずるのもそのことからです。
社会から得られるものは結末にすぎません。

―フォームとデザインについて考えるとき、前者が後者の形成者でしょうか。

フォームはシェイプも寸法ももちません。[*24]
フォームは、端的に言って、本性をもち、特性をもちます。
それは不可分の諸要素をもちます。
もしある部分を取り去れば、フォームは消え去ります。
フォームとはそういうものです。
デザインとは、フォームを存在することへと変換することです。
フォームはイグジステンスをもつが、しかしプレゼンスをもちません。[*25]
そして、デザインとはプレゼンスへと向かうことなのです。

しかし、イグジステンスは精神的な存在であって、
それゆえ、それを触れ得るものにするために人はデザインします。
もしフォーム・ドローイングとよびうるもの、
つまりあるものの本性を示すドローイングを描くなら、
あなたはものの本性を示すことができます。

＊24 フォームはシェイプも寸法ももちません (form has no shape or dimension)。別のテクストでは、素材 (material)、シェイプ (shape)、寸法 (dimension) の三つが示される。

＊25 フォームはイグジステンスをもつが、しかしプレゼンスをもちません (form has existence, but it doesn't have presence)。イグジステンス (存在) は心のなかにあるもの。プレゼンスは触れ得るものをいう。

ユニテリアン教会[*26]をどのようにつくるのかと牧師に質問されたとき、
私は、ユニテリアン教会がどういうものかわからないまま、
ただ黒板の前へ行き、かれに答えることになりました。
しかし、建築のドローイングは描きませんでした。
私はフォーム・ドローイング（図24）を描きました。つまり、
あるものの本性を他のものの本性と区別するドローイングを描きました。
そのドローイングがどのようなものかをここで示すことができます。
ここがアンビュラトリー[*27]、
ここが廊下、そしてここが学校です、と私は説明しました。

アンビュラトリーは確信していない人のためにあります。

「私は、それについてもう少し考えたい。まだ、教会のなかに入りたくありません」と。

かれはカソリックであるかもしれないし、ユダヤ教徒であるかもしれないし、
あるいはプロテスタントであるかもしれません。

そして、かれは話を聞きたいと感じ取ったとき、ユニテリアン教会へ出かけるにすぎません。

それゆえ、アンビュラトリーが見いだされました。

これがフォーム・ドローイングです。

それは本性を示します。


——建築家の教育について、また技術とデザインの統合はどのようにしてなされるかについての考えを話して

＊26　ユニテリアン教会（Unitarian Church)。ユニテリアン派は、一六世紀にヨーロッパに起こったもので、その教義はキリスト教正統派の三位一体説（trinity）を排して神の唯一性（unity）を主張し、イエスの神性を否定する。アメリカのユニテリアン教会は、一七八三年にボストンのキングズ・チャペルで始まる。一八二五年にアメリカン・ユニテリアン協会が成立。アメリカのユニテリアン派は自由化の傾向を示し、キリスト教のわくの外に出る様相を呈している。世界の自由宗教会議の中心勢力をなす。

＊27　アンビュラトリー（ambulatory)。回廊とは、留保の場所。超越論的態度への態度変更の場所といえる。

いただけないでしょうか。あなたがもし大学院大学の学部長であれば建築家の訓練をどのように始めますか。


いずれの方法も大した違いはないようですが、このようにお答えしましょう。

あなたはすべての建物において職能上の責任があります。

というのは、あなたは他人と関わり合い、かれらのさまざまな利害に関わっているからです。

あなたは金銭問題に関わる責任について知らねばなりません。

つまり、クライアントは建物のコストや勘定書の支払いや特殊な空間の要求をもっています。

また、監理とその公正さ、つまり人にすべての価値が与えられるのを見届けるために、立ち会わねばならないことを理解しなければなりません。

われわれはこのようなプロフェッションをもっていますが、しかしひとりの人間がいれば、そこにはスピリットがあります。

そうした人間を教えるために、哲学の圏域、信念の圏域、他の諸芸術の圏域に立ち入らねばなりません。


表現の諸形式はここに存在します……

プロフェッションだけでは表現ではありません。

プロフェッションはあなたが知らねばならないものへの準備です。

プロフェッショナルとしての責任は、人びとの利害に関わる仕事を委託された者の責任です。

というのは、建築家は自分の資金で仕事をするわけではないからです。

それと同時に、適切なプログラムづくりの責任があるといえるでしょう。

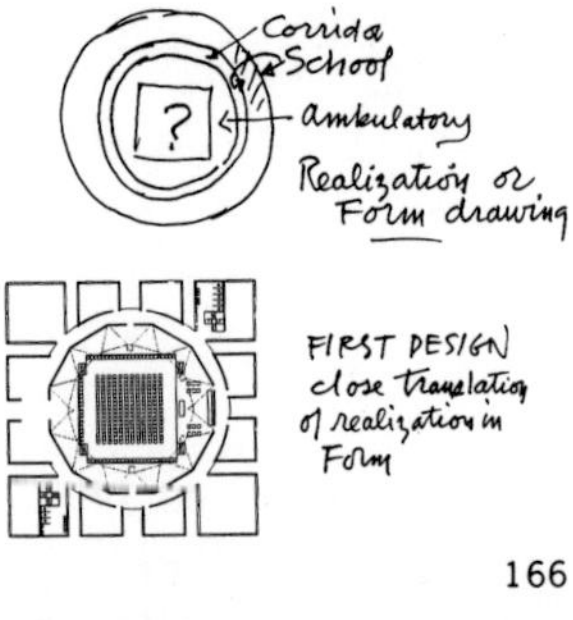

図24　ユニテリアン教会　フォーム・ドローイング
ユニテリアン・スピリットに触発されて描かれたこのドローイングは、その後の全作品を統べる原型といえる。中央の疑問符の書かれた聖域を三重の円が取り囲む。廊下は学校に仕えるもの。学校と聖域とを結び合わす「間の場所」がアンビュラトリーである。下のプランはフォーム・ドローイングをそのまま平面図に置き替えたもの。アンビュラトリーの屋根の造形がなされている。

プロフェッショナルな問題のなかに、われわれがものの本性を見いだすことについて語っている当のものがあります。

建築家は自分の建物のなかに、人間のある活動に属するある本性を見いだします。

もし私が音楽家であり、ワルツを考案した最初の人であったとしても、そのワルツは私のものではありません。

なぜなら、四分の三拍子に基づく音楽的環境の本性があることを私が教えさえすれば、誰にでもワルツをつくることができるからです。

そのことは、私がワルツを所有することを意味するでしょうか。

酸素を発見した人が酸素を所有しないように、私はワルツを所有しません。

ひとりの人がある本性を見いだしたにすぎないのであり、そして、われわれはプロフェッショナルとして、その本性を見いださねばならないということです。

われわれのプロフェッションがみすぼらしく見えるのは、プログラムに変更を加えないからです。

もしプログラムに変更を加えるならば、あなたは素晴らしい力を解き放つことになります。

というのは、そのときそれぞれの人は自分自身を満足させるだけのものをつくるという過ちをけっしておかさないからです。

あなたが社会を満足させるのは、自らのプログラムをつくることによってであり、自己満足の建物をつくることによってではありません。

建築家は、真実の表現のなかで自分を鍛えます。

建築のスピリットが、建築は存在しないと告げています。

それが、建築のスピリットの告げていることです。

スピリットはスタイルを知らず、方法を知りません。

つまり、スピリットはいかなるスタイルや方法にも応ずる用意ができているということです。

それゆえ人間は何かを〈捧げること〉の、
つまり、建築への捧げものを〈捧げること〉のつつましさを育てねばなりません。[*28]

建築家は建築の宝庫に属します。

この建築の宝庫に、パルテノン、パンテオン、そしてルネサンスの偉大な講堂が属します。

これらはすべて建築の宝庫に属し、建築をより豊かなものにします。

それらは捧げものなのです。

さて、私はこれが教育の基礎というものだと考えます。
そして、これはデザイン、絵画、彫刻など、あなたがなすすべてのものに関わります。
それはあなた個人の表現です。
それはたんにテクノロジーだけではありません。
それは、建築が〈見いだされ〉うるためにプログラムを書き替えることであって、
面積を操作することではありません。
たんに面積を操作することのなかには、建築家に属するものは何もありません。
たとえかれが素晴らしい仕様書を書く人のように、つくることに貢献するとしても。

＊28　人間は何かを〈捧げること〉のつつましさを育てねばなりません(the man must develop the humility of *offering* something)。建築への問いと、作品への問いと、その形成者である人間への問いは相依相属する。つつましさ(humility)は、建築をその元初において問う建築家の態度をいう。

そのことでかれはよき建築家とは見なされません。
そのことでよきプロフェッションと見なされるにしても、しかしよき建築家とは見なされません。

この相違を明晰にさせる学校では、方法もまた明晰になるでしょう。

——ライス大学の建築学科の建物のプログラムづくりにおいて、ライブラリー、スライド・コレクション、レクチュア・センター、そして美術史のエリアという構成要素が、絵画、彫刻、グラフィック・アートの学科群と建築学科との間を繋ぐブリッジになりうるということを見いだしました。このブリッジがその建物のフォームに影響し、そしてそれが教育のプロセスにとって重要な交流を引き起こすだろうと感じ取りました。この問題について、そして建築教育の本質であるべきものについて、あなたが感じ取っていることを話していただけませんか。

私は特定の問題について話すことはできませんが、しかし一般的な問題として話すことはできます。
また、どのようにすればそれらの建物を独特なものにすることができるかを話すことはできます。
あなたがブリッジについて話した事柄、
つまり、ある学科と他の学科との外見上の関係についてあなたが話した事柄は、興味深い話題になるかもしれません。

しかし、急いでそれに結末をつけることはできません。
あなた方の考えを満たすために、私はそれについて考えねばなりません。

細い道、あるいはギャラリーという優れた要素があって、
このギャラリーを通り抜けると考えてみましょう。
また、美術の分野に統合されている諸々の学科、つまり歴史、彫刻、建築、絵画の教室が、
このギャラリーに結合されていて、
これらの教室のなかで作業している人びとを、通り抜けるあなたが見ると考えてみましょう。
それは、人びとが作業する場所を通り抜けるかのように、
あなたがいつも感じ取れるようにデザインされていました。

さて、そのことについての別の見方、つまりコートという見方を示しましょう。
あなたはコートのなかに入ります。
あなたはこのコートのなかで諸々の建物を見ます。
あるものは絵画として指示され、
あるものは彫刻として、他のものは建築として、そしてまた歴史として指示されます。
ギャラリーでは、あなたは諸々の学科のプレゼンスに触れることを強いられます。
一方コートでは、あなたが望む場合に限って、教室に入ることを選べるのです。
さて、どちらの案がより優れているかは問わないでおきましょう。
それはあまりフェアーな問いではありません。
私がより優れていると思うものについて話してみましょう。

後者がより素晴らしいと思います。
通り過ぎるホールのなかで、
あなたは浸透するもの[*29]を吸収し……諸々のものを見いだすでしょう。
もしそこへ入って行くことをあなたの意志で選べるのであれば、たとえ選ばないにしても、
そのような構成から、あなたは他の構成よりも多くのものを得ることができます。
そこには直結するというよりも、むしろ隔たった、連合の感情[*30]に関わる何かがあります。
そして、隔たった連合は、よりいっそう深遠な生と愛を保持します。（図25・26）

これがコートの意味するものです。
コートは、物理的に出会う場所であると同時に、心が出会う場所なのです。
たとえ雨の日にコートを横切るようなときでも、
あなたとコートは現実の結びつき以上に、実は、精神的に結ばれています。
さて、こうして私は自ら問いかけ、それに答えたのではないでしょうか。
このやり方は、私の知っているもっとも優れた方法です。
最高の得点と完璧の結果を得られる方法です。

ブリッジをつくるのであれば、ブリッジというものをまったく新たに見いだしましょう。

ブリッジは物理的にあるものではなく、精神において見いだされるべきものです。

ブリッジが永続する特性をもちうるかどうかは、そこにかかっています。

あるいは、こんな言い方ができるかもしれません。

＊29　浸透するもの（some osmosis）。包囲されることにより現象する雰囲気のこと。

＊30　連合の感情（feeling of association）。隔たった連合（remote association）の感情のこと。つまり隔たりつつ関わり合っているという感情。

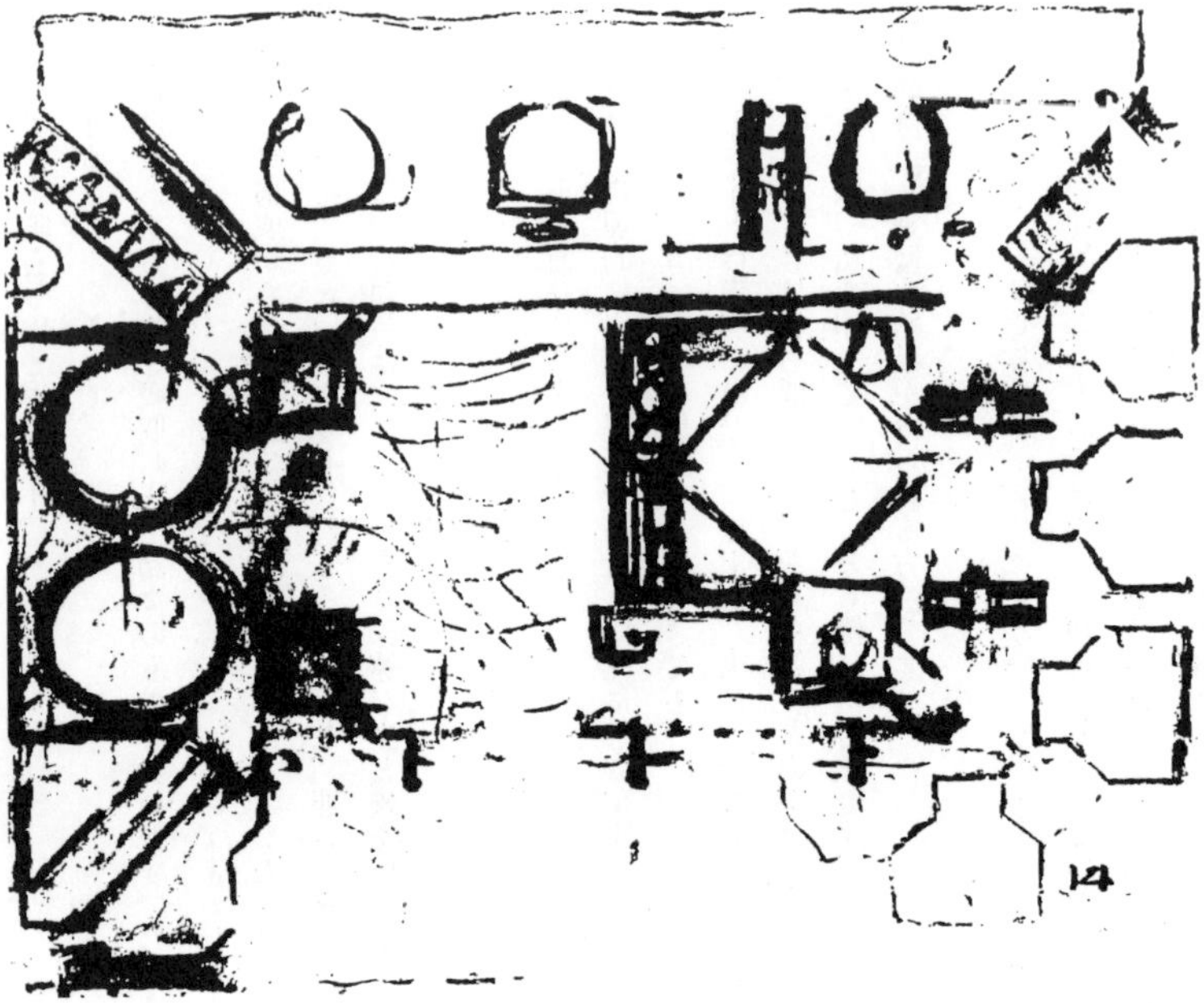
14

すべての教師が必ずしも本当の教師であるといえないでしょう。

ただ名前だけの教師もいるからです。

いま話している建築の構成においても同じです。

実際、コネクションの仕方がはるかに素晴らしい方法でつくられうるにもかかわらず、
何か決まり切ったものに頼ることは許されません。

優秀な学生であっても、社会にでて建築家として成功するとはかぎらないし、
すべての教師がよい教師であるとはかぎりません。

ものごとを感覚することをまさに始める人が、最高の教師といえるのではないでしょうか。


さてわれわれは建築の学校における各要素を取り上げ、これらの要素を構成してみましょう。

これは、私の知っているもっとも重要なことです。

芸術は眼を含み、ヴィジョンと心を含むからです。

あなたは芸術を連想などの仕方で見ます。

そして眼を閉じて、哲学的なリアライゼイションを見ることもできます。

あなたは芸術を聴くように見ることができます。

つまり、あなたは哲学的な何かを心で見ることができます。

眼の前にうるさくつきまとうものをやり過ごしているような場合には、かえって心を閉じたくなるものです。

しかし、遠い昔に生みだされ、大きな愛によって育まれてきたものがあります。

つまり、まさに驚異というべきものがあります。

図25　インド経営大学スクール棟平面のスケッチ
　コートを構成するエレメントは、教官の諸室（上）、食堂（左）、クラスルーム（右、下）である。初期案では、ライブラリーがコートのなかに置かれていた。
図26　インド経営大学ドーミトリースケッチ
　一八棟のドーミトリーのなかに織り込まれた小さなコート群は、学生たちの出会いの場所である。各棟の一階はポーチとして解放され、太陽に捧げられる。光（影）と風の建築化がなされている。

建築の学校のライブラリーに関していえば、

ライブラリーはファイルやカタログのページをめくって、一冊の本を見いだす場所ではありません。

建築家たちはカタログに我慢がなりません。

建築家はライブラリーの最初のブロックでいつも嫌な気分になります。

つまり、そこはカタログのブロックです。

あなたもこのことに気づいているでしょう。

さて、もし広いテーブルのあるライブラリーを手に入れるとしたら……

そのテーブルは非常に広いものであって……、たんに大きいだけではありません。

テーブルは、コートであるかもしれません。ただのテーブルではなく、いわば開かれた書物が置かれたフラットなコートです。

それらの書物は図書館員によって注意深く選ばれたものであり、開かれたページは素晴らしいドローイングであなたを圧倒します。

記録され、印刷され、あなたの前に広げられた、壮麗な建物のドローイングです。

もし教師が、これらの書物についてコメントを加えて、

自発的なセミナーになれば、素晴らしいことです。

そこでわれわれのライブラリーは長いテーブルが置かれたライブラリーとしましょう。

すなわち、メモ用紙とペンをもってそのわきに座れる空間があって、書物はテーブルの中央に開かれています。

それらの書物は眺めることはできるが、持ち出すことはできません。

それらの書物は、あなたをライブラリーの学習に招き入れるためにそこに置かれています。

ライブラリーはまさしくクラスルームであり、あなたはライブラリーをクラスルームにすることができます。

そしてこのエレメントに注目するならば、通常の「ライブラリー」は、私のいう〈ライブラリー〉ではありません。（図27）

博士論文を書いている人には、自分のカタログが必要です。

「ライブラリー」にはカタログがあり、カタログはその人にとって大切なものです。


自分のカタログのなかで閃きが生じ、かれは書物に出会うかもしれません。

そして、カタログと書物とのつながりはかれにとって、きわめて大切なことです。

かれは読み果たすであろう多くの書物の記録をつくります。

そして、結局のところ、他の仲間が書いたものをたんに違ったふうに書くにすぎません。

しかし、建築の学校における〈われわれの〉ライブラリーはまったく異なります。

というのは、あなたは自分の心をまったく異なった仕方で扱っているからです。

読書というのは、書物とのまったく個人的な接触であり、ひとつの関係です。

私の意味することがおわかりですね。

あなたがたもそのようにして書物とつきあってきたはずだから、わかるはずです。

ライブラリーの配置はこの本性から生じます。

もしライブラリーを一階と二階と三階に設けたりするなら、

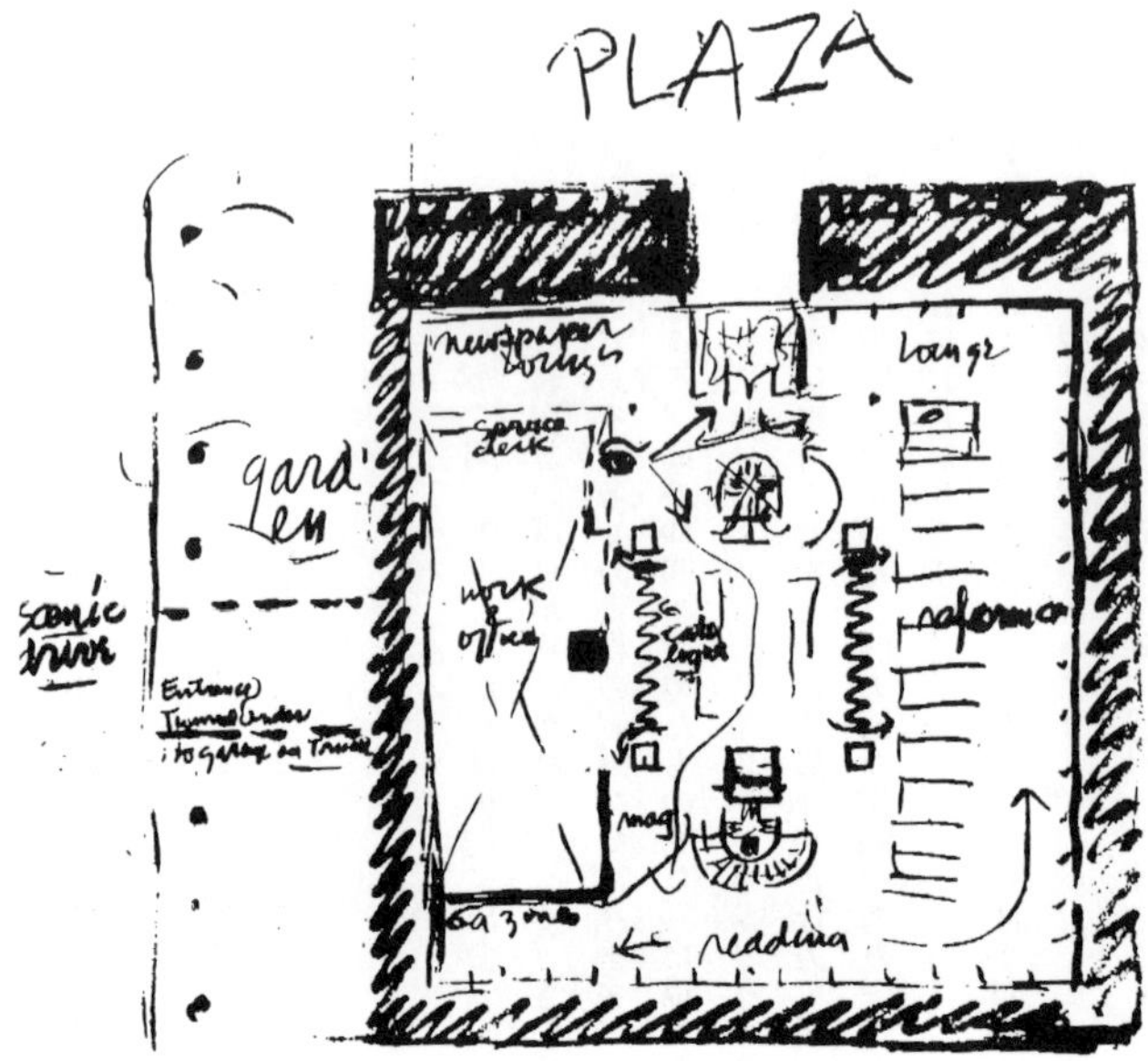

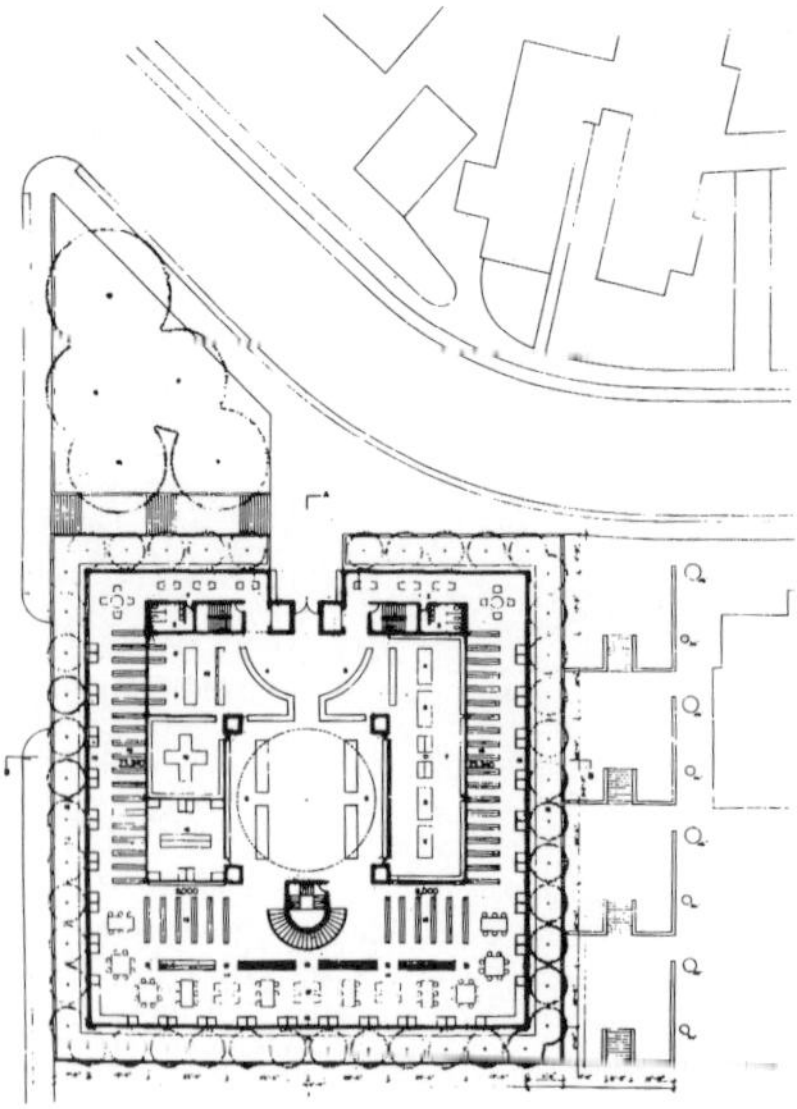

図27　神学大学院ユニオン・ライブラリー　スケッチと一階平面図

同心円状に配されたゾーン計画は、エクセター大学ライブラリーと同じフォームである。中心のゾーンは吹き抜け空間。自然光が上方からおりてくるのも同じである。

ライブラリーは本性にそぐわない試練をうけることになります。

人びとを無理にライブラリーに入れ込むようなことはすべきではありません。

ライブラリーは、ただその建物自体の何かが、

「何て素晴らしい場所だろうか」と話しかけるようなものであるべきです。

もちろんその配置は重要であるし、
また、その便利さも重要です。

しかし根本においてあなたが求め、伝えようとするものはその本性です。

グレアはライブラリーにふさわしくありません。壁で囲まれた空間が重要です。

一冊の本をもって座れる小さな空間は非常に重要なものです。

あなたの前に、書物を通して世界が現れるといえるでしょう。

あなたは多くの書物を必要とはしません……あなたはいい書物だけを必要とし、カタログを通して書物を探したりはしません。

あなたはカタログ・ブックを求めたりはしないのです……

カタログ・ブックはライブラリーのなかで死蔵されることになるでしょう。


学位論文を書いている哲学専攻の学生は、山積みの書物の扱い方を知っています。

かれは別な仕方で書物を学びます。

コロンビアにあるエイヴァリー・ライブラリーは、建築の真のライブラリーではありません。

それは多層のフロアーからできています。

それは現存する最高の建築のライブラリーのひとつです。

古代の刊行本などの、建築の最高の書物が所蔵されていますが、しかしそれらを取り出すのに悩まされねばなりませんし、急いで見たいと思っている人のもどかしさはたいへんなものです……かれはその書物を、結局のところ〈読む〉ことはありません。

もしその書物がラテン語で書かれていても、英語で書かれているのと同じことです。

かれは絵を見るでしょうから。

かれは見るがままに理解し、心が告げるがままに理解するでしょう。

ところが書物を読むときには、その書物に書かれていることとはまったく異なるものを見いだすことがおそらくあるものです。

あなたが〈考える〉ものは、その著者が〈書く〉ものと同様に、絶対に重要なものです。

それは、あなたがいかにそれを感じ取り、またいかにそれに仕えるかということであって、そして、いかにそれを伝えるかということです。

図書館は、あたかもそれがいまだ存在していないかのように仮定して計画されます。

クラスルームについても同じようにいえます。

クラスルームがどんなに汚れているかをご存じですね。

それでいてそのルーム全体は何と情熱に満ちているのでしょうか。

静かな情熱や激しい情熱があり、どのようなものであれ、そのルームは情熱で満ちていて、そして清潔にしようと努力することなどはまったくありません。

実際、クラスルームが整然としたときにはすべてが失われます。

まったく何も〈見いだし〉ません。

だからクラスルームは、きれいなルームではなく、それは〈捧げられた〉ルームです。

光があって、作業するのに充分な空間があります。

あなたはひとり当りの作業面積を割り当てることなどできません。

というのは、ある人は多くの空間を必要とし、他の人はわずかの空間で足りるからです。

もし空間に余裕がなければ、机を連ねたり、ドローイングを背中にぶらさげねばなりません。

あなたは広い場所や光で満ちた場所を理解しなければなりません。

そしてまた天井の高い空間が必要です。

寸法のレッスンと大きさを連想するレッスンのすべてが、そのルームに属しなければならないからです。

六〇フィート×六〇フィートのルームにいることを感じ取りさえすれば、
そのことから八〇フィート×八〇フィートのルームがどんなものかを言うことができます。

というのも六〇フィート×六〇フィートがどんなものかを知っているからです。

そんなに大きなルームは必要ではありません。

つまり心は多くのことを類推できるからです。


人はひとり離れて仕事をすることができますが、しかしある考えを抱いたとき、
もしあなたがよき人ならば、その考えを他の誰かに告げずにはいられません。

あなたはそれをただちに共有したいと思うのであって、それを隠したいとは思いません。

ある意味で、それはわれわれの本性です。

もしその考えが盗んだものであれば、あなたは生涯にわたって嫌われるでしょう。

しかし、伝えることはあらゆる人がもつ衝動です。

人はそうせざるをえません。

われわれの誰もがある意味で教師です。

なぜなら、われわれはその考えを共有したいと望むからであって、
また、共有することは別の意味をもつからです。

つまり、その考えを共有することを通して、その妥当性を知るということです。

妥当性への敏感な感情をもつひとりの人の確認は、百万人の承認を得るようなものです。

もしあなたが数学の問題に関わっているとしたら、これは正しくないが、
しかし、問題が美学や芸術に関わるものであるならば、それは正しい。

その人が正直な人で、感じ取ったものをあなたに告げるならば、
そのとき、あなたは大きな承認を得ることになります。

つまり、魂をうつ感情の承認を。

もちろんクラスルームの配置も重要ですが、
しかし、それは誰にも影響を与えないでしょう。

クラスルームの力はあなた自身の活動のなかにあります。

もしクラスルームが活動を触発する場所であるならば、
クラスルームの配置がキャンパスに利益を与えることに悩まなくてよいでしょう。

もしクラスルームがインスピレーションを与える活動の場所であるならば、
それがそこにあるだけで、キャンパスに最高に優れたサーヴィスを与えます。

そこには集うことについての大切な点があります。

つまりセミナー・クラスのようなクラスはまさになくてはならないものです。

それらは必須のものです。
セミナーを受けるために、わざわざ出かけるようなことはありません。
というのも、セミナーはその場のムードが触発するものだからです。
どこかの階にセミナー室と表示された部屋を一列に並べて設けるべきではありません。
というのは、セミナーはまさに触発されるべきものだからです。
いまここで私たちが話しているこのようなセミナーをこそ手に入れるべきです。
ぐるりと取り囲んで座り、そしてセミナーを手にいれます。
すべてのセミナーを二階にもっていき、しかも整然と並べたりすれば、
これはもはやセミナーではありません。
その背後には自発性がありません。
そして、この意味であなたはつぎのように問うことができます。
社会学の学校と建築の学校とは出会うべきではないだろうか、と。

もし一方が他方に対して心構えができていれば、出会いが生じるでしょう。
もし建築の学生であるあなたが、社会学者の目的と対象に、いわば襟を正して、
セミナーに入る前に少しそれを勉強すれば、
そして、社会学者もまた喜んで建築の本質と精神を理解しようとすれば、
そのとき、セミナーは途方もなく有効なものになるでしょう。
そうでなければ、あなた方は喧嘩をすることになります。
一方は他方をまったく理解しないでしょう。

それぞれが「だけど、かれは私を理解しない」と考えて離れていきます。

そして相手の方でも、「かれは私を理解しない」と言うでしょう。

そのように私は考えます。


さて、考えるべきことがあります。

教師とは、本質的にいって、ものごとをただ知っている人でなく、ものごとを感じ取る人だと思います。

かれはただ一枚の葉について知って、そのことから宇宙を再構成できる人なのです。

その人はいかなる人をも結び合わすことができます。

かれは社会学者を考古学者や冶金学者に結び合わすことができます。

つまり、かれのなかには宇宙の法則の感覚があります。

人がつくられたその仕方のゆえに、かれは宇宙の法則を感覚し、そしてこの感覚に通じているのだから、「社会学者なんてものは……」などとは言いません。

そして、かれはすべての分野に敬意を払います。

そのような教師であれば、出会いは素晴らしいものでしょう。

その出会いは、建築家にとっても社会学者にとってもたいへん有益なものになるでしょう。


あらゆる建物は聖なる場所をもたねばならないと思います。

インディアナ州のフォートウエインで設計している劇場で、聖なる場所と見なせるものを見い

だしました。（図28）

フォートウエインでは多くのことを経験しました。

つまり、私は劇場について多くを知らなかったのです。

もっとも楽屋が必要なことぐらいは知っていましたが、
しかし楽屋についてすべてのことを知らねばならないと考えている限り、問題を解くことはできなかったでしょう。

なぜなら、そう考えている限り、劇場のスピリットについて知ることはないからです。

そのスピリットは、楽屋の数に注意を払わなくなったときにやってきました。

私は楽屋のおかれるべき位置については少し知っていましたが、
楽屋はここでもよいし、あそこでもよい、そう言われるのが常です。

そして、設計をやり終えて、スペースが残ると、
ところで、もう少し楽屋が必要なんだと言われるのです。

しかし、すべてのことがこれまで劇場に捧げられてきたもっとも不完全な諸々のプランに基づいています。

なぜなら、ひとつひとつの特質のスピリットを区別できるリーダーがいないからです。

そのスピリットを探すこと、そのスピリットを発見することは、
劇場として知られる空間圏域に仕えることへの鍵です。

さて、いろんなことを言って気をもませるのではなく、結論を言いましょう。

聖なる場所とは、ここでは俳優の場所であり、楽屋であり、リハーサル・ルームです。

楽屋にはステージを臨むバルコニーが設けられます。

バルコニーとステージの間には、あるつながりがあります。

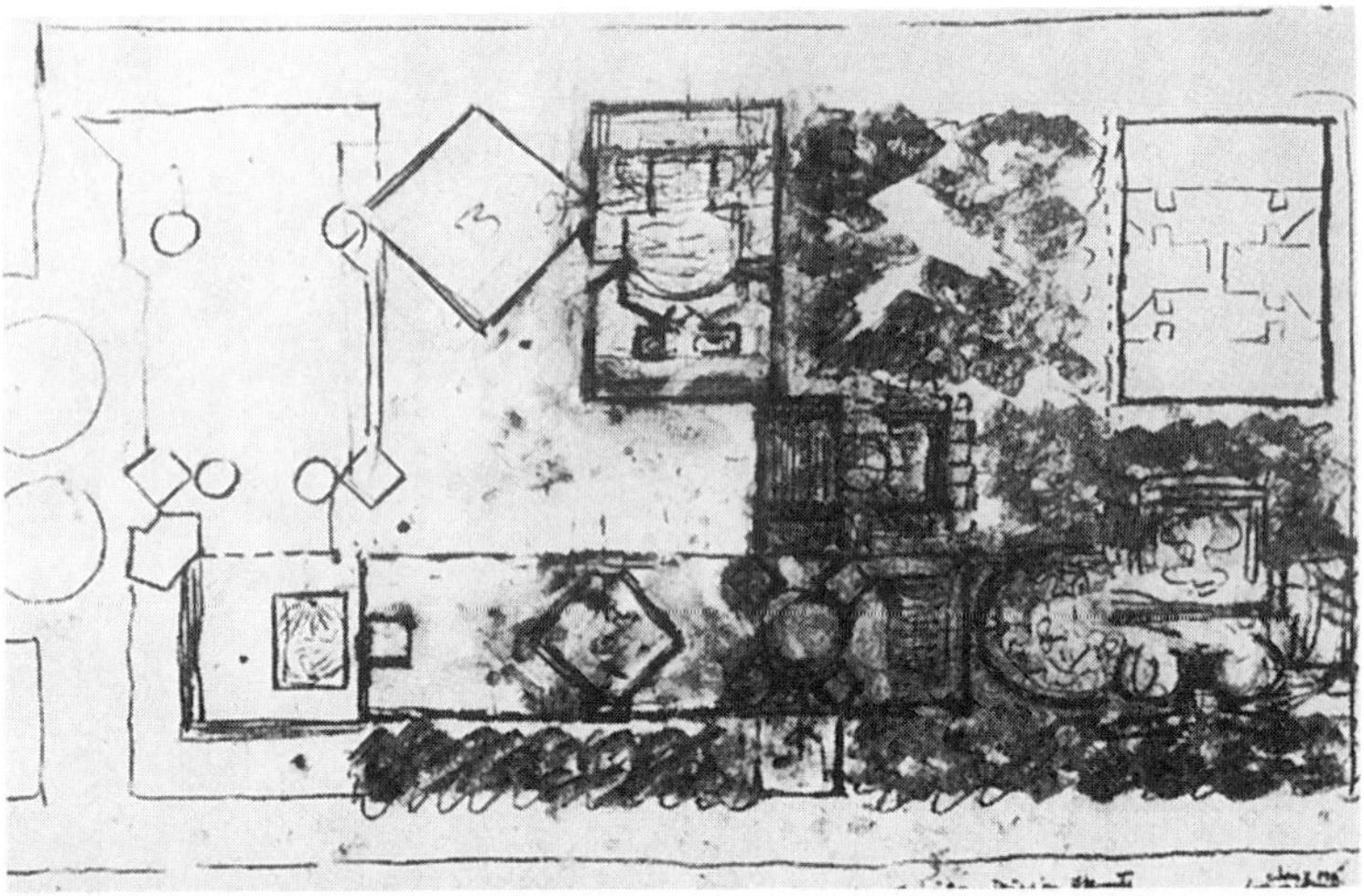

私があらゆるものを結び合わせるやいなや、聖なる空間が生じました。

そして、それはたんに残りものの空間ではなくなりました。

ステージそれ自体はあたかもプラザのようでした。(図29)
私はステージをプラザとして設計したのです。
観客がステージを見るとき、むこうに俳優たちの建物がみえます。
観客は手前からプラザに向かって見ています。
観客が座れるように、タラップが設けられ、そして前舞台は円形の舞台を提供し、
そのとき、舞台の背景となるのが俳優たちの建物です。
観客はその建物を見ないでしょう。
しかし、ときにはそれを見ることが〈あるかもしれません〉。
これが〈聖なる場所〉でした。
そのあと、ロビーの大きさなどは気にもしませんでした。
実際、それは充分な大きさのものでした。
残りものという、いわば屑の空間を集めるようなつまらない方法におちいることなく、
聖なる場所を見いだしたことは、きわめて重要なことでした。

これは実際の建物でした。

この考えを見いだすことは非常に重要でした。

われわれは劇場それ自体の聖なる特性を見いだし、劇場は完全に生きたものになりました。

劇場は公正な場所であり、招き入れる場所でした。

図28　フォートウエイン・アートセンター　平面のスケッチ
中央のコートはエントランス・コートと名付けられる、図の左上より右に、フィルハーモニック・ホール、フィルハーモニック・ホール付属施設、市民劇場、屋外劇場、美術館、博物館が配される。
図29　フォートウエイン・アートセンター　客席模型
初期案では客席がステージを取り囲むように配されていた。ステージ背後の壁は、楽屋というひとつの建物のファサードでもある。

劇場は、「残念ながら座席がありません」と言うような場所ではありません。

あなたは劇場でつねに座席を手に入れねばなりません。

それは人が受け入れる当然のことです。

ある人は早く劇場にやってきて、王様にふさわしいような座席を見つけます。

しかし遅れてきたときにも、王様の場所が与えられます。

劇場はここに、そしてアートギャラリーがここにあります。

そしてこの計画は全体としてきわめて特徴的な建築を構成します。

私はこれまで煉瓦のアーチを用いてきたし、ここでもまったく同じこの古い材料を用いてきました。

というのは、それがまったく素晴らしいからです。

〈どうして古い材料を用いてはいけないのでしょうか〉

私がここで用いているものは、まったく明瞭なオーダーです。

それは偽物ではなく、しかも廉価です。

私は、もしそうしようとすれば、たいへん美しいコンクリート構造の同じ劇場をつくることができましたが、しかしそれに魅力を感じません。

私が関心をもつのは、この建築（アートギャラリー）を建設することです。

これが建設されれば……劇場も蘇生されるでしょう。

この建築のプレゼンスが現実のものになったとき、
そのときこそ、この建築は光り輝き、その劇場は完成されます。

その劇場は他の建物といわば結合され、
そこに聖なる場所[*31]が生まれるのです。

＊31 聖なる場所（religious place）。サイトプランの説明であり、「聖なる場所」とは「エントランスの場所」（place of entrance）としてのコートである。発言されている「この建築」とはアートギャラリーをいう。エントランスの場所は、フィルハーモニーホール、フィルハーモニーホール付属施設、劇場、リセプションセンター、屋外劇場、アートギャラリーに包囲されたコートであって、すべての活動が応答すべき場所である。

建築の学校における聖なる場所とは何でしょうか。

それは、ロビーでありうるかもしれませんが、
それは、作品へのお互いの反応を知るために、みんなが集合する場所でもありうるでしょう。

あなたの作品への反応は、たとえわずかな人の反応であったとしても、
数百万人の人びとの承認を意味します。

それは、あなたが提示する作品をよいと信じることができることを学ぶ場所であって、
それは、素晴らしい場所です。

もしお望みなら、それを審査室とよびましょう。

しかし、それはクラスのすべての人が出会うルームです。

それは、建物を設計するという経験を再考するための出会いであって……

一枚の白紙から始まります。


人びとを招いて、その反応をみるということは、もっとも価値のあるレッスンとなりえます。

確かな信念をもった人からは厳しい反応があるかもしれません。

しかし、かれらの採点を受け取る必要はありません。

点数のことを考えるのは教師の役割です。

入ってくる人に点数をつけてもらうことは、多くを求めすぎることになるでしょう。

かれは反応します。しかしその反応を作品の評価に結びつけるべきではありません。

私は審査室における採点には反対です。
審査室は、たんに評定のための集まりと考えられるべきではありません。
審査室に入るように教師に言われただけで、あがってしまう学生もいます。
学生は木の葉のように震えながら、そこに立たされるべきではありません。
前の晩から、あるいは二晩前からの徹夜のあとで、
学生は知らない人を前にして自分の意見を言うことになります。
猫のように神経をとがらせながらも精一杯頑張っています。
それゆえ、審査で点数をつけるべきではないと思います。
審査室は叱りつけられる場所であってはなりません。
あなたはただスピリットを得るのであって、その雰囲気は陽気であるべきです。

このような審査室の周りに、学校を建てることができます。
あなたは多くのルームを設けます。
ルームの壁は荒々しいものです。
好きなところに、図面をピンで止めることができます。
床に絵の具を投げつけることもできます。
そのクラスルームはジャクソン・ポロックのアトリエのようであっても構わないが、
しかし審査室にやってきたときは、そうではありません。
審査室については何か素晴らしいものがあるべきです。
それは、お茶を飲むことができる場所であるべきで、

そしてつねに友好的なルームであるべきです。
それはつねに聖域です。
それは、まるで人を審査するかのように、取り囲んで座るルームではありません。
それはまったく素晴しいルームです。
それは建築の学校の聖なる空間なのです。

第八章　スペースとインスピレーション

この講演[*1]は表現の驚異と、表現することへと駆り立てるインスピレーションに捧げられます。インスピレーションとは、**沈黙**と**光**が出会う閾における元初の感情です。**沈黙**は、在らんとする願望をともない、そして**光**は、全プレゼンスの賦与者です。このインスピレーションは全生物のなかにあります。つまり木のなかにもバラのなかにも微生物のなかにもあると思います。生きることは表現することです。すべてのインスピレーションはそれに仕えます。学ぶインスピレーション[*2]は、われわれがどのようにつくられたかという、われわれのなかに刻印された物語から生じます。すなわち[*3]、学ぶインスピレーションは測り得ない願望と、測り得る法則とを包含する驚異を見いだすようにわれわれを駆り立てます。学ぶことのインスティチューションは、それが設立されるべきだという、共同性の衝動から始まったにちがいありません。ここには、諸々の心がかけがえのない元初の感覚を人から人に捧げるために集められています。表現は**芸術**として、つまり超越の言葉としてのみ称えられます[*4]。

他人が優美に歩くのを見てその美に憧れる人は、**芸術**のなかの共同性のスピリットを感覚します。かれはその妥当性を感じ取り、さらにその測り得ないものを認識します。物理的な妥当性は、自然の無意識で不変の法則による測定を求めます。岩の記録は岩のなかにあります。砂の一粒一粒は正確な位置、正確な大きさと色からできています。意識による規則は、新しい包括的なレベルの**規則**へと絶えざる変化を求めます。自然の法則はすべてのものの形成のなかに

*1　この講演は、一九六七年一一月一四日、ニューイングランド音楽学校にて行われた。

*2　学ぶインスピレーション（inspiration to learn）。学ぶインスピレーションは、われわれがどのようにつくられたかという、われわれのなかに刻印された記録（the story etched in us of how we were made）から生じる。オデュッセイアともよばれるこの記録を感覚することが直観である。学ぶことはこの記録を追想することである。

*3　すなわち。二つの文節がセミコロンで結ばれる。前節は、学ぶインスピレーションがわれわれのなかに刻印された記録から生じると言い、後節は、この学ぶインスピレーションが驚異を見いだすようにわれわれを駆り立てると言う。事態は循環しているのである。カーンはこう言っている。あらゆるものは、それ自体へ帰還する。そこには終わりというものはない（Everything turns into itself, you know. There is no sort of ending）と。

あります。しかし家をつくり、石を造形し、ソナタを作曲する人間の限りのない願望は、その形成において自然の法則に従わねばなりません。

私は、**フォーム**を本性のリアライゼイションとして考えます。それは不可分な諸要素からつくられています。フォームにはプレゼンスがありません。その存在は心のなかにあります。[*5] もしフォームの諸エレメントのひとつを取り去れば、そのフォームは変わらねばならないでしょう。マシーンがついには心に取って代わると信じる人びとがいます。もしそうなら、人間の数と同数のマシーンが必要でしょう。**フォーム**は**デザイン**に先駆します。[*6] フォームはデザインの方向を導きます。というのは、フォームはその諸エレメントの関係を保持しているからです。デザインは諸エレメントにシェイプを与え、それらのエレメントを心のなかの存在から触れ得るプレゼンスへともたらします。作曲することにおいても、フォームの諸エレメントは、その各々にもっともふさわしいシェイプを与えようとするデザインの試みに絶えずさらされながらも、つねに変わることなく保たれていると私は感じ取ります。フォームはプレゼンスのなかに閉じ込められません。というのは、その存在が心的本性からできているからです。それぞれの作曲家は**フォーム**を独自に解釈します。フォームはそれが自覚されるとき、その自覚者に属しません。ただその解釈のみがその芸術家に属します。フォームはオーダーに似ています。[*7] 酸素はその発見者に属しません。私の感じるところによれば、生物と無生物は二分枝です。しかし、全プレゼンスの賦与者である自然は、疑いも選択もなしに、自然の法則の底無しの驚異によって願望を予期することができます。つまり自然は魂の歌を演奏する楽器をわれわれに与えたのです。しかし、たとえすべての植物や動物が地上から消え去ったとしても、太陽はなお輝き、そして雨はなお降りつづけるだろうと私は感じ取ります。われわれは**自然**を必要とします

＊4　表現は**芸術**として、つまり超越の言葉としてのみ称えられます (Expression is honored only as Art, the transcendent language)。表現することは生きることであり、そして芸術は人間の唯一の言葉である、とされる。表現、芸術そして超越は、いずれも沈黙と光の思惟に従えば、閾に属する重要語である。

＊5　フォームにはプレゼンスがありません。その存在は心のなかにあります (Form has no presence. Its existence is in the mind)。存在 (existence) とプレゼンスの区別はカーンの根本問題である。それはフォームとデザインの区別を基底づける。

＊6　フォームはデザインに先駆します (Form precedes Design)。フォームはデザインを触発する (form inspires design) とも発言される。

＊7　フォームはオーダーに似ています (Form is like order)。オーダーは五〇年代の主導語であり、フォームは六〇年代の主導語である。両者の差異は微妙な問題を内包している。リアライゼイションが発言される一九六〇年の講演においてフォームとオーダーとの関わり合いはつぎのように限定される。「フォームは宇宙の調和、すなわち、オーダーの

が、**自然**はわれわれを必要とはしません。[*8]

建築はプレゼンスをもちません。**音楽**はプレゼンスをもちません。もちろん私は建築のスピリットについて、音楽のスピリットについて話しているのです。この意味で、**音楽**は**建築**と同様に、スタイルや方法やテクノロジーを選り好みしません。このスピリットは**真性**[*9]として認識されます。存在するのは建築作品、あるいは音楽作品であって、芸術家は全表現の聖域の芸術へ、その作品を捧げます。この全表現の聖域を私は**影の宝庫**とよびたいと思います。それはあのアンビエンス[*10]のなかに横たわっています。つまり**光**は**沈黙**へ、**沈黙**は**光**へ。プレゼンスの賦与者である光は影を投げかけ、その影は光に属します。[*11]つくられたものは**光**に属し、そして**願望**に属します。[*12]

建築教育には三つのアスペクトがあると私は感じ取ります。それらは**プロフェッショナル**と**パーソナル**と**インスピレーショナル**です。実践は実行できるデザインをつくるために知識、経験、業務、法規、科学、テクノロジーを要求するプロフェッショナルな責任に関わります。人は個人として、自らの芸術とその芸術の本性に捧げるべきサインを求めます。人は、画家、彫刻家、そして音楽家のなかに、また映画制作者、版画家、そしてタイピストのなかにその本性を探します。ここでは教師はインストラクターと区別されます。人は自らの芸術——生命の形成としての**芸術**——の表現力を探します。芸術は**生**《ライフ》から生じます。

偉大な音楽がふたたび演奏されるとき、あたかもそれは親しい誰かがその部屋に入ってきたかのようです。あなたはその人を知るためにふたたび会わねばならなかったのです。測り得な

意味と、ある存在を他の存在から区別するものを包摂する」と。フォームはリアライゼイションの志向的相関者であり、リアライゼイションは感情と思惟との融合と規定される。先の発言において、宇宙の調和としてのオーダーの意味とは思惟作用に対応し、ある存在を他の存在から区別するものとは感情の働きをいう。フォームはこれら両者を包摂する。これが「似ている」という微妙な言葉の根拠である。

*8　われわれは**自然**を必要としますが、**自然**はわれわれを必要とはしません (we need Nature, but Nature doesn't need us)。単純な言葉の内に人間と自然の関わり合いが表明されている。二つの文節がbut でつながれたひとつの文であることが注目される。前節が人間の事象、後節が自然の事象をいう。

*9　真性 (Truth)。第三章＊6を見よ。

*10　あのアンビエンス (that ambience)。アンビエントな閾 (ambient threshold) に同じ。第六章＊2を見よ。

*11　影は光に属します。第四章＊7を見よ。

*12　つくられたものは光に属し、そして願望に属します (what is made belongs to Light and to

い特性のゆえに、その音楽は繰り返し聴かれねばなりません。この測り得ない特性のゆえにということこそ、私が教育において人間の作品を判定すべきでないと信じる理由にほかなりません。人間の作品が批評されるとすれば、建設的な批評で触発されるべきです。たとえば、私は一八世紀の建築家、ルドゥとブレーの作品についての批評を書くように頼まれたことがありました。かれらのドローイング——それらはオリジナルのドローイングでした(図30)——がはじめて私に示されたとき、二つのことに感銘を受けました。ひとつは、建築のインスピレーションを表現するドローイングによって示された巨大な願望であり、ひとつは、人間の使用に対して、それらが法外な大きさをもっていたということです。それでもなお、それらのドローイングは強く触発するものでした。かれらのドローイングはたんに機能や生活することを満たすために企図されたものではなく、狭量な視野への挑戦に属するものでした。たとえば、ブレーによる図書館は一五〇フィートの高さの部屋を示しており、書物がその壁にそって高々と積み重ねられていました。書物は下にいる人へつぎつぎと手渡され、机も椅子もない空間にいる読者へと降ろされるというのがそのアイデアでした。そのような図書館では最初のページを開くに至るまでがさぞたいへんでしょう。しかしそれでもなおそれは建築に属するいわば大胆さにおいて驚くべきものでした。

私はカタログにつぎのような序文を書きました。

> 表現せんとする意志のなかのスピリットは、
> 偉大な太陽さえ卑小にみせる。

Desire)。つくられたものとは、人間のつくる作品である。それはプレゼンス（現前するもの）とイグジステンス（存在）とを具現する。

図30　エティエンヌ＝ルイ・ブレー　リシュリュ街にある王立図書館案、一七八八年。

太陽は存在する
だから宇宙が存在する。
われわれにはバッハが必要だった
バッハは存在する
それゆえ、音楽が存在する。
われわれにはブレーが必要だった
われわれにはルドゥが必要だった
ルドゥは存在する
ブレーは存在する
それゆえ、建築が存在する。

私は、ペンシルヴェニア大学でル・リコレやノーマン・ライスと共有している私の研究室への高い階段を昇っていました。しばしば立ち止まる踊り場には、建築や絵画や彫刻の展示が掛けられていました。その踊り場でイェール大学――私もそこで教師を始めましたが――から来ていた素晴らしい彫刻の教師であるボブ・エングマンに出会いました。かれは、あの頑丈な背を私の方に向けて立っていました。私はかれの肩に肘を置き、エジプトの彫刻のディスプレイを指しながら「この古いものはどうかね」とたずねました。かれは黙ったまま、その驚異について分かっているんだという微笑みをみせながら私の方へふり返りました。そしてこう言ったのです。「素晴らしいではないか。……この美しさ……何という洞察でしょう」。すべての言葉はかれの表情よりも劣っていました。そこでかれに向かって「ボブ、私はね、イグジステンスとプレゼンスという二つの言葉について考えてみたんだよ」と言いました。芸術はその両者を具現します。[*13] ひとつはスピリットを意味し、他のひとつは触れ得るものを意味します。

建築は空間の思慮深い形成であると言うことができます。パンテオンはあらゆる礼拝のために場所を与えようとする願望から企図された空間の素晴らしい事例です。それは方向性のない空間として美しく表現されていて、触発された礼拝のみがそこでは生起しうるのです。それは制度化された儀式にはふさわしくありません。ドームの頂部に開けられたオクルス（円形天窓）が唯一の光です。その光は切り口が感じられるほど強いものです。

建築の領域は境界をもっています。その境界壁の内側に、すべての他の人間の活動が存在します。しかし強調されるのは**建築**なのです。建築の境界壁のなかの**ビジネス**の領域においても建築が存在しますが、しかし強調されるのは**ビジネス**です。それゆえ、建物がすべて**建築**に属するのではありません。パンテオンは**建築**の領域でつくられるものの事例であって、**マーケットプレイス**の領域のものではありません。パンテオンは、その空間が人間のインスティチューションのひとつとして形成されることを目指す偏りのない方向を表現しています。つまり学習の場所であれ、政治の場所であれ、住まいの場所であれ、福祉の場所であれ、パンテオンはそうした場所の空間形成をひとしく導いていくでしょう。パンテオンは、そうした場所が捧げられるのを熱望する空間環境を、それぞれの場所に与えてゆくことによって、その空間形成を導くのです。それらは人間が設立しようと望むものを表現する諸々の場所であって、それが人間の生き方にフォームを与えます。学ぶインスピレーションはすべての学ぶことのインスティチューションを生起させます。表現するインスピレーションはすべての宗教の場所を生起させます。そこでは**芸術**がおそらくもっとも優れた言葉です。

＊13　芸術はその両者を具現します（Art embodies both）。芸術は、イグジステンスとプレゼンスとを具現する。それゆえ、人間の唯一の言葉と言われる。

音楽の世界にいるあなた方[*14]は、建築の世界にいるわれわれと同様に構造に関心があります。私にとって構造は光の形成者です。列柱とよばれる構造のオーダーを選ぶとき、それは、光なし、光、光なし、光、光なし、光、というリズムを示します。ヴォールトやドームもまた光の性格の選択です。正方形のルームをつくることは、はてしないムードのなかで正方形が露呈される光を与えることです。光を得ることは、たんに壁に穴を開けることでも、屋根を組み立てるために梁をあれこれと選ぶことでもありません。建築は、世界のなかの世界の感情[*15]を創造します。そしてその感情は、建築がルームに与えるものです。素敵なルームで素敵な人といるときに、外の世界について考えてみましょう。外の世界の感覚はすべてあなたから消え去ります。私は一三世紀初期のペルシャの偉大な詩人、ルーミーの美しい詩[*16]を思い起こします。かれは、庭を歩み行くひとりの尼僧について詩います。それは春のことです。尼僧は家の敷居で立ち止まり、玄関に立ち尽くします。侍女が興奮してやってきて、そしてこう言います。「外をごらんなさいませ、外をごらんなさいませ、尼僧さま。そして神様がおつくりになった驚異をごらんなさいませ」。尼僧はこう応じました。「なかをごらんなさい。そして神様をごらんなさい」と。ルームがつくられたということを自覚することは何と素晴らしいことでしょうか。人間がつくるものを自然はつくることができません。もっとも人間はそれをつくるために自然の法則を用いるのですが。それがつくられるのを導くもの、すなわち、それをつくろうとする人間の願望はユニヴァーサルな自然のなかにはありません。私はあえてつぎのように言いたい。それは沈黙、つまりダークレスとしてのライトレス[*17]、あるいは表現することとして在らんとする願望、さらに宇宙を包みこんで流布するスピリットからできていると。

＊14 音楽の世界にいるあなた方。音楽学校での講演であり、聴衆が音楽を学ぶ人たちである。

＊15 世界の中の世界の感情（feeling of a world within a world）。第七章＊19を見よ。

＊16 ルーミーの美しい詩。尼僧と侍女との対話が示す内部と外部とは、端的に言って、人間と自然を意味する。つまり沈黙と光である。人間のつくるものが神の示現であり、それはルームにほかならない。カーンはルーミーの詩に託して人間の居所、エートスについて語ると解される。第六章＊25、26を見よ。

＊17 ダークレスとしてのライトレス（lightless, darkless）。第六章＊1を見よ。

私は平面図を見るとき、それを諸々の空間の性格とそれらの関係として見ます。私は平面図を光のなかの諸々の空間の構造として見ます。ある作品を見た音楽家は、ただちにその芸術の意味を受け取るにちがいありません。音楽家はそのデザインと、自らの心的オーダーの感覚からそのコンセプトを知ります。かれは自分自身の願望からそのインスピレーションを感覚します。

私は諸々の感覚の融合[*18]を感じ取ります。音を聴くことはその空間を見ることです。空間は調性をもっています。だから天井の高い空間、ヴォールト空間、あるいはドーム空間を構成するとき、狭さや高さといった空間の抑揚、光から闇へ至る輝きの階調、そういうものに変換される音の性格がその空間にあると私は想像します。光のなかの建築空間は、ある種の音楽を構成したいと思わせます。諸々の規律とそのオーダーの融合の感覚が、ある真性を想像させるからです。どのような空間も自然光がなければ、建築的には空間とはいえません。自然光は一日の時間のさまざまなムード、そして季節のさまざまなムードをもっています。建築のルーム、建築のスペースは、生命を与える光を求めます。——われわれは光からつくられたのです。それゆえ、銀色の光と金色の光と緑色の光と黄色の光は、可変的なスケールや規則の諸特性なのです。この特性が音楽を触発します。

＊18　感覚の融合（fusion of the senses）。ここでは視覚と聴覚の融合として、空間の意味が示されている。

私はいまテキサスで美術館を設計しています。コンクリートで構築されたルームの光は、銀色の輝きをもつだろうと感じ取りました。色あせる諸々の絵画やオブジェのためのルームは、限られた自然光しか与えられてはならないことは私も承知しています。その美術館の計画は、一五〇フィートの長さと二〇フィート幅のサイクロイド・ヴォールトの連なりからできていま

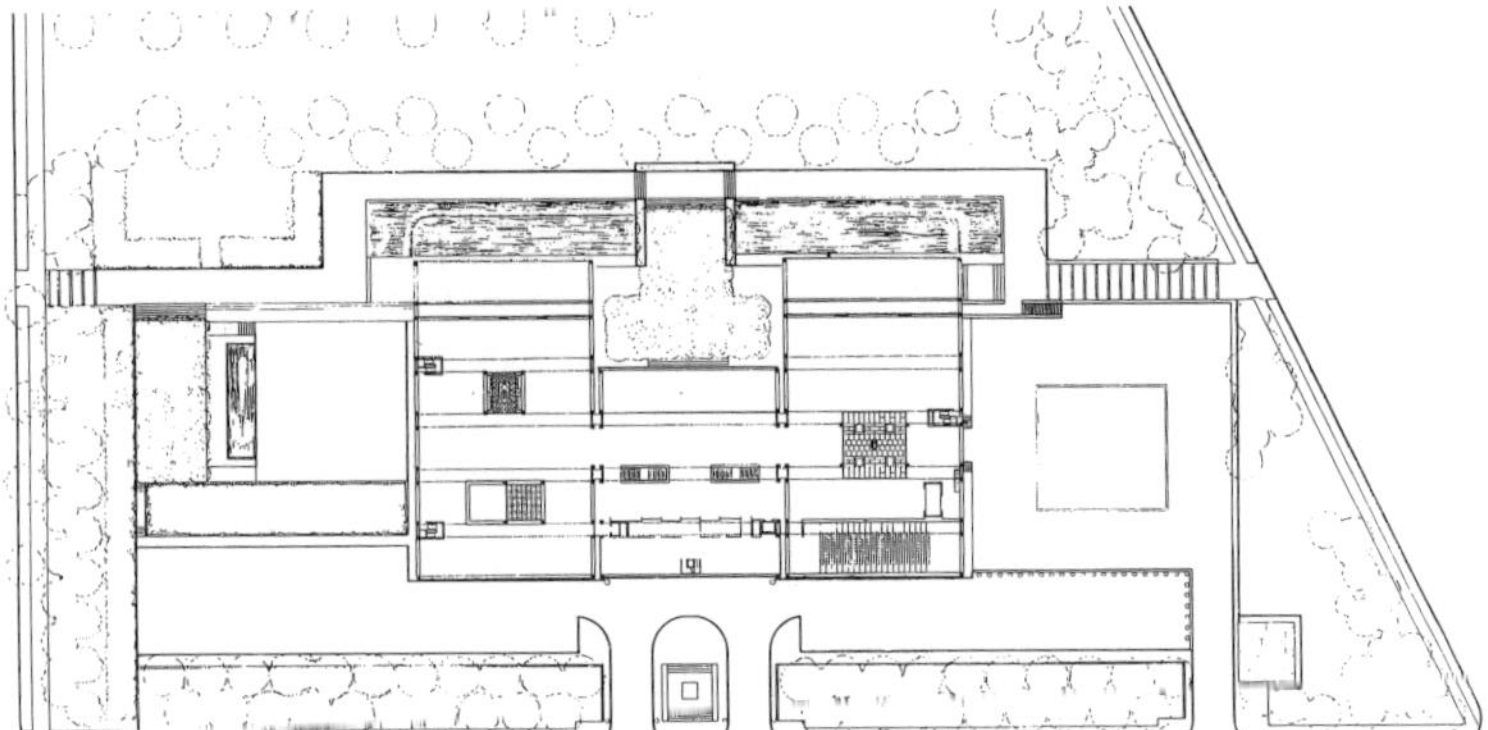

す。それぞれのヴォールトは空に開く細いスリットをもつルームを形成し、ヴォールトの内面には自然光を拡散させるように形成された反射板が取りつけられています。光はオブジェに直射することなく、そのルームに銀色の輝きを与え、しかも一日の時間の推移を知るという安らいだ感情を与えるでしょう。展示室の上方のスリットによるスカイライトに加えて、ヴォールトを直角に切り取りました。つまりコートの対位法です。それらは空に開かれ、計算された寸法と性格が与えられ、そのプロポーション、その植栽、あるいは表面や水面への空の反射が与えるであろう光の種類に従って、それらのコートはグリーン・コート、イエロー・コート、ブルー・コートと名づけられました。(図31・32)

図31　キンベル美術館　俯瞰写真
図32　キンベル美術館　主階平面図
　ヴォールトの欠けたところが光をよびこむ。中央の二つのヴォールトの欠けたところがエントランス・プラザ。内部と公園のグリーンを結ぶ場所である。南北のユニットには三つのライト・コートが切り込まれる。東西中心軸における南北翼のバランスが、カーンのいうコートの対位法である。

ある学生が私の部屋――そこはみんなの部屋ですが――にやってきて、こう問いかけました。「あなたはこの時代をどのように描写しますか」と。私はこの問いに非常に興味をおぼえました。しばらく考えたあとでこう言いました。「白い光の影は何でしょうか」と。かれは「白い光、白い光、白い光の影」と繰り返しつつ考え、「わからない」とつぶやきました。そこで私はこう答えました。「それは黒なんだよ。しかし現実には白い光も黒い影も存在しないんだ。私は光が黄色のときは影は青であると教えられました。白い光とは、太陽でさえ審査されていて、そして確かにわれわれの全インスティチューションはいま審査されているという意味なんだよ」と。

われわれの諸々のインスティチューションや諸々の方法に対する現在の反抗のなかには**驚異**がないと私は感じ取っています。**驚異**をともなわない反抗は、たんに平等であることを目指すにすぎません。**驚異**は**願望**を必要へと動機づけます。われわれが平等に手段をもてるように要求することは、妖精のいる古いランプを魂のない新しいランプと交換することでしかありません。**驚異**があるとき、その光はさらに輝かしい黄色になり、その影はさらに輝かしい青色になるでしょう。

私は古いインスティチューションの新しい表現を見いだそうと努めています。たとえば学ぶことのインスティチューションは今日、私たちの大いに関心のあるものですが、それはおそらく一本の木の下の一人の男、そしてその男の周りには男の心の言葉を聴く子供たちという状況で始まりました。最初のクラスルームの驚異はけっして私から離れないし、いま私はその元初の感覚への願望を抱きながら問題にアプローチします。われわれのすべての学校は、その元初の驚きに対する畏敬の念を必要としています。この協議会で、われわれは芸術を学ぶことについて話すべきです。学ぶ圏域の三つの側面、つまりプロフェッショナル、パーソナル、そしてスピリチュアルな側面がわれわれに提示されるでしょう。新しいリアライゼイションに基づいて示された諸々の考えは、状況的なものの影響から自由であらねばならないと私は感じ取っています。

さて、最後の話をしなければなりません。それはある素晴らしいメキシコの建築家との出会いについてです。私はかれの家のなかを歩きながら「**家**」の性格、つまりその家の一生のいかなるときにも、かれに対しても誰に対してもよき「家」の性格を感じ取りました。その家はあなたにつぎのことを告げます。芸術家は真性のみを探すのであって、伝統的なものや状況的なものは芸術家にとって意味がないと。かれのつくった庭は、それと同じものがつくられてはならないようなパーソナルな場所とみなされます。かれの庭は、ひとたびつくられてしまえば、それをつくるためのすべてのドローイングが破棄されねばならないという感覚を人に与えます。庭だけが唯一の確実な現実として生き残ります。庭はみずからの成熟を待ってはじめて、自分がいかなる精神によって創造されたかを自覚するようになります。その後にわれわれが仲間とともに集まったとき、かれは私にこう問いかけました。「伝統とは何でしょうか」と。この問いは今日の協議会の始めに提起されたものです。しばらくは、どのように答えてよいかわかりませんでしたが、ただかれの問いに答えたいという願望だけがありました。というのは、かれのきわだったかけがえのなさが何かを生みだそうとする感覚を引きだしたからです。私はこう言いました。「私の心はロンドンのグローブ劇場に思いをはせます」と。シェイクスピアはそこで上演される『空騒ぎ』をちょうど書き上げたところでした。私は、壁穴からその劇をのぞき見ている自分を想像しました。そして、最初の俳優が自分の役を演じようとするやいなや、衣装の下の一山の塵と骨になったのを見て驚かされました。つぎの俳優にも同じことが生じ、三人目の俳優にも、他の俳優にも、そして観客もまた一山の塵になりました。私はつぎのことを自覚しました。つまり状況はけっしてよび戻すことができないし、私がそのとき見ていたものは、いま見ることができないものであると。そして海から掘り出された古いエトルリアの鏡[*19]——かつてそのなかに美しい顔が映されたのであるが——は青銅の錆に覆われながらも、かつての美のイメージを喚起する力をいまもなおもっているのだと自覚しました。不滅のものとして残るのは、人間がつくるもの、人間が書くもの、人間が描くもの、人間の音楽です。それらの制作の状況は鋳物のための鋳型にすぎません。このことが**伝統**とは何であるかの自覚を導きます。人生の状況の過程のなかで何が生じようと、人間はもっとも価値あるものとして、金色の塵を遺します。それは人間の本性のエッセンスです。もしあなたがこの塵を知り、状況にではなく、この塵に信頼を寄せるなら、そのときあなたは伝統のスピリットに真に

*19 エトルリアの鏡(Etruscan mirror)。紀元前一一〇〇－八〇〇に小アジアから中部イタリアに移動したエトルリア人は建築、工芸の領域で独自の様式を展開した。前五－四世紀の彫金製品(青銅の鏡・ランプ)にはギリシャの影響がみられる。

触れるのです。それゆえ、こう言えるかもしれません。伝統とは、あなたが創造するときに何が存続するかを知る予期の力をあなたに与えるものだと。

第九章　建築についてのステートメント

まず最初に、建築は存在しない[*1]ということから始めましょう。存在するものは建築作品です[*2]。そして作品は、それが建築の宝庫に属するものになるという可能性において、建築への捧げものなのです。

建物はすべて建築ではありません。

作品をつくるときのもっとも重要な助けのひとつは、どんな建物も人間のインスティチューションに属するというリアライゼイションから生じます。

私はインスピレーションに対して最大の敬意を払います。インスティチューションの設立はインスピレーションから生じたのであり、そして建築の美から諸々の解釈が生じました。少なくともわれわれはインスピレーションから建築を解いてきました。

たとえば、ハドリアヌスによって触発された壮麗な表現について考えてみましょう。ハドリアヌスは、誰もが同等に礼拝できる場所を望んだのであり、その結果、パンテオンが生まれました。

われわれに円形の建物を与えたこの解釈は何と素晴らしいものでしょうか。円形の建物であれば、形式化された儀式は誘発されにくいからです。天空へのただひとつの開口を見いだしたことは、何と才にあふれたことでしょうか。

私の授業で最近経験したひとつのことを話したいと思います。

＊1　建築は存在しない（architecture does not exist）。建築はプレゼンスがない（architecture has no presence）と同じ。建築は心のなかに存在する、とも発言される。

＊2　存在するものは建築作品です。そして作品は、それが建築の宝庫に属するものになるという可能性において、建築への捧げものなのです（What does exist is a work of architecture. And a work is an offering to architecture in the hope that this work can become part of the treasury of architecture）。作品なるものの存在論的限定をいう。

それは修道院の課題でした。

われわれは、修道院というものがこれまでに存在しなかったと仮定することからこの課題に着手しました。

私は、諸要素を共同体化する理念、諸要素をひとつの自己‐補完体に結合するという理念を[*3]もつ隠遁者でした。

われわれは修道士という言葉、食堂という言葉、礼拝堂、独居房という言葉を忘れねばなりませんでした。

二週間のあいだわれわれは何もしませんでした。そのときインドの女子学生がこう発言しました。――私は独居房が共同体のなかでもっとも重要だと確信します。独居房は礼拝堂が存在する権利を与えます。また礼拝堂は食堂が存在する権利を与えます。そして食堂は独居房からその権利を得ます。さらに黙想室もまた独居房によってその権利が与えられ、工房もまた独居房の権利によってつくられます。

もうひとりのやはり非‐カソリック[*4]のインドの学生はこう言いました。――私はこナーの意見に同意します。

かれはつづけてこう言いました。――しかし私はもうひとつ別の重要なリアライゼイションをつけ加えたい。つまり独居房は礼拝堂に対して同等であらねばならないし、礼拝堂は食堂に対して同等であらねばなりません。また食堂は黙想室に対して同等であらねばなりません。あらゆる構成要素は他のものに対して同等であらねばなりません。ひとつのものが先立つものや他のものよりも優れているということはないのです。

これら二人のインドの学生のデザインは、むしろ劣っていたと言わねばなりませんが、しかしかれらの発言のインスピレーションはそのクラスの大きな導きとなりました。

＊3　諸要素を共同体化する理念、諸要素をひとつの自己‐補完体に結合するという理念（the idea of socializing elements, of bringing them together into a single self-complement）。いずれもフォームについての限定をいう。

＊4　非‐カソリック（non-catholic）。この言葉に、西洋文明の根幹をなすカトリシズム（catholicism）ではなく、その源流へと遡行せんとするカーンの意図が読みとれる。第五章のトルストイへの言及にも同じ意図が読みとれる。

もっとも優れたイギリスの学生は素晴らしいデザインを制作し、そのなかで新しい要素を考えだしました。新しい要素のひとつは修道院を支配する暖炉の必要性でした。かれはまた食堂を中央施設から半マイル[*5]離して、黙想室に至る途中に描きました。そしてこうつけ加えました。こうすることは黙想室にとって修道院の近くにあることに匹敵するような敬意なのです。なぜなら修道院の重要な部門である食堂が瞑想室に付設させられたわけですからと。

この修道院の課題で、はじめから諸要素を示すプログラムが与えられていたなら、そのような思惟はクラスに生じなかっただろうと思います。

元初の修道院という核についての思惟は無駄なことではなく、修道院のスピリットを再考することによって、新しいリアライゼイションがそのクラスに生じました。

まさにこの理由から、私はこの核、つまりフォーム・リアライゼイションに関心をもちます。フォームは、あるものの不可分な諸要素のリアライゼイションを意味します。

パキスタンの首都[*6]の議事堂を計画していたとき、エントランスにモスク[*7]を導入しなければならないというリアライゼイションに至ったのもまたこの理由からです。

ソーク博士が私のオフィスにやってきて、生物学研究所を建設して、そしてそこへピカソを招きたいと言ったとき、測り得ないもののための集会場を設け、科学の研究所を測り得るものの中心とするという考えを思いついたのも、同様の理由からです。

私自身がいま作業を進めている修道院において、それは学生の課題として与えたものと同じものですが、私はクラスの発見とは相反する事柄を自分自身の内に見いだしました。つまり、私の案にはゲートウエイ・ビルディングといえるものがあります。このゲートウエイ・ビルディングは、内部と外部の結接点であって、それは世界宗教会議のセンターを意味します。(図

＊5　半マイル。第七章＊7を見よ。

＊6　パキスタンの首都。一九七一年三月、東パキスタンが独立し、バングラデシュ人民共和国が成立。ダッカはその首都。カーンの設計は、当初、パキスタン共和国の第二首都計画としてなされた。

＊7　モスク。テクストでは mask とあるが、mosque の誤記とした。ティンの前掲書では mosque と修正されている。

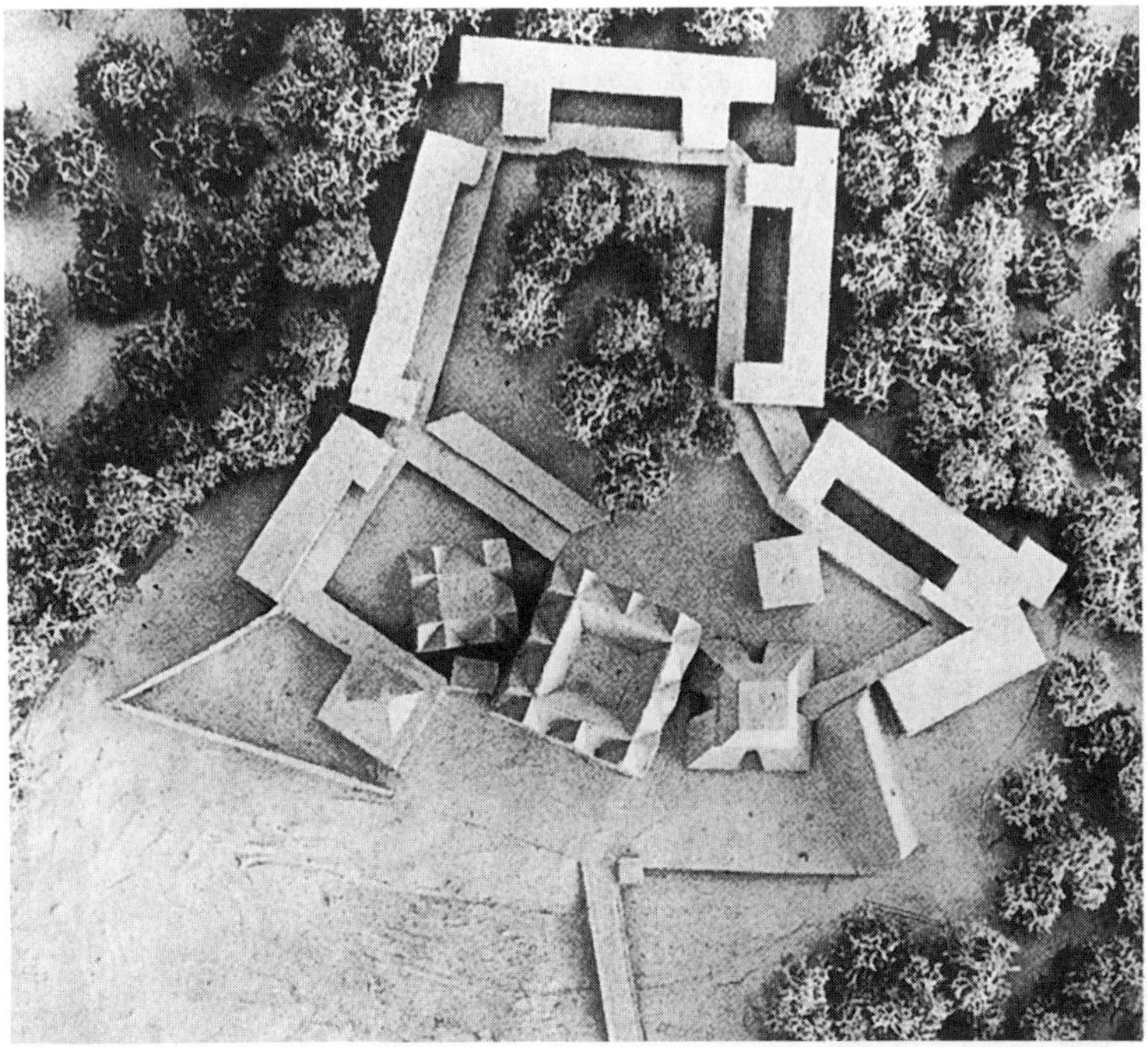

33・34）

それはプログラムのなかにはなく、その課題のスピリットと本性から生じます。

建築家はプログラムに従うのではなく、つまりプログラムを質の問題としてでなく、たんに量の問題の出発点として用いることが重要だと考える理由がここにあります。

同じ理由でプログラムは建築ではありません。それはたんに指図であって、薬剤師による処方箋のようなものです。

というのは、プログラムのなかに建築家がエントランスの場所に変換しなければならないロビーがあるからです。廊下はギャラリーへと変換されねばなりません。予算はエコノミーへと、エリアはスペースへと変換されねばなりません。

人間のインスピレーションは作品の元初です。

心は魂、スピリット、そして頭脳です。頭脳は純粋に物理的なものです。

それは機械がけっしてバッハの曲を作曲できない理由です。

心はまさに測り得ないもののセンターであり、頭脳は測り得るもののセンターです。

魂はすべてに共通のものです。あらゆる心は異なります。*8 あらゆる心はかけがえのないものです。

さまざまなインスピレーションは人生の歩みから生じます。そして人間形成を通した歩みから生きるインスピレーションは、医学やスポーツや人間のさまざまな表明——それは永遠に生きんとするインスピレーションから生じます——のためのインスティチューションに生命を与えます。

あなたが得たプログラムについての建築的解釈は、プログラム自体からではなく、人間のスピリットから生じなければなりません。

図33　ドミニコ会女子修道院　模型
独居房と共通施設の配置がフォームを決定する。共通施設の中央に配され、外部と内部をつなぐゲートがエントランス・タワーである。

図34　バングラデシュ国会議場　モスク・エントランス
広大なエントランス・プラザと内部をつなぐゲートウエイは、わずかに軸がふられている。上階にはプレイヤーホールを設ける。

＊8　魂はすべてに共通のものです。あらゆる心は異なります（The soul is the same and all. Every mind is different)。これはサイキの二成素の規定に符合する。つまり、意志とイナのそれぞれが、異なる（different)、共通の（common）と規定される。

学ぶインスピレーションは、一切の学ぶことのインスティチューションを形成することです。

問いのインスピレーションは、おそらく哲学のセンターであり、そして宗教のセンターです。

表現するインスピレーションは、最高に力強いインスピレーションであり、一切の芸術のセンターです。

そして芸術は神の言葉です。

構造は光の形成者です。

正方形の建物は正方形らしく建設され、そしてその光は正方形らしさを明示しなければなりません。

長方形は長方形のように建設されねばなりません。

それは円形の建物でも、またより変化に富む建物においても同じであって、その形成に内在する指図は、それが幾何学的なものである限り、見いだされねばなりません。

ここでもうひとつの話をしてみましょう。

それは私のオフィスの、まったく仕事をしない男の話です。

しかし、かれは私が考えるのを助けてくれるので喜んで給料を支払います。

かつてかれが出席していたクラスで、構造が光の形成者であることを説明するときに、私はギリシャ神殿の列柱における相互関連の美の理念を導入し、そしてつぎのように言いました。

柱は光なし、空間は光であると。

しかし柱は内側ではなく、柱の外側に力を感じ取ります。

柱は外側にさらに強い力を感じ取ろうとし、内側を中空にし、さらにその考えを推し進めるとき、柱は中空を意識するようになります。

もしあなたがこの思惟を拡張させるなら、柱は一層大きなものになり、その外皮は一層薄くなります。そして内部はコートです。

これがパキスタンの首都計画の基礎でした。(図35・36)

ある日私はエレベーターに乗り込み、そこにかれを見つけました。かれはおよそ六・五フィートの背があり、私に気づきませんでした。腕を組み考えにふけっていました。私の方はといえば、かれの足もとにころがる紙屑といった感じで乗り込んだわけです。

われわれが一緒に同じフロアーへ出たとき、「あっ!」とかれは声をあげ、私に気づきました。

それからエレベーターの隣の私の部屋へと向かいました。かれは私が机の前に座るあいだ、その全身を扉の内側に押し込みながら、まるで部屋の外にいるといったぐあいでした。かれはとても背が高いですからね。なかに入ってもよろしいでしょうか、とかれは言いたかったのです。座りたまえ、と私は言いました。かれはこう言いました。――プロフェッサー、ずっと考えていました。つまり、柱の内部は可能性でしょうか。*9

私はそれが可能性ではないと思っていました。もっとも私はそれについて考えているふりをしましたが。窓のほうへ眼をやり、書類をひっくり返したりして。

そして私はこう問いかけました。あなたはインスピレーションを受け入れますか。

図35　ソリッドの柱と中空の柱　スケッチ

ソリッドの柱(上)と中空の柱(下)を示す。図と地の逆転。下の絵の斜線は上の絵の斜線とは意味するものが異なる。上の斜線は構造そのものであるが、下の絵において、中空は光の場所を意味し、斜線部分は沈黙の場所(内部空間)を意味する。両者を区分する境界線それ自体が構造である。つまり柱の表皮のみが残され、内部が取り除かれ、ライトコートに変様したのである。

*9　柱の内部は可能性でしょうか(is the interior of the column hope ?)。hope(希望)を、意味をとって可能性と訳す。

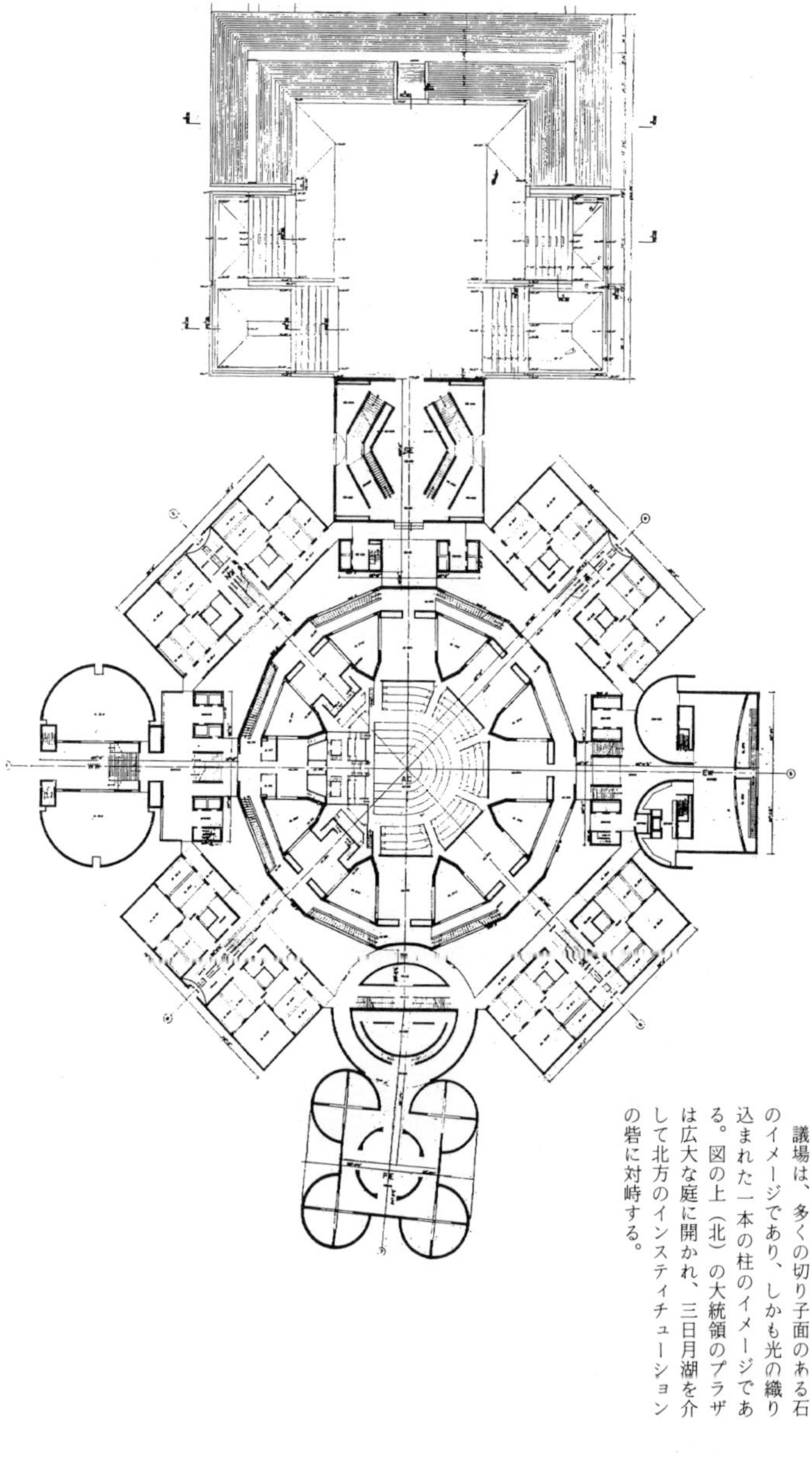

図36　バングラデシュ国会議場　平面図

議場は、多くの切り子面のある石のイメージであり、しかも光の織り込まれた一本の柱のイメージである。図の上（北）の大統領のプラザは広大な庭に開かれ、三日月湖を介して北方のインスティチューションの砦に対峙する。

受け入れます、とかれは応じました。

私が言いたいことはこうです。人が取り扱うすべてのものは審査中[*10]であって、そこには終わりというものはありません。扉は開かれています。新しい驚くべきインスティチューションのリアライゼイションに向けて開かれています。リアライゼイションとは、コンポジションとテクノロジーを触発することによって、諸々のインスティチューションがつくられうる驚くべき方法なのです。

＊10　審査中（under scrutiny）。第二章＊2を見よ。

第一〇章　リマークス

私は金銭面からものごとを見る人たちがたいへん苦手です。いま取り組んでいる小さなリンカーン・センターともいえるアート・センターに関連して、フォートウエインでその関係者に会わねばなりませんでした。そのプロジェクトは、いくつかの組織を位置づけるというものです。それらの組織は、本格的なコンサートホール（人口一八万人に対して実に立派なものです）、市民劇場、それとは別の円形劇場、美術学校、音楽学校、舞踏学校、ドーミトリー、美術館、そして博物館からなります（図37）。これらのすべてが、ひとつの敷地のなかでひと群れのものとして計画されています。私はそのコストがどれ程かかるかを言わねばなりませんでした。これは私にとってやりにくい事態でした。というのは、まずはじめにかれらがその計画を欲しがるようにして、そのあとでコストについて話そうと考えていたからです。

私はつぎのようなひとつの事実で武装しました。つまり、かれらが要求した面積（それはもちろん容積とは関係ありません）と、私がデザインのなかで展開した面積とが同じであったということです。これはまったく奇跡に近いことでした。私を含めたほとんどの建築家は面積をオーバーしたとき、それを正当化するためにさまざまな理由をあげます。しかしながらフォートウエインの場合、関係するすべての組織がそれぞれにプログラムを作成したため、不測の面積の増加を見込んで相当の余裕が含まれていました。そうした現実主義のおかげで、要求された面積と等しく構成することが可能になりました。そこで私はコストではなく、面積がおさまっていることで武装しました。もちろん私はコストを知っていたし、そのコストが委員会の予期していたものをはるかに越えるものであることを知っていました。

私はできるだけ人目を引くようにその計画を示しました。とくに新しいコンサートホールについて、かれらがその存在をけっして拒否できないように説明しました。そして他の建物についても同じように説明しました。その後でかれらがいくらかかるのかと尋ねたとき、私はこう言いました。「さてみなさん、あなたがたが私に与えた面積は、私の計画した面積と同じであるという事実をまずはじめに言っておきたい」と。かれらは言いました。「それはわかりました。しかしいくらかかりますか」と。「おそらく二〇〇〇万ドルは必要でしょう」と私は答えました。

かれらは最初の経費として二五〇万ドル程度を見込んでいましたが、それらの建物が互いに依存し合うようになったので、そのような少ない額では意味のある選択がまったく不可能であると思われました。私は反応を待ちました。その新しい金額が引き起こした静かなショックを私は感じ取りました。ひとりが思いきってこう言いました。「ところでカーンさん、私たちは二五〇万ドルの予算を考えています。二五〇万ドルで何を手に入れることができるでしょうか」と。私は言いました。「何ものも手に入れることはできないでしょう。もし半年前に私に二五〇万ドルで何ができるかとお尋ねになっていたら、二五〇万ドル相当のものをお渡しすると約束できたと思いますが。しかしいま示されたものをごらんのように、そこにはひとまとまりの存在が示されています。コンサートホールは美術学校に基づき、美術学校は市民劇場に基づき、市民劇場は舞踏学校に基づくというふうに」と。その結果、この計画はひとつの建物が

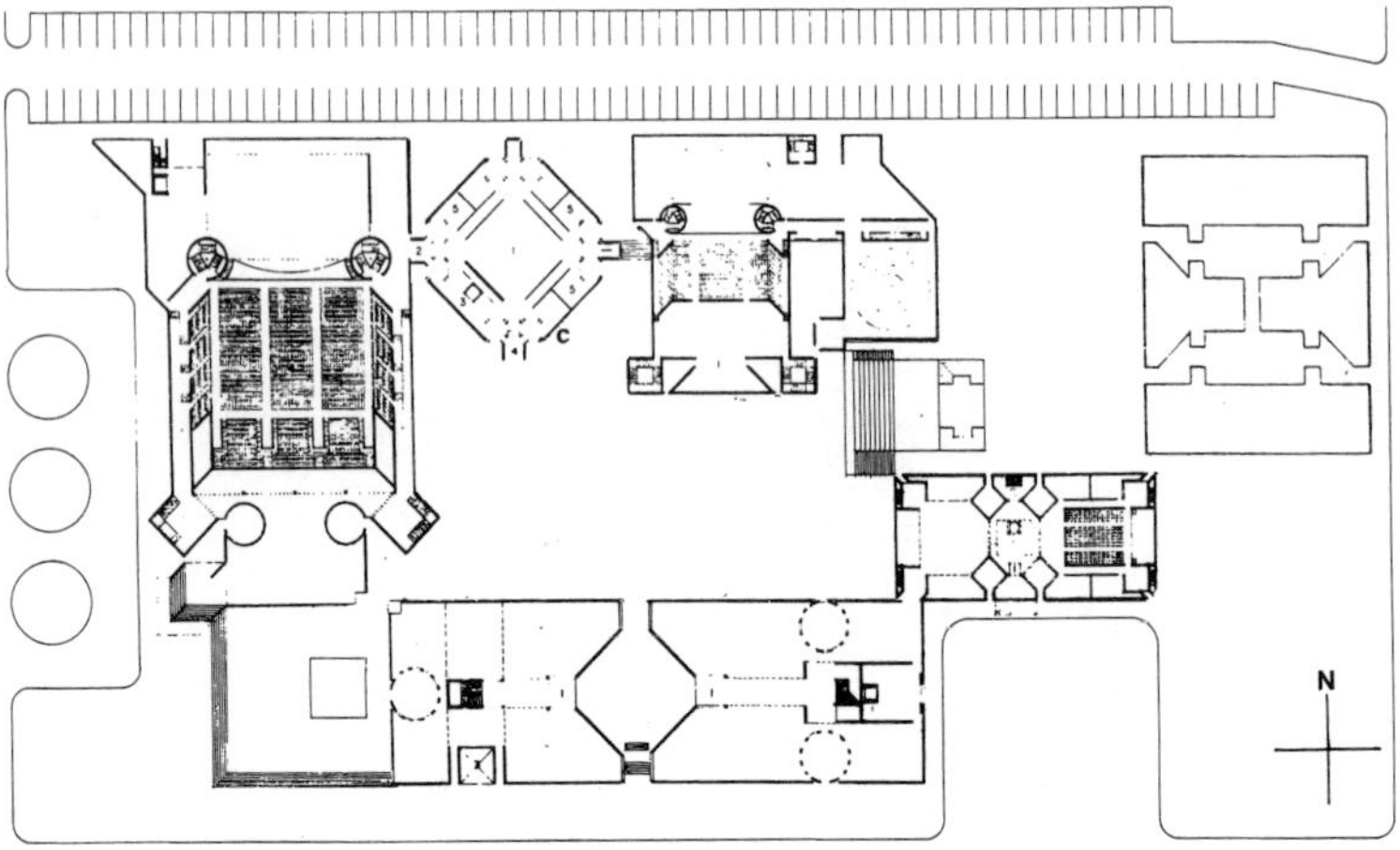

図37　フォートウェイン・アートセンター、平面図。

他の建物に基づいていると感じられるようにつくられています。私はこうつづけました。「ところで、私はここに何をしにやって来たのでしょうか。ご都合主義の解決策を見つけるためでしょうか。それとも特別の質を見いだすためでしょうか。私は特別の質を見いだしました。つまり諸々の建物が集まることによって、それらが離れていたときにもっていたもの以上のものになるという特質です。だから二五〇〇万ドルではおそらくロバの後ろ足と尾ぐらいは得ることになるでしょうが、しかしロバそのものを得ることはないでしょう」。

しばらくして、ひとりの男がこう尋ねました。「ところで、私たちが美術学校を建てたいと言ったと仮定しましょう。それは私たちが建てようとしている多くの建物の一部ですが、しかしいま私たちは美術学校のみを建てたいと思っています。すべての建物を含んでいる複雑なプログラムなしに、あなたは計画することができたでしょうか」と。私はこう答えました。「もちろんできましたが、しかしあなたはロバどころではなく、一匹の蚊を得ることになっていたでしょう」と。ところで、かれらは心に一匹のロバを抱いていました。それが半分のロバになり、半分のロバでさえなくなり、そして一匹の蚊になり(これなら丸ごとですが、もちろんそんなものはかれらが望んでいるものではありません)、そしてこれがわれわれの状況でした。最後にひとりが言いました。(かれらは私が示した存在を好んでいたし、また、それぞれの組織が独立して表現されるのとは異なる何かがその存在に含まれていることを自覚していたので)「よくわかりました、カーンさん。私は一〇〇〇万ドルをかけることは理解できますが、しかし二〇〇〇万ドルをかけることは理解できません」。もちろんその時点で、事態は予期していたよりも良好な方に展開していると自覚しました。寛容になるのはそのときでした。そこでこう言いました。「よろしい。費用を減らすために可能な限りの努力をしましょう。しかしそのために何かをあきらめねばならないことを覚悟してほしい。またこの段階では何も約束できません。なぜなら私自身にとってもこの存在はいまや破壊することが困難だと思えるからです」と。

というのは、人間の生き方において、いままさに受け入れられ、生起しつつある何かが感覚されるならば——それは空間圏域のなかで、あるいは他のいかなるフォームとも異なるフォームのなかで表現されるのだが——そうしたことがひとたび生起するならば、いかなる部分をも取り去ることはできません。なぜなら、すべての部分は他のものに関係しているからです。フォームはそのような本性からできています。フォームは不可分な諸要素に関わる事柄です。もしひとつのものを取り去れば全体ではなくなります。すべての部分がそろっていなければ、生き方の一部として人が受け入れたいと望むものに、全き意味でふさわしいものは何ひとつ得られません。

私は、もしかれらがすべてを建てないならば、委託された任務をいつでも放棄するつもりでいた理由を自覚して、あるいはむしろたとえ段階的にせよまだすべてのものが建てられる可能性があると感じ取って幸せでした（人間の多くのすばらしい企てにおいて、そのような段階的な企てがなされたとき、そこでは人びとの信念は強く、しかも明確に理解されていたので、企ての一部を取り去ればすべてが失われるであろうことをすべての人びとは理解していました）。そして私はつぎのように言いました。「私はいまこれまで自覚しなかったことを自覚します。すなわち、建築家は信念のリアリティと手段のリアリティとに関わります[*1]」と。たとえば、私はいまゲーテを読んでいます。

＊1　建築家は信念のリアリティと手段のリアリティとに関わります (he deals with the reality of bel ef and the reality of means)。前者が人間の事象、後者が自然の事象である。つまり沈黙と光に対応する。

（それは以前読んだとき非常に難しいものでしたが）私はゲーテのなかに驚異を見いだします。かれは自叙伝を『詩と真実』[*2]と名づけています。これは人生と生き方についてのすばらしい自覚です。ゲーテはかれに生じたものを報告していますが、かれはそれをつねに状況的なもの、つまり生じたことそれ自体に限定するのを避け、むしろその意味について、つまりかれ個人の人生を超越するものについて反省しました。これはすばらしいことです。ゲーテを読んでみると、その客観性が感じ取れると同時に、あまりに感傷的なものに対してかれが抑制を与えていることも感じ取れます。というのは、それはかれに影響を与えるだけであって、人にそれを押しつけるべきではないとゲーテは知っているからです。あなたがゲーテの自伝を読んでいるとき、ゲーテ自身に耳を傾けるべきではありません。あなたは永遠なるものに属するものに耳を傾けるべきなのです。

＊2　『詩と真実』（truth and poetry）。ゲーテの自叙伝。幼年時代からワイマルに移るまでの姿が、事実の平板な再現ではなく、一人の少年の自己形成のさまとして書かれている。

それはすばらしいことであり、それこそがまさに芸術であると私は考えました。あなたがつくるものはあなた自身ではありません。それはたんにあなた自身の何かを信じるという問題ではありません。というのは、あなたが信じるリアリティはあなたの信念ではなく、それはあらゆる人の信念だからです。つまりあなたはこの信念のレーダーにすぎません。あなたはあなたのもとにやってくる信念の保管者です。なぜならあなたは建築家として、あるものの心的存在を感覚する力を所有しているからです。あなたは私たちすべてに属するものをつくっています。もしそうでなければ、あなたはほとんど何も産出していないことになります。まったく何もないということはないのですが。もちろんこのことはほとんどの人は失敗していることを意味しています。そしてこれが真実なのです。

しかしモーツァルトは失敗者であったとは思いません。モーツァルトが社会をつくったと考えられないでしょうか。社会がモーツァルトをつくったのでしょうか。そうではありません。つくったのは委員会や大衆ではなく、人間であり、人間だけなのです。ある人間、ひとりの人間だけが何かをつくります。このことはゲーテにもまさに当てはまります。（私はゲーテを好むある人[*3]にたいへん敬意を抱いているのでいまゲーテを読んでいます。私はまたその人を愛しているのでゲーテを読まねばなりませんでした）。以前は『ファウスト』の一ページを読むことが困難なことでした。私は初めてファウストに出会い、そしてそのすばらしさを見いだしました。つまりグレートヒェンは肉体というよりも魂でした。ファウストは肉体と魂の間のバランスでした。メフィストフェレスはまったくの肉体、つまり人間の肉体でした。かれは魂をもちません。二人の人が魂についての同じ感覚をもつことはありえません。人のかけがえのなさは魂と肉体です。しかし魂は流布するものであり、それはまったく同じものであり、誰にとっても異なるものではないと思います。異なるのは手段としての私たちの肉体だけなのです。その肉体を通して、私たちは願望、愛、憎しみ、誠実さ、そして魂のすべての測り得ない特性を表現します。かけがえのない人だけが人間の本性の本質を見いだし、また一方ではその人が人間のインスティチューションをも見いだすということは真実ではないでしょうか。複数の人びとが見いだすのではありません。つまり調査したり、たとえば誰かと共同研究することによって、何かを見いだすとは考えてはいけません。あなたは、真実として見いだしたものの保管者であるという了解に到達できるか、あるいは真実を見いださないかのどちらかでしょう。先日、私は教育をまったく受けなかった人に会いました。その人は疑いなく素晴らしい心をもっています。それは、たったひとつの小さな知識の断片からオーダーについての素晴らしい感覚を組み立てることができるような心です。それはめずらしいことでしょうか。つまり、ギリシ

＊3　ゲーテを好むある人。カーンの母がゲーテを読んだ、とティンは記している（A. Tyng, 前掲書、香山・小林訳、一ページ）。

ャ人は私たちがいまもっている知識をもっていなかったが、それでいてかれらのなしたことは何とすばらしく見えることでしょうか。心に最高の敬意が払われていたからです。つまり質素のゆえに、選択するものを多くもたないゆえに、生きんとする意志を表現しようとする人間の本性を、わずかなもので素晴らしく表現できる方法を人は考え始めます。

私は信念についてのこのような考えに心から愛着を感じ取りました。というのは多くのものごとがその背後に信念をもたず、手段のリアリティのみでなされていると自覚したからです。信念のリアリティなしには完全なリアリティはありません。人びとが大規模の再開発計画をするとき、その計画の背後には信念がありません。さまざまな手段が得られ、さらにそれらを美しく見せるデザインの工夫も得られますが、しかし人間の新しいインスティチューション——それは生きるための新鮮な意志を感じさせるのだが——の出現に降りそそぐ光と感じられるものは何ひとつとしてありません。そうしたものはある信念に基づく意図から生まれます。感情が計画の背後に存在しなければならないのです。単調なもののかわりに、たんに楽しいものをつくるということではありません。そんなことはたいした仕事ではありません。建築家のなすあらゆる仕事は、それが建物である以前に、何よりもまず人間のインスティチューションにふさわしいものでなければなりません。あなたは建物の背後に、人間の生き方におけるその建物のアイデンティティについての信念をもたないかぎり、その建物が真に何であるかを知ることはできません。あらゆる建築家の最初の行為は、流布している信念を活性化することであり、あるいは新しい信念を見つけることです。いかなる前例もなく最初の修道院が出現したことは確かに素晴らしいことですが、他にそんなことがありえないと必ずしも断言することはありません。最初の修道院の出現は、ただある人によってつぎのように自覚されたということにすぎません。つまり修道院とよばれる人間の活動のなかには、表現され得ないものを表現せんとする深い人間の願望があって、ある空間圏域がその願望を現示《リプリゼント》しているという自覚です。あたかも永遠にありつづけるかのように、あらゆる人によって支持される何かが設立されるときが人間の歴史のなかに生じることは、まさに驚くべきことです。

ここで、永遠なるものと普遍なるものとのあいだの相違について話すのがいいでしょう。普遍なるものは物理的なもののみに関わります。しかし永遠なるものは、意識のない自然が理解することも知ることもない、いわばまったく新しい本質のようなものです。ところが、人間は自然のなかにありながら、願望を意識する存在です。この二分枝[*4]のゆえに、自然は人間のプレゼンスのために変化するのだと思います。なぜなら、人間は夢からつくられているので、自然から与えられた手段だけでは満足できないからです。人間はより以上のものを望みます。

建築は自然がつくることのできないものです。自然は人間がつくるものをつくることはできません。人間は自然——つまりものを形成するための手段——を受け入れ、そしてそれを自然の法則から孤立させます。自然は、オーダーとよばれる法則のハーモニーのなかで働くのでこのようなことはありません。自然はけっして孤立して働くのではありません。しかし人間はこの孤立化をともなって働きます。それゆえ、人間がつくるものすべては、人間の願望とスピリットによって表現されるのを望んでいるものに比べて劣ります。人間はつねに自らのつくる作品よりも偉大です。人間はその手段によって完全に願望を満たすものをつくることはできません。

＊4　二分枝（dichotomy）。人間は、意識のない物理的自然のなかに存在しながら、意識のある、願望をもつ存在である、ということ。

そしてもうひとつ私が強く感じ取っていることがあります。たとえある信念がつねに多くの洗練を含んでいるとしても、それは信念についての限られた解釈でしかないということです。つまり人はつねにある信念について、それを完全にあきらかにしたり、完全に美しくできるほどには知りはしないのです。何よりもまず信念は存在するにちがいないと感覚しなければなりません。そしてそれは、もっともうまくいけば、後世においてアルカイクとよばれるはずです。[*5]アルカイクとは、それ自身のもてるすべての美しさをいまだ表していないが、しかし存在への力を充分に備えているようなものです。その力を感じたがゆえに、後世の人びとは、そのもののもつスピリットを変えることなく、むしろそのものがビューティのもとに出現するように働きかけてきたのです。つまり、われわれが働きかけるようなものであるかどうかというところにビューティは存在するのだと私は信じます。ビューティは選択することです。それは現前するもののハーモニーの完結性に関わる事柄です。

第二首都計画、ダッカ、パキスタン

私は広範囲にわたる建物からなるプログラムを与えられました。つまり議事堂、最高裁判所、議員宿舎、学校、スタジアム、外交官官邸、住居地区、マーケット、それらすべてはよく洪水にみまわれる平坦な一〇〇〇エーカーの土地に建設される予定でした。これらの建物がどのようなグループに分けられるのか、そしてまた何が建物の位置づけをもたらすかについて私は考えつづけました。三日目の夜、ある考えを思いつきベッドからとび起きました。それはいまもなおその計画を支配している考えです。この考えは、集うことが超越論的な本性からなるというリアライゼイション[*6]から生じました。人びとはコミュニティの精神に触れるために集ま

＊5　アルカイク（archaic）。「元初的な」「古い」を意味するギリシャ語アルカイオス（arkhaios）に由来する。ギリシャ美術の初期あるいは一般に美術発展の初期段階をいう。カーンは、そこに美しさ以前の存在の力を見いだしている。パエストゥムの神殿とパルテノン神殿を対比しつつこう言っている。「美はアルカイク期に最初の表現をもつであろう存在意志から展開する。パエストゥムとパルテノンを比較してみよう。アルカイク期のパエストゥムが元初である。それは壁が引き裂かれ、柱が成立したときであり、音楽が建築に入ったときだ。パエストゥムがパルテノンを触発したのである。パルテノンはパエストゥムよりも美しいと見なされているが、しかし私にはパエストゥムのほうがより美しい。パエストゥムは、その後につづくすべての驚異がそのなかに含まれている元初である」。(The Notebooks and Drawings of Louis I. Kahn, Edited and Designed by Richard Saul Wurman and Eugene Feldman, The Falcon Press, 1962)

＊6　集うことが超越論的本性からなるというリアライゼイション（the realization that assembly is of a transcendent nature）。ダッカ

ってきました。そこで私はこのことが表現できるにちがいないと感じ取りました。パキスタン人の生活における宗教のあり方を観察したとき、私は議事堂の空間構成にモスクを織り込むことによって、私のこの感情が表現されるだろうと考えました。この考えが正しいと仮定することは傲慢なことでした。この考えがかれらの生き方にふさわしいものであると、どうして私にわかるのでしょう。しかしこの仮定にとりつかれました。

そのプログラムは閣僚たち、かれらの秘書たち、そして議員たちの宿舎のデザインを要求しました。この要求は私の心のなかで議事堂をとりまく花冠状のものをもたらしました。そして私はただちにこの要求は宿泊施設を意味しているのではなくて、湖に浮かぶ庭園のなかの書斎群を意味していると変換して捉えるべきだと考えました。私の心のなかでは、最高裁判所は人間の本性についての哲学的見解を考慮して立法行為を試みるところでした。三つのもの（議事堂、宿泊施設、最高裁判所）は、集うことの超越論的な本性の思惟において不可分のものになりました。（図38・39）

私は、このプロジェクトの担当者であるカフィルディーン・アハマッドにこの構想を告げたいという切望のあまり、朝まで待ちきれないほどでした。その朝九時ちょうどにかれを訪れ、モスクの象徴的な重要性について告げました。すぐには何の返答も反応も得られなかったのですが、しかしかれは数人の閣僚に電話で伝えました。しばらく話した後、私の方に向いてつぎのように言いました。「カーン教授、あなたは何かをつかんだようですね」と。私はその計画がフォームを獲得できるだろうという大きな信頼を感じ取りました。かれはこうつづけました。「しかし、最高裁判所の長官が議事堂の横に最高裁判所が置かれるのを望んでいないので、

の国政センターのマスタープランにおけるフォームの自覚をいう。これはフォーム一般の特性でもある。

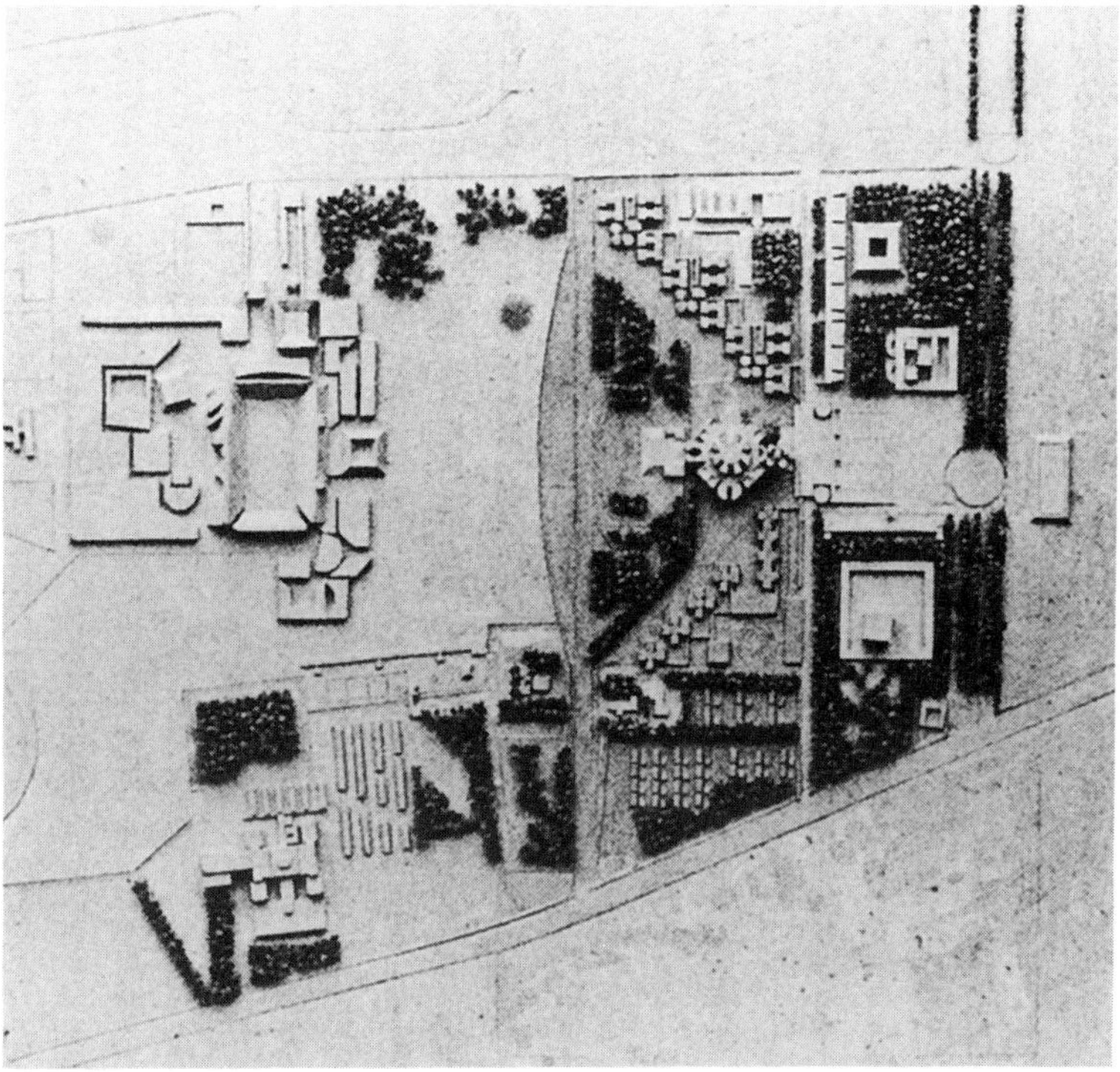

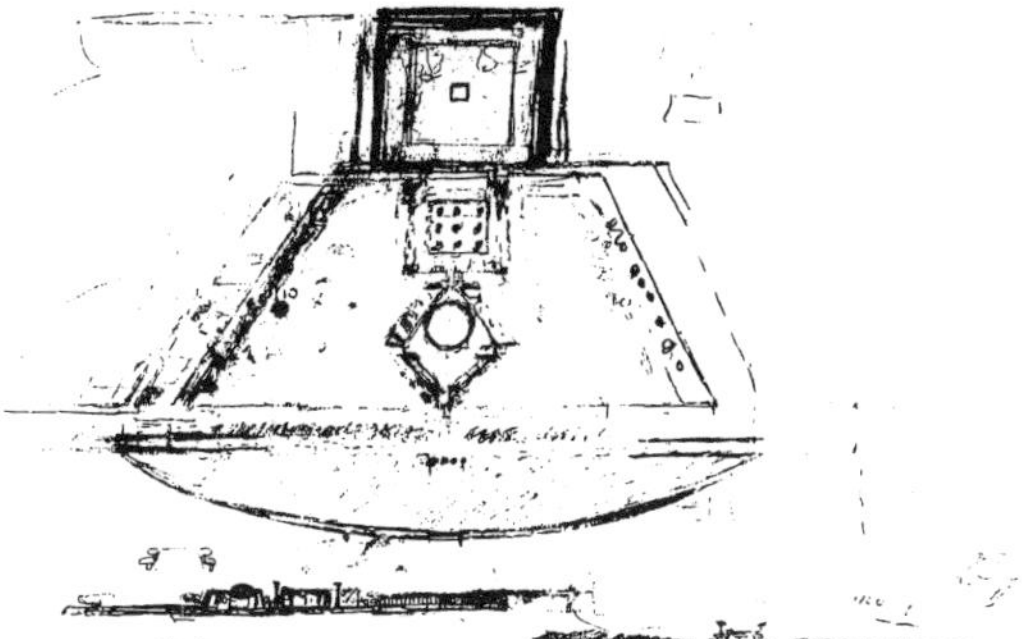

図38　バングラデシュ国政センターマスタープラン　模型
図39　バングラデシュ国政センターマスタープランの初期スケッチ
　平面のスケッチの下より、三日月形湖、議事堂、モスク、最高裁判所が南北軸上に配される。宿泊施設群は湖に浮かぶ庭のなかに配され、四五度方向にのびる両翼によって議事堂を包囲する。

かれの説得が問題でしょう」と。

私たちは翌日、長官を訪れ、いつものように紅茶とビスケットで歓迎されました。長官はこう言いました。「あなたがここに来られたわけを知っていますよ。うわさはパキスタン中に広まっていますからね。あなたはまったく見当ちがいをしています。というのは、私はこの議事堂のグループの一員になるつもりはないからです。私は法律家が集まる高等裁判所に近い現在の州都所在地へ行きたいんです。そこの方が私には居心地がいいからね」と。私はかれの方に向き直り、こう言いました。「長官、それはあなたひとりのお考えでしょうか。それともあなたに従うすべての裁判官の決定なのでしょうか。私が考えていることを説明させてもらえますか」と。私は紙の上に、湖に浮かぶ、モスクをともなった議事堂の最初のスケッチを描きました。そして湖を取り囲む宿泊施設群をつけ加えました。私は集うことの超越論的な意味について、どのように感じ取っているかを告げました。かれはしばらく考えた後、私から鉛筆を取りあげ、私が考えていた位置に、つまりモスクの反対側に最高裁判所を示す印をつけました。そしてこう言いました。「モスクが議事堂の人びととの充分な遮断になるでしょう」と。

宗教的思惟のモティーフを長官に伝えることができて、私はたいへん幸せでした。長官の心に真の理解をもたらしたのは、宗教でもデザインでもパターンでもなく、ひとつのインスティチューションがそこから出現しうる本質でした。

議事堂、モスク、最高裁判所、そして宿泊施設がそれらの相互作用のなかで心的に結びあう関係は、ある本性を表現するものです。議事堂のインスティチューションは、もしその共鳴し合う諸要素が分散されれば、その力を失ってしまうでしょう。それぞれのインスピレーションもまた不完全な表現に終わるでしょう。

モスクの最初のスケッチで私は四つの尖塔を示しました。議事堂に対するモスクのもつ意味は不可分のものであり、また必然的なイメージでもありました。そこで私はとりあえず借りものではあるが、明白な尖塔の形を用いました。ところが「議事堂」に関わり合う「モスク」の本性への問いはいまや尖塔の必要性に疑問をなげかけました。あるときはモスクのデザインはピラミッドであり、その頂部が尖塔でした。いまそれは議事堂へのモスク・エントランスです。しかしそのフォームの問いは長いあいだ保持されたのです。

そこは沖積地だから、建物が洪水から守られるように盛り土の上に建設されます。盛り土のための土は湖や池を掘ることによって得られます。湖の形もまた配置や境界の規律として利用されました。三角形の湖は宿泊施設や議事堂を包み込み、寸法のコントロールとして働くように目論まれました。

議事堂、宿泊施設群、最高裁判所は議事堂の砦に属し、それらが内的に関連する本性が、他の建物に距離を取らせる完結性を示唆します。私の案が議事堂にふさわしい表現に至ったかどうかわかりませんが、しかしつぎのように言うことはできます。議事堂の行為は人間の知的なインスティチューション（制度）を形成するのだと。そのことは、議事堂に関わるもの以外の諸々の建物が、インスティチューションの砦に属することを自覚させました。インスティチューションの砦は議事堂の砦の軸上に、議事堂に向かいあって設置されました。

われわれのなかにある
表現するインスピレーション
問うインスピレーション
学ぶインスピレーション
生きるインスピレーション
これらは人間に、人間のインスティチューションをもたらす。

建築家は諸々のインスティチューションの空間の形成者である。
心と身体と芸術が、これらのインスピレーションを
こちらへもちきたらす。

心、頭脳、そしてサイキは宇宙のセンサーであり、また、
「なぜ」という問いをともなう驚異のジョイのなかの
永遠なるもののセンサーである。

身体は生命あるものであり、サイキをもたぬ身体はない。
身体の美と優美さと強さは、人間と社会によって
切望され、称えられるべきだ。芸術は
スピリットの言葉である。創造することは
サイキのリアライゼイションの感覚であり、自然の法則への

依存である。

インスティチューションはインスピレーションの家である。*7

学校、図書館、研究所、体育館。

建築家は要求される空間の指図を受け入れるまえに、

インスピレーションを思いやる。

かれは、あるものを他のものから区別する本性とは何かを

自らに問いかける。かれがその差異を意識したとき、

そのもののフォームに触れる。フォームはデザインを触発する。

インスティチューションの意味について考えるとき、つぎのことが私の心に生じました。つまり、最初のインスティチューションは生きるインスピレーションから生じ、そして生きるインスピレーションは、人間のインスティチューションのなかに目立たない仕方で表現され、保持されてきたのであると。私が感覚したく望んでいるのは、つぎのような建物のインスピレーションです。つまりその建物のフォームが健全な身体の美を表現するプログラムとデザインとの新しい展開を導くことができるそういう建物のインスピレーションです。それは浴場と運動場と集会場の場所になるでしょう。それは競技者が称えられる場所であり、人間が身体の完成に向けて努力する場所です。私は豊かさと喜びに手をさしのべる空間からなる環境を思い描きます。人びとの健全な身体に関する国家の責任は、心の教化や商業の規制と同様に重要です。この健全な身体のためのインスティチューションは、建物の配置としては、スタジアムを取り囲むように提示され、その内容は集会場、浴場、運動場、そしてそれらの庭、さらに科学の学

*7 インスティチューションはインスピレーションの家である（the institutions are the houses of the inspirations）。最後期の思惟を主導するインスティチューションと根本語インスピレーションの関わり合いをいう。中期の思惟を要約するフォーム・リアライゼイションの変転したものといえる。

校と芸術の学校とが付設されます。そして、サテライトのインスティチューションと商業的サーヴィスのブロックとが、これらの諸々の建物とともに構成されます。このブロックは、丘と低地にひろがる古い集落を再整備してつくられつつある居住地区の拠点となります。私はスティーン・アイラー・ラスムッセン氏に二つの砦における慎重な分割について話しました。しかし私はかれに触発されたために、この分割について見直そうかと思っています。つまり二つの砦は結合されることで、公園を隔てて互いに向かい合っているよりも、より優れた意味をもちうるのではないかと感じ取っているのです。以前はそれらの砦はインスピレーションの異なるレベルに住んでいるのだから分離されているのはよいことだと感じ取っていました。しかしラスムッセン氏は街の元初をその本質においてたいへん美しく考えていたので、この計画の背後の信念を確信できるまで、私はこの計画を再考する必要があると感じ取りました。

私の企ては、パキスタンへ引き渡すことができるような信念を、哲学に基づいて確立することなのです。その結果、パキスタンの人びとがなすすべてのことがつねにその信念に応えることができるものとなります。プログラムを見た数週間後につくられたこの計画は力をもっているように思います。その計画はすべての要素を含んでいるでしょうか。ひとつのものが欠けていても、それは崩壊するでしょう。私はこの問題を解決しなければなりません。ラスムッセン氏はバザールの生命力と美しさを伝える小さいスケッチを示しながら、その問題について説明してくれました。そのバザールは、狭いながらも、触発された生き方に自己充足を与えることができる建築の力を非常に美しく表現しています。それは、世界のなかの世界の形成にふさわしいものです。同じ方法で、この一〇〇〇エーカーの敷地のなかで、すべての要素がそれ自体の特性を感じ取られるべきなのです。

議事堂において、私は平面図の内部に光を与える要素を導入しました。列柱を見るとき、列柱の選択は光の選択であると言うことができます。ソリッドとしての柱は光の空間を縁取ります。さて、その見方を逆転して考えてみましょう。つまり柱が中空であり、それがさらに大きくなり、中空の柱の外皮の壁はそれ自体、光を与えることができると考えてみましょう。そのとき、ヴォイドはルームです。柱は光の形成者で、複雑な形態をとり、諸々の空間の支持体になることができ、しかも諸々の空間へ光を与えることができます。私はその要素を、そのコンポジションのなかでの役割を越えて、要素自体の美しさをもつ詩的な存在になるように発展させようと努めています（図40・42）。このような仕方で、その要素は光の賦与者としてすでに述べたソリッドの柱に類似したものになります。コンポジションにおける要素の問題は、宿泊施設群のための日除けポーチを形成するときに再び現れます。この要素によって、光がポーチの内部にも、外部と同じように存在すべきであることが承認されます。もし内部の光（必ずしも太陽の光ではないが）を獲得できるなら、ソリッドである部分の暗さと開口部の輝きの対比とが大きくならないのでグレアを感じなくてすみます。建物が段状に上っていくとき、階ごとにポーチをずらして配すれば、ポーチの内部に光を取り込むことができるでしょう（図41）。しかし内部に光のプレゼンスを与えるためには、わずかな光で充分です。太陽は歓迎されざるものです。私はまだ問題を半ばしか解いていません。私は問題を指摘していますが、しかし解いてはいません。私が試みた開口部の可能性についてのさまざまな探求は、どこかしら昔の建物を思わせるところがありますが、そのうちのいくつかのものは少しは具体化されているものの、まだほとんど具体的な形態をもつに至ってはいません。

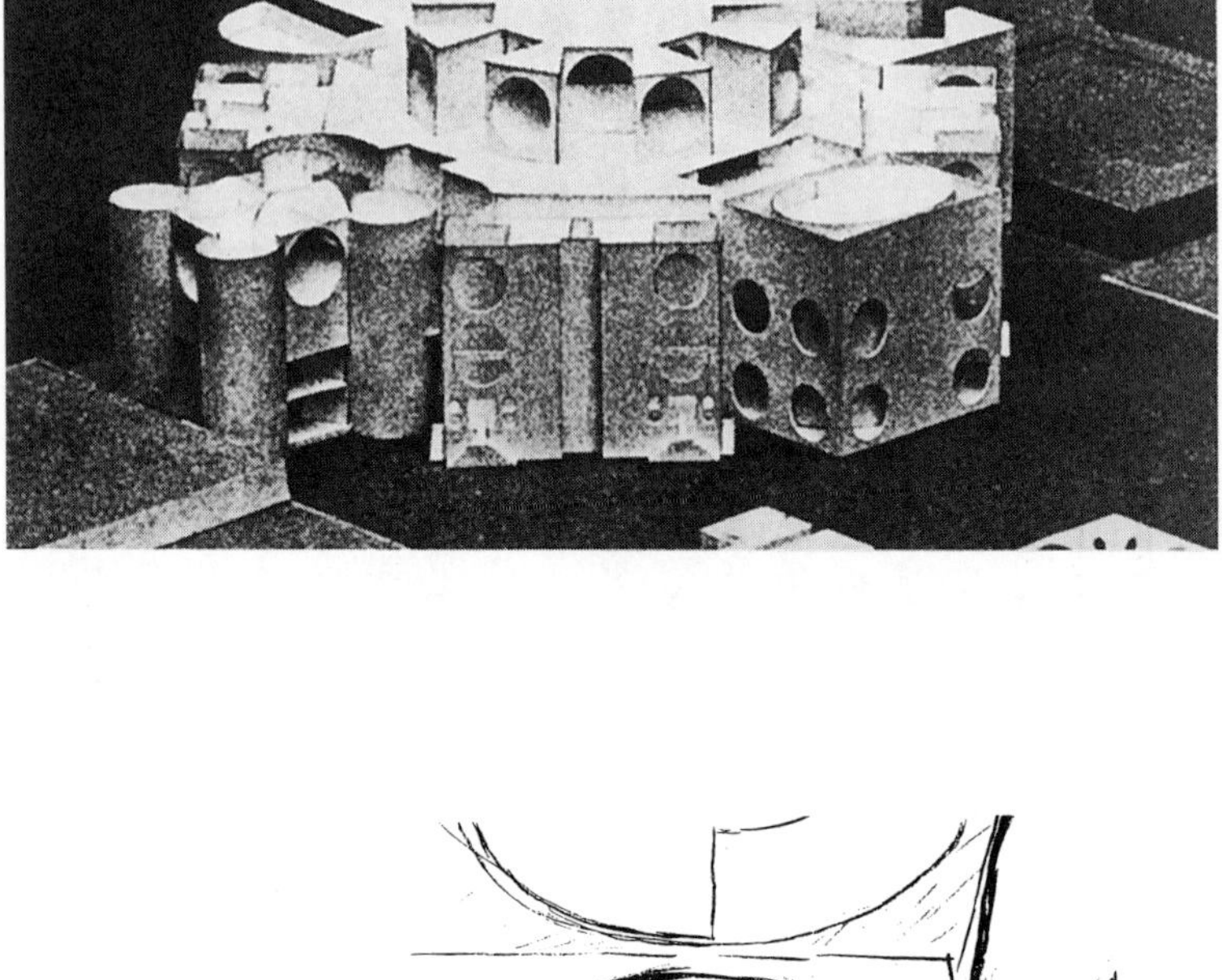

〈最初のプログラムが与えられ、上記の論評がなされた後で追加事項がもたらされました。そのために湖の両側の施設の比率が変わりました。風と太陽についての研究は、湖に沿った建物を新しい方向へ向け、新しいグルーピングを引き起こしましたが、最初の軸線の方位は保持されています。遊歩道は前庭のなかへと広げられ、湖は縮小されました。寸法のシステムとなる幾何学のオーダーに応えるために、多くのスケッチが試みられています。そのシステムの規則をより自由な遊戯へと変換していくことは果てしない研究となるでしょう。シンメトリーではなくバランスを目指して。〉

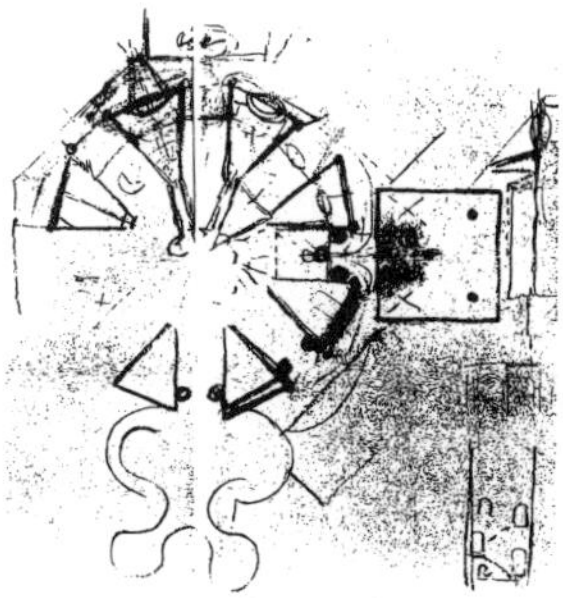

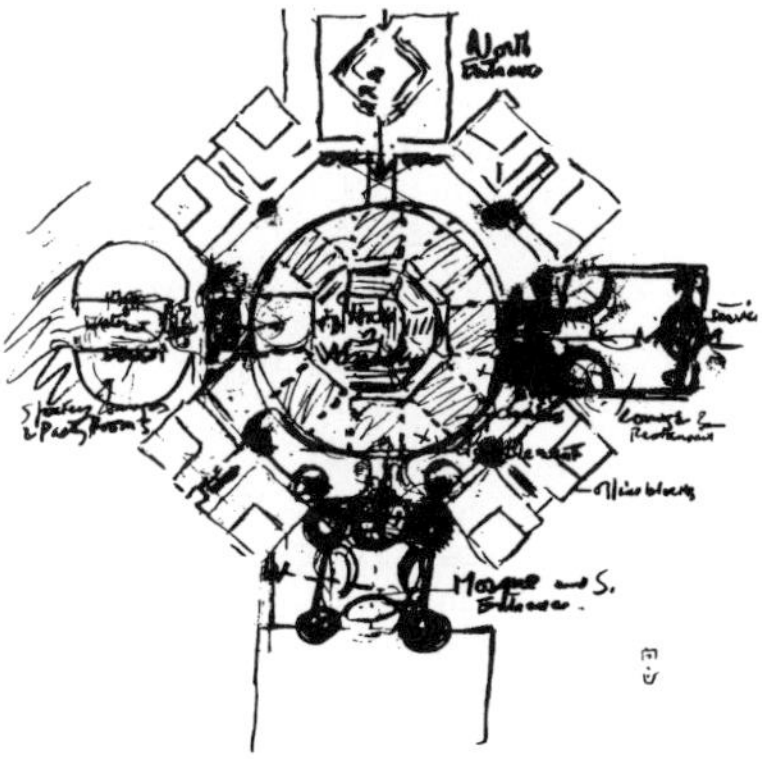

図40　バングラデシュ国会議場　模型

ライトウエル頂部の光の取り入れ口の円形の開口、また立面の、ポーチの壁を穿つ円形の開口が外観のデザインを決定づけている。

図41　バングラデシュ国会議場　スケッチ

ポーチの内部からの眺め。図右下に段状断面のスケッチ、その左の上下の絵は、内部から見た眺め。上は内部が暗いときの眩光を示し、下は内部に光のあるときの眺めを示す。

図42　バングラデシュ国会議場　平面のスケッチ

上の絵は八つのライトウエルを描く。中の絵の三角形はライトウエル。中心の議場（聖域）を八つのサテライトが包囲する。ライトウエルはそれらをつなぐ間の領域に掘り込まれる。

図版出典リスト

1 A and U, 1975. 9, p. 38
2 L'Architecture d'Aujourd'hui, 1969. 2-3, p. 47
3 Wurman, R. S. and Feldman, E.: The Notebooks and drawings of Louis I. Kahn, Falcom press, Philadelphia, 1974
4 Ronner, H., Jhaveri, S.: Louis I. Kahn: Complete Work 1935-74, Institut für Geschichte und Theorie der Architektur, Zürich, 1987, p. 337
5 Chesson, W. H.: George Cruikshank, London Duckworth & Co., p. 167
6 Jan Hochstim: The Paintings and Sketches of Louis I. Kahn, Rizzoli, 1991, p. 273
7 Design in Corporating Indian Builder, vol. 16, 1971. 10, p. 26
8 Ronner, H., Jhaveri, S. 上掲書, p. 429
9 The travel sketches of Louis I. Kahn, p. 43
10 ボッティチェルリの素描, 岩崎出版, 1973
11 Rassegna 21, 1979, p. 66
12 Ronner, H., Jhaveri, S. 上掲書, p. 345
13 Richard Krautheimer: Rome Profile of a City, 312-1308, p. 73
14 The travel sketches of Louis I. Kahn, p. 19
15 Wurman, R. S. and Feldman, E. 上掲書
17 Ronner, H., Jhaveri, S. 上掲書, p. 6
18 Engenio Battisti: Giotto, Skira, 1990, p. 51
19 Spiro Kostof: A History of Architecture, Oxford University Press, 1985, p. 566
20 Ronner, H., Jhaveri, S. 上掲書, p. 368, 370
22 Anthony Vidler: Ledoux, Hanzan, 1987, p. 46
23 Architect's Guide to Rome, Renzo Salvadori, 1990, p. 54
24 Ronner, H., Jhaveri, S. 上掲書, p. 118
25 Perspecta IX / X, 1965, p. 322
26 Ronner, H., Jhaveri, S. 上掲書, p. 222
27 Ronner, H., Jhaveri, S. 上掲書, p.412
28 Ronner, H., Jhaveri, S. 上掲書, p. 202
29 Giurgola, R., Mehta, J.: 上掲書, p. 107
30 Spiro Kostof 上掲書, p. 566
31 Light is the Theme: Louis I. Kahn and the Kimbell Art Museum, p. 23
33 Ronner, H., Jhaveri, S. 上掲書, p. 306
34 The Louis I. Kahn Archiv, vol. 1, p. XXXVI
35 Perspecta IX / X, p. 310
38 Ronner, H., Jhaveri, S. 上掲書, p. 234
39 The Louis I. Kahn Archive, vol. 1, p. XXXV
40 The Louis I. Kahn Archive, vol. 7, p. 250
41 Perspecta IX / X, p. 311
42 Ronner, H., Jhaveri, S. 上掲書, p. 239, 246

訳者あとがき

本書は、以下に列記するルイス・カーン（Louis I. Kahn）の晩年の一〇編のステートメント（九編の講演と一編の対話）の全訳である。読者の便宜を考慮して、カーン独自の用語を簡単に説明する訳註と「人名および主要用語・訳語対照索引」を付記し、また本文の理解を助ける図版を添えたものである。テクストは最晩年のものから年代をさかのぼって配列した。それぞれの表題は、七章以外は雑誌などへの公表時に付けられたものをそのまま採用した。

I　1973 : Brooklyn, New York, Perspecta, The Yale Architectural Journal, vol. 19, p. 89-100, 1982

II　I Love Beginnings, A and U, p. 279-285, 1975. 9

III　How'm I doing, Corbusier?, An Interview with Patricia McLaughlin, Pennsylvania Gazette, vol. 71, no. 3, p. 19-26, 1972. 12

IV　The Room, the Street and Human Agreement, AIA Journal, p. 33-34, 1971. 9

V　Architecture : Silence and Light, Design in Corporating Indian Builder, vol. 16, p. 26-30, 1971. 10

VI　Silence and Light, Ronner, H., Jhaveri, S. and Vasella, A. : Louis I. Kahn : Complete Work 1935-74, Institut für Geschichte und Theorie der Architektur, Zürich, p. 447-449, 1977 .

VII　Talks with Students, Architecture at Rice 26, 1969

VIII　Space and the Inspirations, L'Architecture d'Aujourd'hui, p. 6-16, 1969. 2-3

IX　Statement on Architecture from a Talk Given at the Politechnico di Milano in January, 1967, Zodiac 17, p. 55-57, 1967

X　Remarks, Perspecta, The Yale Architectural Journal IX／X, p. 303-311, 1965

目立たぬ迂路や岐路を経てめぐるカーンの思惟のうちに、それを動かす根本の問いとして現れてきた問いは、元初への問いである。建築のフォームの問いは、元初への問い、つまり建築の存在（現象）の問いへと深化、変転することになる。かれの思惟の独自性はこのような方法的問いのラディカリズムにあるといえる。

本書に収められた一〇編のテクストにおいて、「同じひとつのもの」が語られている。「同じひとつのもの」とは元初、つまり存在である。存在（光）について語る言葉はつつましやかな目立たぬものである。しばしばそれは沈黙の言葉となる。そのため、あわただしい現在の私たちはカーンの語る声を聞き洩らすかもしれない。しかしこれら一〇編のテクストには晩年の深い思惟の結晶が隠されており、私たちはかれの建築的思惟の核心に迫りうる道をそのなかに見いだすことができるのである。とりわけ五章、六章の標題に用いられている沈黙と光についての発言は、本書収録の全テクストが成立する晩年の思惟を要約するものであり、一言触れておきたい。建築を問うその方法を問うというきわめて方法論的なカーンの思惟のあり方をこの言葉が端的に示していると思われるからである。五章の標題の原文はこうである。

Architecture : Silence and Light

建築が、すなわち沈黙と光との関わり合いにおいて問われているものであると読める。これがコロンの意味である。沈黙とは「表現することとして在らんとする願望」を意味し、光は「存在としての存在」を意味する。沈黙と光の思惟とは、約言すれば、沈黙（人間の事象）と光（自然の事象）の相互包摂のうちに元初の場所を指し示す存在論的思惟といえる。カーンの目論む建築が、沈黙の可能性としての光の建築であることをこの標題は教えているのである。

かつて原初期ギリシャの思索者たちが、問いつつ言葉にもたらそうとした存在を、カーンもまた問い、言葉にもたらそうとしているかのようである。存在の問いそのことが内包する暗さゆえに、カーンの言葉には香気が漂う。リアライゼイションの構想が表明された後の一九六〇年代の言葉はとりわけ溌剌とした意味にあふれ、至るところに「超越論的なもの」の湧出を読み取ることができる。多くのアフォリズム風文節に、あるいはまたかれ自身の考案になる元初をいうショート・ストーリーの凝集力のある文体に、それを読み取ることができる。そして本書に収録された最晩年の言葉には、このような特性に加えて確固たる「単純なるもの」が支配しているかにみえる。かれは別な場所へと歩み入ったのである。「単純なるもの」とは、カーンの言葉に従えば、一本の石柱が立っていることに見る簡素な特性であり、有史以前のストーンヘンジが具現する事柄であろう。建築の元初である。そのそこは人間の感情がシャープになる場所であり、「世界のなかの世界」(a world within a world) と言われる実存の場所である(本書一一六ページ)。それゆえ、カーンの言葉の香気は狭義の詩的なものと解すべきではなく、いわばロゴス(言葉)以前のロゴスと解されるべきものであろう。ノルベルグ゠シュルツが指摘するように、カーンの理論は通常の建築の理論のなかに限定することのできない哲学的基盤があり、かれの思想はハイデッガーのそれとの驚くべき共通性を示しているのである(C. Norberg-Schulz "The Message of Louis Kahn" 前川道郎・前田忠直訳『建築の世界』所収、鹿島出版会)。カーンの主導語、根本語の多くは原語のカナ表記とした——オーダー、フォーム、デザイン、インスティチューション、リアライゼイション、インスピレーションなど——が、元初(beginnings)、真性(truenesses, truth)などに、比較的なじみの少ないハイデッガーの訳語を用いたのはそのためである。存在、真性、元初、芸術、作品、閾、聖域、詩人などカーンの思惟とハイデッガーの思惟をつなぐ語は多い。それらのいくつかは訳注において指摘しておいたが、これらの根本語についての論究は本書の域を越えた別の課題である。

こうこうと明るいデザインの表層へと迷走する今世紀後半の建築の動向のなかで、光と闇を言うカーンはわれわれに切実な問題を提起しているように思える。読者がカーンの言葉から建築の意味を汲み取り、時代の風潮に抗して自らの方法を見いだされるならば、訳者として望外の喜びとなろう。

出版にあたり、現代建築のリーダーのひとりである建築家・磯崎新氏に序文を引き受けていただいた。磯崎氏の言葉を得たことにより、本書が現在の建築書として、生気あふれたものになりえたと思う。深く感謝の意を表したい。

終りに、本書の翻訳権の取得交渉に際し尽力を惜しまず、ご高配を賜った東京大学教授香山壽夫氏、ならびに本書の翻訳を勧めてくださった東京都立大学助教授小林克弘氏の好意に対し、心からお礼を申し上げる次第である。

翻訳は難渋をきわめた。その間、研究室内外の多くの同学諸氏の助力を得ることができた。畏友坂田泉氏（前川建築設計事務所）には、原稿に丁寧に目を通していただき、多数の貴重な指示と助言を得た。また編集担当の鹿島出版会吉田昌弘氏からは適切な助言をいただいた。記して感謝の意を表したい。

一九九二年　盛夏

前田忠直

ルイス・カーン略年譜

1901	ルイス・イサドア・カーン、エストニア（ロシア）のサレマ島に生まれる
1905	家族とともにアメリカ、フィラデルフィアへ移住
1912-20	セントラル・ハイスクールおよびペンシルヴェニア美術アカデミーに在学
1920-24	ペンシルヴェニア大学。建築の学士号を取得
1924-33	ジョン・モリトールの事務所（1924-27）、ウイリアム・リーの事務所（1927-28）、ポール・クレの事務所（1929-30）、ザンツィンガーの事務所(1930-32)に勤務
1928-29	1928年4月－1929年3月、ヨーロッパ旅行
1932-33	建築研究グループを組織。フィラデルフィアのハウジング計画、スラム・クリアランスなどの研究に従事
1935	AIAに登録。事務所を開く
1937	フィラデルフィア住宅局顧問建築家
1939	アメリカ住宅局顧問建築家
1941-42	ジョージ・ハウと共同で事務所を運営
1942-43	ジョージ・ハウおよびオスカー・ストノロフと共同で事務所を運営
1946-52	フィラデルフィア都市計画委員会顧問建築家
1947-52	イエール大学建築学科主任
1948-57	イエール大学建築学科教授
1950-51	アメリカン・アカデミー派遣建築家としてローマに滞在。イタリア、ギリシャ、エジプト旅行
1951-54	フィラデルフィア再開発局顧問建築家
1956	マサチューセッツ工科大学建築学科アルバート・ファーウエル・ベニス記念教授
1957-74	ペンシルヴェニア大学建築学科教授
1959	オッテルローにおける第10回CIAM会議の閉会講演
1960	アーノルド・ブラナー賞 東京における世界デザイン会議に参加
1961	フィラデルフィア都市計画委員会顧問建築家
1962	RIBA年次講演 フィラデルフィア美術連盟メダル
1963	ニューヨーク近代美術館にて「リチャーズ医学研究所」展
1966	ニューヨーク近代美術館にてルイス・カーン回顧展
1968	フィラデルフィア美術委員会会員
1969	AIAフィラデルフィア支部ゴールド・メダル スイス連邦工科大学にてルイス・カーン展
1970	AIAニューヨーク支部ゴールド・メダル
1971	ペンシルヴェニア大学ポール・フィリップ・クレ記念名誉教授 AIAゴールド・メダル
1972	RIBAロイヤルゴールド・メダル
1973	アメリカ美術文芸協会会員
1974	3月17日、インドからの帰途、ニューヨークのペンシルヴェニア駅にて心臓発作のため死去

人名索引

アインシュタイン　Einstein　20,108
エングマン　Engmann　194
オスラー　Osler　64
ガボア　Gabor　131f,141
カルティエ=ブレッソン　Cartier-Bresson　155
クレ　Cret　65
グレイ　William F. Gray　46,53
クルックシャンク　Cruikshank　16
ゲーテ　Goethe　217f
ゴーゴリ　Gogol　135
サーリネン　Saarinen　149
ジオット　Giotto　107f
シャガール　Chagall　108
ジーキル　Jekyll　43
シェイクスピア　Shakespeare　201
スティーヴンズ　Stevens　42,78
ソーク　Salk　142f,205
ダンテ　Dante　61
トルストイ　Tolstoi　96
バッハ　Bach　194,207
ハドリアヌス　Hadrian　152,203
バラガン　Barragan　101
ピカソ　Picasso　49,143,158,205
フィディアス　Phidias　132
フラックスマン　Flaxman　61
ブレー　Boullée　193
ブレーク　Blake　61
フレシネ　Freyssinet　64
ベートーベン　Beethoven　95
ボッティチェルリ　Botticelli　60
ポロック　Pollock　188
マッカーシー　McCarthy　25
マルロー　Malraux　67
モーツァルト　Mozart　49,63f,89,218
ラッチェンズ　Lutyens　43
ラスムッセン　Rasmussen　228
ライス　Rice　194
ル・コルビュジエ　Le Corbusier　65
ルドゥ　Ledoux　155,193f
ル・リコレ　Le Ricolais　102,194
レオナルド　Leonardo　64
ルーミー　Rumi　128,196

ポーチ　porch　230
本性　nature　11,34,40f,53,66,69f,93,126,137,146f,154,157,159,162,164f,167,179,192,201,224f
本性のリアライゼイション　realization of a nature　97,100,191

マ行——
マーケットプレイス　marketplace　33,59,98f,104,108,111f,120f,195
マシーン　machine　147,191
窓　window　11f,42,77f
学ぶ　learn　28,32,42,123,135f
学ぶこと　learning　21,28,66f,102,122f
学ぶ場所　place of learning　109,122

見知らぬ　unfamiliar　93

無意識の　nonconscious　93
向き　tendency　48,55,143
　生まれながらの～　natural tendency　48

明示　evidence　62

モティヴェーション　motivation　62,106,111
　生きることの～　motivation to live　29

ヤ行——
闇　darkness　96

湧出　ooze　2,18
ユニヴァーシティ　university　56,59,67,81,97ff,109ff,116,120f
　～のライブラリー　library of the university　81,110,113
ユニヴァーサル　universal　196
ユニテリアン教会　Unitarian Church　165
夢　dream　220

欲求　wanting
　学ぶ～　wanting to learn　123

ラ行——
ライブラリー　library　40,81,97f,110,115,174ff
ライトレス　lightless　104,196

リアライゼイション　realization　6ff,33f,84ff,96f,100,108,134,137,146,173,203ff,211,221,226

ルーズベルト記念公園　Roosevelt Memorial　3
ルーム　room　3,11f,14,21,36,40ff,71,77ff,81f,84,99,124f,196f,199f
　～の共同体　society of room　21,42,79f
　コミュニティ・～　community room　82
　最初の学校の～　the first school room　84

霊気　aura　2,29,51f,77,94
　パーフェクト・ハーモニーの～　aura of perfect harmony　30
　美の～　aura of beauty　30
煉瓦　brick　8,10,20,34f,95,127f
連合の感情　feeling of association　171

～力　unmeasurable force　104
測り得る　measurable　88,132,190
測り得るもの　the measurable　19,30,34,75,93,106f,120,205,207
柱　column　96,126,208f,229
～の出現　emergence of the column　133
ハプニング　happening
～の場所　place of happening　99,115,118,120
ハーモニー　harmony　35,88,89,220f
トータル・～　total harmony　5
パーフェクト・～　perfect harmony　30
パラッツォ　palazzo　118
パルテノン　Parthenon　87,151,168
パンテオン　Pantheon　77,152,168,195,203

美　beauty　5,14,25,30,33,35,93,190,201,203,208,226
光　light　11f,16,28,91,93,103f,106,126,190,192,195,197,229
～を描く　16
白い～　white light　131,141,199
燃え尽きた～　spent light　17,29,68,88,91
美術館　museum　69f
テキサスの～　museum in Texas　197
必要　need　25,83,95,106,199
ビューティ　beauty　88ff
表現　expression　3,8,36,61,71,75f,84,86f,95,100,108,111ff,163,166,168,190
～の道具　instrument of expression　62,75,106
自己-～　self-expression　89,113
全～の聖域　sanctuary of all expression　192
表現されざるもの　the unexpressed　74f
表現手段　means to express　18,29,60
means of expression　90
表現衝動　expressive urges　29,36,38
表現する　express　5,62,85,106,135,143,190
～こととして在らんとする衝動　urge to be/to express　45,106f
表現すること　expressing　136
表現性　expressiveness　106
表現せんとする衝動　urges to express　68,190
表現せんとする本能　instinct to express　62
表現本能　expressive instinct　23f,38
表現力　expressive powers　192
ピラミッド　pyramid　67,68,91,111
広場　piazza　114f

不安　unrest　116
フィラデルフィア建国200年記念博覧会　bicentennial plans for Philadelphia　36
フォーム　form　8,11,34,89,93,97,100,164,191,216,222,225,227
～・ドローイング　form drawing　164f
～・リアライゼイション　form realization　205
フォート・ウエイン　Fort Wayne　212
～の劇場　theater in Fort Wayne　40
フォーラム　forum　38
不可分な　inseparable
～諸要素　inseparable elements　93,97,164,191
inseparable parts　89,205,216
～構成要素　inseparable components　34
舞台裏　backstage　40
物質　material　18,28f,68,84,88,91,93,104,106
～の源泉　resource of material　34
物理学　physics　13,55ff
普遍なるもの　the universal　53,108,220
プランナー　planner　114
プランニング　planning　33,121,147
触れ得ない　intangible　135
触れ得る　tangible　164,191,195
プレゼンス　presence　8,29,32,34,61f,75,91,93,101,104,106,113,118,143,164,170,190ff,194,220
触れ得る～　tangible presence　191
プログラム　program　39,97,109,121f,124f,137,139,150,157,161f,167f,205,207,227f
プログラムづくり　programming　83,166
プログラマー　programmer　136
プログラミング　programming　146
プロフェッショナル　professional　52,149,166f,192,200
プロフェッション　profession　52,89,98f,112f,166f,169

ベイ・ウインドゥ　bay window　42,80
平面図　plan　12,14,16,21f,42,79,97,103,197
ベニスの会議場　Congress Building in Venice　118
ペンシルヴェニア大学　University of Pennsylvania　65,109
ペンシルヴェニア大学医学研究所　medical towers of Pennsylvania University　142

ボーイズ・クラブ　boy's club　124f,139f,141
法則　laws　93f,104,135,220
測り得る～　measurable law　190
不変の～　unchangeable laws　190
自然の～　93,190,220
方法　method　168f,192
補完し合う　complement each other　42

スタイル　style　93,151,168,192
ストア　stoa　99,115
ストーンヘンジ　Stonehenge　116
頭脳　brain　7,57,100,117,122,135,207,226
スピリット　spirit　33,61f,65f,72f,87,90,101,151,166,183,188,190,192f,195f,201,205,207,220f
　建築の〜　spirit of architecture　77
スペシャリスト　specialist　74
スペース　space　54,122,197,207
　〜・オーダー　space-order　150
　〜・レルム　space-realm　150

聖域　sanctuary　113,189,192
生起する　happen　50
精神　spirit　7,91,93,97f,141,171
　〜の不完結性　unfulfilment of spirit　75
聖なる場所　sacred place　182f,185ff
聖なる空間　sacred space　189
世界のなかの世界　a world within a world　116,147,154,228
　〜の感情　feeling of a world within a world　196
セミナー　seminar　174,181
　〜・クラス　seminar class　180
　〜・ルーム　seminar room　39
職能上の　professinal　166
選択　choices　33,93f,115,124f,135,151
　〜すること　selectivity　221
専門家　professional　27,136,149f
　〜として　professionally　73

ソーク生物学研究所　Salk Institute for Biological Studies　142,144
素材　material　8,10,20,85,95,113
存在　existence　7f,11,34,62,191
　〜の力　power of existence　221
存在　being　34
　〜すること　being　34
存在　entity　89,215f
　心的〜　psychological entity　217

タ行——
態度　attitude　51,55,93,135,143
第零巻　volume zero　24,30,53
妥当性　validity　72,93,102,180,190
　心的〜　psychological validities　102,151,190
　物理的〜　physical validities　151,190
ダークレス　darkless　104,196
ダッカ　Dacca　160
魂　soul　106,117,134,180,191,200,207,218
ダラス空港　Dulles Airport　149

暖炉　fireplace　39,124,138,142,205

知識　knowledge　6f,19f,30,51f,88,108,112,150,160,192,218f
超越　transcendence
　〜の場所　place of transcendence　159
超越論的　transcendent
　〜意味　transcendent meaning　224
　〜な仕方　transcendent way　137
　〜本性　transcendent nature　222
直観　intuition　6,26,66,102
　　the intuitive　57
　　intuitive sense　66,102
沈黙　silence　29,67,104f,110f,196
　〜と光　silence and light　18,29,36,38,67,68,87,91,94,104,190,192
　〜の声　voice of silence　68
　〜の感情　feeling of silence　91

つつましさ　humility　63,168
集うこと　assembly　221
　集う場所　place of assembly　159

テクノロジー　technology　83,85,86,87,100,112,121,150,168,192,211
デザイン　design　8,11,34,97,113,126f,135,164,191f,197,227
伝統　tradition　102,110,201

問い　question　130,171,199
都市　city　21f,25,81,83f,86,99,121,147f,162
　〜計画　city planning　21,71,81,85,120
　〜計画家　city planner　32,99,120

ナ行——
二分枝　dichotomy　220
　〜の　dichotomous　191
庭　garden　3,101,114,200
人間　man　93f,122f,135,150f,167,195,201,218ff
　　human　53
　〜の事象　man's facts　20,50
　〜の本性　nature of man　53,110,123,218
　　man's nature　102
　　nature of the human　87
　　human nature　71,84

ハ行——
廃墟　ruin　87,91
測り得ない　unmeasurable　50,88,132,190,192,218
測り得ないもの　the unmeasurable　6,19,30,34,75,86,90,104,107,120,143,151,205,207

77,116
詩的～　poetic beginning　90
現象　phenomena　93,106
建築　architecture　32f,46,48,61f,90,93f,103f,113,147f,151f,168,186,192ff,200,203
新しい～　new architecture　126
～の出現　emergence of architecture　3
～の学校　school of architecture　81,117,125f,159,173ff,181,187,189
～の宝庫　treasury of architecture　168,203
建築家　architect　14f,26f,33,42f,72f,78,81,89,97f,109,113,121,136,147,150ff,158,163,166f,169,174,207,216f,219,226f

合意　agreement　81,85f
人間の～　human agreement　77,82ff,87
構造　structure　32,77,96,126ff,195
～と光　77,96,103,126,196,208
交通　traffic　121
～のオーダー　order of movement　82
～計画　movement plans　100
～システム　traffic system　85,121
心　mind　7f,57,62,97,100,114,116ff,130,132,135,173,190f,207,218f,226
～の場所　place of mind　77
コート　court　36,98f,114f,117,121,124,160,170f
～の対位法　counterpoint of courts　199
言葉　language　5,9,130
神の～　language of God　143,208
スピリットの～　language of the spirit　226
超越の～　transcendent language　190
人間の～　language of man　106
コネクションの建築　architecture of connection　81,98,115,121,173
コネクション　connection　114,121
好み　predilection　39,55
コンポジット・オーダー　composite order　128

サ行——

サイキ　psyche　84,226
～の記録　psychic record　33
才能　talent　98,112f
天賦の～　natural talent　38,55,58,98
サーヴァント・スペース　servant space　128
作品　work　2f,25,49f,61,63f,74,89f,93,100f,110f,113,125,163,192f,207,220
音楽の～　work of music　101,192
芸術～　work of art　6,49,118
建築～　work of architecture　32,62,90,93,113,151,192,203
人間の～　man's work　63,193
捧げもの　offering　3,21,32,48f,61f,71,73,90,93,95,110,113f,151,168,203
捧げること　offering　110,168

詩　poetry　90,102,130
～人　poet　19f,90,130
思惟　thought　34,90
シェイプ　shape　34,97,164,191
視覚　eyesight　3,5,17
自覚　realization　4,93,97,201,220
閾　threshold　29,68,88,91,106,110,190
霊気の～　aura threshold　88
インスピレーションの～　threshold of inspiration　110
始源　source　29
自然　nature　3,5,7f,11,18,20,62,68,84,93f,101,108,111f,122,135f,143,151,191f,196,220
～の法則　laws of nature　6,8,19,34,50,52f,62,71f,93,112,135,190f,196,220,226
～の資源　natural resources　38
自然光　natural light　69,95f,103,197,199
実践　practice　192
実存の場所　place of existence　118
シティ・ホール　City Hall　100
修道院　monastery　137ff,142,204f,219f
手段　means　19,84f,106,199,219,220
～のリアリティ　reality of means　216,219
出現　emergence　62,163
～する　emerge　62
～する　manifest　18
ジョイ　joy　2,11,18,27,63,95,226
ジョイント　joint　127
状況　circumstance　53,72,84,110f,155f,201
～的な　circumstantial　135,157,159
～的なもの　circumstances　102
～的なもの　the circumstantial　200,217
触覚　touch　3,5,18
知ること　knowing　6f,51,89
審査されて　on trial　28,32,84,131,199
審査中　under scrutiny　211
審査室　jury room　187f
真実の　true　154
身体　body　226f
浸透するもの　osmosis　171
信念　belief　97,150,166,216f,219,221,228
～のリアリティ　reality of belief　216,219
～の保管者　custodian of a belief　217
～のレーダー　radar of a belief　217
真性　truenesses　50
trueness　66
truth　93,192,197,200

階段　stairway　43,80
街路　street　22,36,38,77,81f,140
　～はコミュニティ・ルームです　street is a community room　82
画家　painter　107,150f,158
科学　science　107,112,143f,150,159,192
科学者　scientist　19f,52,143f,146,153
かけがえのなさ，かけがえのない人　singularity　7,10,13,19,21,29,50ff,57,67,71,78,86f,89,93,109,135,201,207,218
影　shadow　18,88,91,104,131,192,199
　～の宝庫　treasury of the shadows　88,106,192
学校　school　12,14,32,38f,42,54,80,95,97,122f,141f,157ff,200
　最初の～　the first school　53,84
可能性　the possible　29,88,93f
　　　possibility　85,87
壁　wall　86ff,96,133f
神　God
　～の示現　manifestation of God　129
カラカッラ浴場　Baths of Caracalla　160
駆り立て　drive　8
駆り立てること　to drive　8
感覚　sense　95,100,102f,108f,122f,126,134,136,201
　～の融合　fusion of sense　197
感情　feeling　84,88,91,106f,116,122,139,196,219
完全　perfection　111
　　　integrity　134
完結性　completeness　221,225
ガンディ・ナガール　Ghandi Nagar　44
願望　desire　18,25,53,59f,66,83,85,88,91,93ff,97ff,104,109,122f,191ff,195ff,199ff,200,220f
　在らんとする～　desire to be　33,190
　生きんとする～　desire to live　123
　知ろうとする～　desire to know　94
　測り得ない～　unmeasurable desire　190
　表現することとして在らんとする～　desire to be to express　19,28f,75,91,94,104,106f,196
　表現することとして生きんとする～　desire to live to express　75,123
　表現せんとする～　desire to express　68,88,93,107,123,143,220
　学ぶ～　desire to learn　28,84,94,123

機械　machine　100,117,125
規則　rules　71,93,190,197
　人間の～　rules of mam
機能主義　functionalism　125
ギャラリー　gallery　170,207
驚異　wonder　5ff,31,32f,78,87,90,93,131f,134,173,190f,199f,217,226
　　　marvel　132,191,200
　直観的～　intuitive wonder　6
教育　education　67,193
　　　teaching　72,168
　～の三つのアスペクト　three aspects in the teaching　112
　建築～の三つのアスペクト　three aspects of teaching architecture　149,192
教師　teacher　51f,72,100f,173f,180,182,187,192
共同性　commonality　2
　　　commonalty　22,49f,63f,72,78,81,84
　　　commonness　93,95,97,101,110f,122,190
　～の流布　prevailance of commonness　95
ギリシャ神殿　Greek temple　22
ギリシャ神殿の列柱　Greek column　208
記録　record　66,84,94,122,135,190
　人間の～　record of man　94
　物理的な～　physical record　33
金色の塵　golden dust　102,110,123,201

空間　space　14,26,86,117,146f,150,157f,195,197,226,227
　新しい～　new spaces　85
　～形成　making of spaces　94,195
　～圏域　realm of spaces　39,103,146,163,183,216,220
具現　embodiment　151
　～する　embody　195
クラスルーム　classroom　142,178f
　最初の～　the first classroom　200

啓示　revelation　89f
芸術　art　3,5,19,21,48f,84,86,93,95,98,101,104,106f,123,135,150,159,166,173,190,192,195,197,200,208,217,226
　～家　artist　2,49,61ff,95,102,110,143f,158,191f,200
　～の聖域　sanctuary of art　29,88,93,106
　表現～　expressive art　21
劇場　theatre　40,182f,185f
　楽屋　dressing rooms　41,183
　ステージ　stage　183,185
ゲート　gate　142
ゲートウエイ　gateway　205
元初　beginnings　24f,28f,32,53f,84,88,90,94,100,139,190,207,228
　～の感覚　sense of beginnings　61,190,200
　～の感情　feeling of beginning　190
　～の驚き　marvel of the beginnings　200
　～の驚異　wonder of its beginning　91
　建築の～　beginning of architecture　3,32,41,

主要用語・訳語対照索引

ア行——

アヴェイラビリティ　availability　25f,38,45,85f
アクロポリス　Acropolis　110,113
アゴラ　Agora　115
アーチ　arch　8,35,87,96,127f,186
在ることとして在ること　to be/to be　28
アルカイク　archaic　221
アンビエンス　ambiance　192
　〜としての感情　feeling：ambience　122
　インスピレーションの〜　ambiance of inspiration　91
　人間の表現性の〜　ambience of a man's expressiveness　106
アンビエントな　ambient
　〜閾　ambient threshold　106
　〜魂　ambient soul　104
アンビュラトリー　amburatory　165

意識　consciousness　33,94,107,114,122,190
意識存在　conscious being　136
イグジステンス　existence　62,90,118,164,194
意志　will　17,88,104,133,143,219
　生きんとする〜　will to live　219
　存在〜　existent will　155
　表現せんとする〜　will to express　75,193
　表現することとして在らんとする〜　will to be to express　67
　表現することとして生きんとする〜　will to live to express　66
　学ぶ〜　will to learn　28,66
　学ぶこととして在らんとする〜　will to be to learn　67
インスティチューション　institution　22,83ff,99f,118,120ff,131,136,199f,207,211,224f,227f
　新しい〜　new institutions　85,100,131
　人間の〜　institution of man　94,121f,133,136,141,147,152,158f,163,195,203,218f,226f
　学ぶことの〜　institution of learning　84,94,97,99,122,136,190,195,208
インスピレーション　inspiration　26,28,32f,83ff,98,100,106,111ff,146,152,190,193,195,197,203f,207,209,225ff
　〜の場所　position of inspirations　29,68
　生きる〜　inspiration to live　136,207,226f
　出会いの〜　inspiration to meet　32,67
　問う〜　inspiration to question　136,226
　表現する〜　inspiration to express　195,208,226
　福祉の〜　inspiration of well-being　32,67
　学ぶ〜　inspiration to learn　32,67,136,190,195,208,226
インスピレーショナル　inspirational　192
インドの街　town in India　148

ヴィレッジ・グリーン　village green　100
ヴェニスの会議場　Congress Building in Venice　118
宇宙　universe　20,135,182,194,196
　〜の法則　laws of the universe　33,66,84,123,135,182
宇宙飛行士　astronauts　6,31,88

永遠性　eternal quality　49f,61,64,108
永遠なる　eternal　55,103,110
永遠なるもの　eternity　20,108,217,226
　　　　the eternal　53,75,84,102,220
英国史　English history　23,30,53
エコロジー　ecology　32
エトルリアの鏡　Etruscan mirror　201

オクルス　oculus　77
　　　　ocular opening　195
教えること　teaching　10,100
オーダー　order　8,20,34f,44,50,52,93,96ff,126ff,134f,148,186,191,197,218,220,231
　〜の流布　prevailance of order　95
　壁の〜　order of the wall　87
　コンポジット・オーダー　composite order　128
　ユニヴァーサル〜　universal order　93,108
　心的〜　psychological order　197
オーディトリアム　auditorium　40,79
オデュッセイア　odyssey　5,66,94,110
お伽話　fairy tale　60,132
踊り場　landing　43,80
オーナメント　ornament　127
音楽　music　64,101,103,192,194,196f
音楽家　musician　64,79,97,167,197

カ行——

絵画　painting
　〜の特権　prerogatives of painting　107

【編訳者】

前田忠直（まえだ ただなお）

一九四四年 大阪市に生まれる
一九六七年 京都大学工学部建築学科卒業
一九七二年 同大学大学院博士課程修了
一九八一-八二年 スイス連邦工科大学（ETH）客員研究員
一九九二年-〇二年 京都大学工学研究科専任講師
二〇〇二年-〇八年 京都大学工学研究科教授、工学博士
二〇〇八年 京都大学名誉教授
二〇二〇年 逝去

建築家、建築論・建築設計専攻
「ルイス・カーンの建築論的研究」によって日本建築学会賞受賞
主著：『ルイス・カーン研究―建築へのオデュッセイア』（鹿島出版会、一九九四年）
訳書：クリスチャン・ノルベルグ＝シュルツ『建築の世界―意味と場所』（鹿島出版会、一九九一年、共訳）
作品：広島原爆災害調査班遭難記念碑／京都大学創立七〇周年記念体育館付設プール観覧席／鳴門市文化会館／t-house／o-house／s-house／t-clinic／h-house／h-house todaiji

SD選書 248

ルイス・カーン建築論集《けんちくろんしゅう》

二〇〇八年四月二三日 第一刷発行
二〇二四年四月二五日 第五刷発行

訳　者 前田《まえだ》忠直《ただなお》
発行者 新妻 充
発行所 鹿島出版会
〒一〇四―〇〇六一 東京都中央区銀座六―一七―一
銀座六丁目-SQUARE七階
電話〇三―六二六四―二三〇一
振替〇〇一六〇―二―一八〇八八三

印刷・製本 三美印刷

ISBN 978-4-306-05248-2 C1352

本書の内容に関するご意見・ご感想は下記までお寄せ下さい。
URL: https://www.kajima-publishing.co.jp/
e-mail: info@kajima-publishing.co.jp

SD選書目録

四六判（＊＝品切）

089* 江戸建築と本途帳　西和夫著
090* 大きな都市小さな部屋　渡辺武信著
091* イギリス建築の新傾向　R・ランダウ著　鈴木博之訳
092* SD海外建築情報V　岡田新一編
093* IDの世界　豊口協著
094* 交通圏の発見　有末武夫著
095 建築とは何か　B・タウト著　篠田英雄訳
096 続住宅論　篠原一男著
097* 建築の現在　長谷川堯著
098* 都市の景観　G・カレン著　北原理雄訳
099* SD海外建築情報VI　岡田新一編
100* 都市空間と建築　U・コンラーツ著　伊藤哲夫訳
101* 環境ゲーム　T・クロスビイ著　松平誠訳
102* アテネ憲章　ル・コルビュジエ著　吉阪隆正訳
103* プライド・オブ・プレイス　シヴィック・トラスト著　井手久登他訳
104* 構造と空間の感覚　F・ウイルソン著　山本学治他訳
105* 現代民家と住環境体　大野勝彦著
106* 光の死　H・ゼーデルマイヤ著　森洋子訳
107* アメリカ建築の新方向　R・スターン著　鈴木一訳
108* 近代都市計画の起源　L・ベネヴォロ著　横山正訳
109* 中国の住宅　劉敦楨著　田中淡他訳
110* 現代のコートハウス　D・マッキントッシュ著　北原理雄訳
111 モデュロールI　ル・コルビュジエ著　吉阪隆正訳
112 モデュロールII　ル・コルビュジエ著　吉阪隆正訳
113* 建築の史的原型を探る　B・ゼーヴィ著　鈴木美治訳
114 西欧の芸術1 ロマネスク上　H・フォション著　神沢栄三他訳
115 西欧の芸術1 ロマネスク下　H・フォション著　神沢栄三他訳
116 西欧の芸術2 ゴシック上　H・フォション著　神沢栄三他訳
117 西欧の芸術2 ゴシック下　H・フォション著　神沢栄三他訳
118* アメリカ大都市の死と生　J・ジェイコブス著　黒川紀章訳
119* 遊び場の計画　R・ダットナー著　神谷五男他訳
120 人間の家　ル・コルビュジエ他著　西沢信弥訳

121* 街路の意味　竹山実著
122* パルテノンの建築家たち　R・カーペンター著　松島道也訳
123 ライトと日本　谷川正己著
124 空間としての建築(上)　B・ゼーヴィ著　栗田勇訳
125 空間としての建築(下)　B・ゼーヴィ著　栗田勇訳
126 かいわい[日本の都市空間]　材野博司著
127* 歩行者革命　S・プライネス他著　岡並木監訳
128 オレゴン大学の実験　C・アレグザンダー著　宮本雅明訳
129* 都市はふるさとか　F・レンツローマイス著　武基雄他訳
130* 建築空間[尺度について]　P・ブドン著　中村貴志訳
131* アメリカ住宅論　V・スカーリーJr.著　長尾重武訳
132* タリアセンへの道　谷川正己著
133* 建築VS.ハウジング　M・ポウリー著　山下和正訳
134* 思想としての建築　栗田勇著
135* 人間のための都市　P・ペータース著　河合正一訳
136* 都市憲章　磯村英一著
137* 巨匠たちの時代　R・バンハム著　山下泉訳
138 三つの人間機構　ル・コルビュジエ著　山口知之訳
139 インターナショナル・スタイル　H・R・ヒッチコック他著　武沢秀一訳
140 北欧の建築　S・E・ラスムッセン著　吉田鉄郎訳
141* 続建築とは何か　B・タウト著　篠田英雄訳
142* 四つの交通路　ル・コルビュジエ著　井田安弘訳
143 ラスベガス　R・ヴェンチューリ他著　石井和紘他訳
144 ル・コルビュジエ　C・ジェンクス著　佐々木宏訳
145* デザインの認識　R・ソマー著　加藤常雄訳
146* 鏡[虚構の空間]　由水常雄著
147 イタリア都市再生の論理　陣内秀信著
148 東方への旅　ル・コルビュジエ著　石井勉他訳
149* 建築鑑賞入門　W・W・コーディル他著　六鹿正治訳
150* 近代建築の失敗　P・ブレイク著　星野郁美訳
151* 文化財と建築史　関野克著
152* 日本の近代建築(上)その成立過程　稲垣栄三著

153* 日本の近代建築(下)その成立過程　稲垣栄三著
154 住宅と宮殿　ル・コルビュジエ著　井田安弘訳
155* イタリアの現代建築　V・グレゴッティ著　松井宏方訳
156 バウハウス[その建築造形理念]　杉本俊多著
157 エスプリ・ヌーヴォー[近代建築名鑑]　ル・コルビュジエ著　山口知之訳
158* 建築について(上)　F・L・ライト著　谷川睦子他訳
159* 建築について(下)　F・L・ライト著　谷川睦子他訳
160* 建築形態のダイナミクス(上)　R・アルンハイム著　乾正雄訳
161* 建築形態のダイナミクス(下)　R・アルンハイム著　乾正雄訳
162 見えがくれする都市　槇文彦他著
163* 街の景観　G・バーク著　長素連他訳
164* 環境計画論　田村明著
165* アドルフ・ロース　伊藤哲夫著
166* 空間と情緒　箱崎総一著
167 水空間の演出　鈴木信宏著
168* モラリティと建築　D・ワトキン著　榎本弘之訳
169* ペルシア建築　A・U・ポープ著　石井昭訳
170* ブルネッレスキ ルネサンス建築の開花　G・C・アルガン著　浅井朋子訳
171 装置としての都市　月尾嘉男著
172 建築家の発想　石井和紘著
173 日本の空間構造　吉村貞司著
174 建築の多様性と対立性　R・ヴェンチューリ著　伊藤公文訳
175 広場の造形　C・ジッテ著　大石敏雄訳
176 西洋建築様式史(上)　F・バウムガルト著　杉本俊多訳
177 西洋建築様式史(下)　F・バウムガルト著　杉本俊多訳
178 木のこころ 木匠回想記　G・ナカシマ著　神代雄一郎他訳
179* 風土に生きる建築　若山滋著
180* 金沢の町家　島村昇著
181* ジュゼッペ・テッラーニ　B・ゼーヴィ編　鵜沢隆訳
182* 水のデザイン　D・ベーミングハウス著　鈴木信宏訳
183* ゴシック建築の構造　R・マーク著　飯田喜四郎訳
184 建築家なしの建築　B・ルドフスキー著　渡辺武信訳

185 プレシジョン(上) ル・コルビュジエ著 井田安弘他訳
186 プレシジョン(下) ル・コルビュジエ著 井田安弘他訳
187* オットー・ワーグナー H・ゲレツェッガー他著 伊藤哲夫他訳
188* 環境照明のデザイン 石井幹子著
189 ルイス・マンフォード 木原武一著
190 「いえ」と「まち」 鈴木成文他著
191 アルド・ロッシ自伝 A・ロッシ著 三宅理一訳
192* 屋外彫刻 M・A・ロビネット著 千葉成夫訳
193 「作庭記」からみた造園 飛田範夫著
194* トーネット曲木家具 K・マンク著 宿輪吉之典訳
195 劇場の構図 清水裕之著
196 オーギュスト・ペレ 吉田鋼市著
197 アントニオ・ガウディ 鳥居徳敏著
198 インテリアデザインとは何か 三輪正弘著
199* 都市住居の空間構成 東孝光著
200 ヴェネツィア 陣内秀信著
201 自然な構造体 F・オットー著 岩村和夫訳
202 椅子のデザイン小史 大廣保行著
203* 都市の道具 GK研究所、榮久庵祥二著
204 ミース・ファン・デル・ローエ D・スペース著 平野哲行訳
205 表現主義の建築(上) W・ペーント著 長谷川章訳
206* 表現主義の建築(下) W・ペーント著 長谷川章訳
207 カルロ・スカルパ A・F・マルチャノ著 浜口オサミ訳
208* 都市の街割 材野博司著
209 日本の伝統工具 土田一郎著 秋山実写真
210 まちづくりの新しい理論 C・アレグザンダー他著 難波和彦監訳
211* 建築環境論 岩村和夫著
212* 建築計画の展開 W・M・ペニヤ著 本田邦夫訳
213 スペイン建築の特質 F・チュエッカ著 鳥居徳敏訳
214* アメリカ建築の巨匠たち P・ブレイク他著 小林克弘他訳
215* 行動・文化とデザイン 清水忠男著
216* 環境デザインの思想 三輪正弘著

217 ボッロミーニ G・C・アルガン著 長谷川正允訳
218 ヴィオレ・ル・デュク 羽生修二著
219 トニー・ガルニエ 吉田鋼市著
220* 住環境の都市形態 P・パヌレ他著 佐藤方俊訳
221 古典建築の失われた意味 G・ハーシー著 白井秀和訳
222 パラディオへの招待 長尾重武著
223* ディスプレイデザイン 魚成祥一郎監修 清家清序文
224 芸術としての建築 S・アバークロンビー著 白井秀和訳
225 フラクタル造形 三井秀樹著
226 ウイリアム・モリス 藤田治彦著
227 エーロ・サーリネン 穂積信夫著
228 都市デザインの系譜 相田武文、土屋和男著
229 サウンドスケープ 鳥越けい子著
230 風景のコスモロジー 吉村元男著
231 庭園から都市へ 材野博司著
232 都市・住宅論 東孝光著
233 ふれあい空間のデザイン 清水忠男著
234 さあ横になって食べよう B・ルドフスキー著 多田道太郎監修
235 間(ま)——日本建築の意匠 神代雄一郎著
236 都市デザイン J・バーネット著 兼田敏之訳
237 建築家・吉田鉄郎の『日本の住宅』 吉田鉄郎著
238 建築家・吉田鉄郎の『日本の建築』 吉田鉄郎著
239 建築家・吉田鉄郎の『日本の庭園』 吉田鉄郎著
240 建築史の基礎概念 P・フランクル著 香山壽夫監訳
241 アーツ・アンド・クラフツの建築 片木篤著
242 ミース再考 K・フランプトン他著 澤村明+EAT訳
243 歴史と風土の中で 山本学治建築論集①
244 造型と構造と 山本学治建築論集②
245 創造するこころ 山本学治建築論集③
246 アントニン・レーモンドの建築 三沢浩著
247 神殿か獄舎か 長谷川堯著
248 ルイス・カーン建築論集 ルイス・カーン著 前田忠直編訳

249 映画に見る近代建築 D・アルブレヒト著 萩正勝訳
250 様式の上にあれ 村野藤吾著作選
251 コラージュ・シティ C・ロウ、F・コッター著 渡辺真理著
252 記憶に残る場所 D・リンドン、C・W・ムーア著 有岡孝訳
253 エスノ・アーキテクチュア 太田邦夫著
254 時間の中の都市 K・リンチ著 東京大学大谷幸夫研究室訳
255 建築十字軍 ル・コルビュジエ著 井田安弘訳
256 機能主義理論の系譜 E・R・デ・ザーコ著 山本学治他訳
257 都市の原理 J・ジェイコブズ著 中江利忠他訳
258 建物のあいだのアクティビティ J・ゲール著 北原理雄訳
259 人間主義の建築 G・スコット著 邊見浩久、坂牛卓監訳
260 環境としての建築 R・バンハム著 堀江悟郎訳
261 パタン・ランゲージによる住宅の生産 C・アレグザンダー他著 中埜博監訳
262 褐色の三十年 L・マンフォード著 富岡義人訳
263 形の合成に関するノート／都市はツリーではない C・アレグザンダー著 稲葉武司、押野見邦英訳
264 建築美の世界 井上充夫著
265 劇場空間の源流 本杉省三著
266 日本の近代住宅 内田青藏著
267 個室の計画学 黒沢隆著
268 メタル建築史 難波和彦著
269 丹下健三と都市 豊川斎赫著
270 時のかたち G・クブラー著 中谷礼仁他訳
271 アーバニズムのいま 槇文彦著
272 庭と風景のあいだ 宮城俊作著
273 共生の都市学 園紀彦著
274 ルドルフ・シンドラー D・ゲバード著 末包伸吾訳